BARBARA WARNING

HEIMISCH UND DOCH FREMD

Ravensburger Buchverlag

INHALT

VORWORT

Die Integration von Migranten ist seit 2015 eines der wichtigsten politischen Themen in Europa. Nach jahrzehntelangem Dornröschenschlaf müssen sich Politik und Gesellschaft dem Problem stellen, wie Hunderttausende Menschen mit ausländischen Wurzeln integriert werden können und sollen. Dabei sollte gerade den Deutschen das Thema vertraut sein. Denn Millionen Deutsche haben Migration, Vertreibung und Flucht erlebt. Einige meiner Vorfahren waren Hugenotten, die als verfolgte Protestanten aus dem katholischen Frankreich im 17. Jahrhundert ins religiös liberale Preußen emigrierten. Mein Vater gehört zu den zwölf Millionen Deutschen, die nach dem Ende des Zweiten Weltkriegs aus dem Osten flohen und sich eine neue Existenz aufbauen mussten.

Immer wieder mussten große Integrationsleistungen vollbracht werden, weil Menschen dorthin gehen, wo sie Arbeit finden, wie die Millionen Gastarbeiter, die seit den 1950er Jahren angeworben wurden. Auch 17 Millionen DDR-Bürger mussten sich nach der Wiedervereinigung dem westlichen Lebens- und Arbeitsstil anpassen.

Zuwanderung ist eine Bereicherung

Millionen Migranten wollen nach Europa. Vor allem Deutschland als reiches, politisch stabiles Land mit einer starken Wirtschaft und gut funktionierenden Sozialsystemen ist eines der beliebtesten Einwanderungsländer. Die Wirtschaft benötigt wegen der Alterung der Gesellschaft dringend die Zuwanderung von qualifizierten Arbeitskräften. Trotzdem tun sich deutsche Politiker bis heute schwer damit, offiziell anzuerkennen, dass Deutschland ein Einwanderungsland ist. Nach wie vor gibt es kein Einwanderungsgesetz, das klar regeln würde, wer unter welchen Bedingungen kommen und bleiben darf.

Wer zuwandert, muss sich der neuen Heimat anpassen. Niemand kann erwarten, dass alles so ist wie in seinem Herkunftsland. Aber auch die Einwanderungsländer müssen sich öffnen, andere Kulturen, Religionen und Lebensweisen im Rahmen demokratischer Regeln zulassen.

Das verlangt von den Zuwanderern und von der Bevölkerung Geduld, Verständnis und Toleranz. Aber diese Mühen lohnen sich. Denn das Zusammenleben von Menschen unterschiedlicher Kulturen bedeutet bei allen Schwierigkeiten auch eine Bereicherung. Die Zuwanderer haben das Leben weltoffener, vielfältiger und bunter gemacht.

Was machst du, wenn morgen die Welt untergeht? Dann packe ich meine Koffer und gehe mit meiner Familie nach Deutschland!

Anekdote aus dem ehemaligen Jugoslawien

Mut zur Vielfalt

Die Schicksale der jugendlichen Migranten in diesem Buch sollen Mut machen. Es zeigt positive Beispiele, wie Integration von Menschen mit Migrationshintergrund gelingen kann, trotz aller Schwierigkeiten. Denn nur wer wenige oder gar keinen Migranten kennt, steht Einwanderung oft kritisch bis abweisend gegenüber. Wer dagegen häufig Kontakt zu ihnen hat, hegt kaum Vorurteile. Die persönliche Bekanntschaft hilft, den anderen zu verstehen.

Deshalb berichten in diesem Buch Migranten verschiedener Einwanderungsgruppen, unter anderem ein syrischer Flüchtling, eine Russlanddeutsche, eine Türkin in der dritten Generation, stellvertretend für Tausende, was sie erleben, wie ihre Integration gelingt, an welchen Punkten sie scheitert. Denn in diesem Buch soll keine heitere Multikulti-Idylle beschrieben werden. Es werden auch Probleme benannt, wie Kopftuch, Ausgrenzung oder Gettobildung. Deshalb werden die Erzählungen der Migranten ergänzt und erweitert durch Interviews mit Menschen, die täglich mit ihnen zu tun haben, sich für ihre Integration einsetzen, wie Lehrer, Integrationsbeauftragte oder Sporttrainer.

Dieses Buch will einen Beitrag dazu leisten, sich besser kennenzulernen, Verständnis für den anderen zu wecken und damit Vorurteile abzubauen. Das ist von ausschlaggebender Wichtigkeit. Denn ob es uns gelingt, die Migranten als Mitbürger anzuerkennen, gut zu integrieren und ihnen hier eine Heimat zu geben, mit der sie sich identifizieren, wird unser aller Leben in Zukunft wesentlich bestimmen.

Barbara Warning

1

FLUCHT VOR KRIEG UND GEWALT

HUNDERTTAUSENDE FLIEHEN NACH EUROPA

Knapp 60 Millionen Menschen waren laut Vereinten Nationen Anfang 2016 weltweit auf der Flucht. Die Menschen fliehen vor Kriegen, Bürgerkriegen, Terror, Diktaturen und aus wirtschaftlicher Not. Sie verlassen ihre Heimat, um ihr Leben zu retten, aber auch, weil sie dort keinerlei Zukunftsperspektive für sich und ihre Kinder sehen. Vor allem Deutschland ist ihr Ziel wegen seiner starken Wirtschaft und den gut funktionierenden Sozialsystemen.

Nach der Katastrophe des Zweiten Weltkrieges, der Millionen Menschen heimatlos machte, wurde 1951 in Genf auf einer Konferenz der Vereinten Nationen definiert, wer Flüchtling ist und welchen rechtlichen Schutz er im Gastland erhält. Danach können Menschen diesen Schutzstatus erhalten, wenn sie in den Heimatländern wegen ihrer Hautfarbe, Religion, Nationalität, politischen Überzeugung oder Zugehörigkeit zu einer bestimmten sozialen Gruppe bedroht sind. Der Genfer Flüchtlingskonvention ist auch Deutschland beigetreten. Es hat sich dazu verpflichtet, Menschen, auf die diese Kriterien zutreffen, aufzunehmen. Das betraf in den 1980er Jahren die vietnamesischen Boatpeople, die vor der Herrschaft der Vietcong flohen. Hunderttausende Syrer, die 2015 vor dem Krieg in ihrer Heimat nach Deutschland kamen, erhielten ebenfalls den Flüchtlingsstatus.

1,1 Millionen Flüchtlinge aus dem Nahen und Mittleren Osten und aus Nordafrika kamen insgesamt 2015 allein nach Deutschland. Die Herausforderung, so viele Menschen in kurzer Zeit zu versorgen, gelang nur mit der Hilfsbereitschaft unzähliger ehrenamtlicher Helfer. Aber der unvermindert große Flüchtlingsstrom sorgt zunehmend für Skepsis. In die anfängliche Begeisterung und Hilfsbereitschaft mischt sich nun vermehrt die Sorge, dass die Aufnahmekapazitäten des Landes bald erschöpft sein werden. Das Unbehagen wird verstärkt durch das Gefühl, der Staat habe zeitweise die Kontrolle über die Flüchtlingsströme verloren.

Historische Vergleiche hinken

Dabei ist dies nicht die erste Flüchtlingswelle, die Deutschland erreicht. Aber historische Vergleiche taugen nur bedingt. Nach dem Ende des Zweiten Weltkrieges flohen zwölf Millionen Deutsche aus den ehemaligen östlichen Gebieten oder wurden von dort vertrieben. Ihre Integration gelang, weil mit dem einsetzenden Wirtschaftswunder Ende der 1940er Jahre in dem völlig zerstörten Land jede Hand für den Wiederaufbau gebraucht wurde. Zudem benötigten diese Flüchtlinge keine Sprachkurse oder andere Qualifizierungsmaßnahmen.

In den 1950er und 1960er Jahren kamen Millionen Gastarbeiter nach Deutschland. Sie wurden angeworben, weil in Deutschland Arbeitskräfte fehlten. Ihre Integration war ausdrücklich nicht gewollt. Wie der Begriff Gastarbeiter besagt, sollten sie in ihre Heimatländer zurückkehren.

Dies galt lange auch für Flüchtlinge aus Kriegsländern, die in Deutschland nur so lange Schutz erhielten, bis ihr Heimatland befriedet war. Noch 2006 beschloss der Hamburger Senat, dass Flüchtlinge deshalb keine Zielgruppe für Integrationskurse seien. Sie sollten nur den Zuwanderern zugänglich sein, die dauerhaft in Deutschland blieben.

Dieser Fehler soll sich bei den Flüchtlingen aus dem Nahen Osten jetzt nicht wiederholen. Deutsch- und Integrationskurse sollen so früh wie möglich angeboten werden und möglichst viele erreichen, damit sie sich schnell einleben. So soll verhindert werden, dass sie sich in Parallelgesellschaften abkapseln.

Zunächst aber gelten alle Anstrengungen der Unterbringung, um Zeltstädte zu vermeiden. Schon jetzt gibt es in den Ballungsgebieten nicht genügend kostengünstige Wohnungen. Bei anhaltendem Flüchtlingsstrom werden bis 2020 rund 400 000 neue Wohnungen gebaut werden müssen. 80 Prozent der Flüchtlinge haben keinen Schul- oder Studienabschluss oder eine Berufsausbildung, die sie befähigt, in Deutschland mit seiner hochentwickelten Industrie in absehbarer Zeit Arbeit zu finden. Der Städte- und Gemeindebund geht deshalb von 500 000 zusätzlichen Hartz-IV-Empfängern aus. Die geschätzten Kosten für die Flüchtlinge belaufen sich auf rund 30 Milliarden im Jahr. Das sind immense Ausgaben, die auf Bund, Länder und Gemeinden und damit auf die Steuerzahler zukommen.

Gefahr für den sozialen Frieden?

Eine Umfrage in Hamburg vor dem großen Flüchtlingsstrom 2015 ergab eine Zustimmung von rund 75 Prozent gegenüber Zuwanderern und Flüchtlingen. Das bedeutet aber im Umkehrschluss, dass 25 Prozent der Bevölkerung gegen Flüchtlinge eingestellt sind.

Immer mehr Menschen nehmen inzwischen eine ablehnende Haltung gegen Zuwanderer ein. Ereignisse wie in der Silvesternacht 2015 in Köln und anderen Städten, als Frauen Opfer sexueller Übergriffe durch junge Männer überwiegend aus Maghreb-Staaten wurden, wecken Ängste. Die werden verstärkt, wenn Polizei und Presse diese Taten zunächst verschweigen und verharmlosen. Das wiederum nutzen radikale, fremdenfeindliche Gruppierungen zur Stimmungsmache gegen Flüchtlinge aus.

Sollten wegen der Kosten für die Zuwanderer an anderer Stelle staatliche Mittel gekürzt oder Steuern erhöht werden, drohen Verteilungskämpfe. Dadurch kann sich die Einstellung gegenüber Flüchtlingen weiter verschlechtern. Auf lange Sicht wäre der soziale Frieden im Land gefährdet. Es ist eine große Herausforderung, eine Regelung zu finden, mit der Schutzbedürftige hier Asyl finden können, ohne Deutschland und seine Bevölkerung zu überfordern.

AGHIAD H. – FLUCHT ÜBER DIE BALKANROUTE

„Drei Jahre haben wir gehofft, dass der Krieg in Syrien endet, dass wir wieder ein normales Leben führen können. Aber dann starb meine Schwester Ghiada mit ihrem drei Monate alten Baby bei einem Angriff mit Chemiewaffen am 23. August 2013. Da haben wir entschieden, unsere Heimat zu verlassen."

Die Familie von Aghiad lebte bei Ausbruch des Bürgerkrieges in einem Vorort von Damaskus. Als das Haus durch eine Bombe zerstört wurde, zogen die Eltern mit ihren vier Söhnen in eine kleine Wohnung im Stadtzentrum, denn während im Umland bereits der Krieg tobte, blieb Damaskus zunächst noch verschont. Aber auch dort wurde das Leben immer schwieriger. Strom und Wasser gab es nur noch wenige Stunden am Tag. „Im Sommer wird es 45 Grad heiß, da ist es unerträglich ohne Wasser. Wenn der Strom immer wieder ausfällt, funktionieren die Klimaanlagen nicht und, noch schlimmer, die Kühlschränke. Ich hatte Pharmazie in Damaskus studiert, arbeitete in einer Apotheke, aber als der Krieg immer heftiger wurde, verlor ich meine Arbeit. Da fehlte mein Verdienst. Mein Vater konnte zwar als Beamter arbeiten, aber sein Gehalt reichte kaum, um die Familie zu ernähren. Denn Lebensmittel wurden immer teurer."

Kämpfe in den Straßen von Damaskus

Die Familie traute sich nur noch tagsüber auf die Straße. „Auch im Zentrum von Damaskus begannen die Kämpfe. Es wurde geschossen, Bomben fielen, Kampfjets flogen über die Stadt. Mein jüngster

Bruder konnte nicht mehr zur Schule gehen. Der Schulweg war zu gefährlich. Es fand auch kaum mehr Unterricht statt, denn die Lehrer waren entweder gestorben, geflohen oder zwangsrekrutiert. Auch ich hatte Angst, von Soldaten verschleppt zu werden. Ich war 27 Jahre alt, da war die Gefahr groß, dass mich Truppen auf der Straße einfach mitnahmen."

Ein Ende des Krieges in Syrien war nicht absehbar. Deshalb beschloss die Familie nach dem Tod von Ghiada und ihrem Baby, in die Vereinigten Arabischen Emirate zu fliehen. Der älteste Sohn Amjad lebt bereits seit zehn Jahren in Abu Dhabi. „Mein Bruder hat ein Jahr lang alles versucht. Er ist zu allen Behörden gerannt, hat viel Geld bezahlt. Obwohl er ein festes Gehalt und eine Wohnung hat, ist es ihm nicht gelungen, für uns ein Visum zu bekommen. Dabei hätte ich in Abu Dhabi sofort arbeiten können, Steuern gezahlt. In den

Das Haus der Familie in Damaskus, links neben der Moschee, vor und nach dem Bombenangriff

Emiraten leben unsere arabischen Brüder, sie sind Sunniten wie wir, aber sie helfen uns nicht. Sie wollen keine Flüchtlinge aufnehmen.

Es blieb nur ein Ausweg: Europa. Da wir nicht genug Geld hatten, damit alle gemeinsam fliehen konnten, bin ich als Erster allein losgezogen. Meine Eltern und meine drei jüngeren Brüder blieben in Damaskus."

Der Syrienkrieg

Im Dezember 2010 begannen die Tunesier gegen Diktator Ben Ali zu demonstrieren. Bald kam es auch in anderen arabischen Ländern zu Demonstrationen gegen die Herrscher. In Syrien begannen die Proteste im Februar 2011. Präsident Baschar al-Assad ließ die Demonstrationen mit Gewalt beenden. Hunderte Menschen starben. Die zunächst friedliche Forderung nach Reformen wurde zum blutigen Bürgerkrieg. Die Opposition ist in sich zerstritten. Immer mehr Gruppen kämpfen in Syrien gegen Assad, aber auch gegeneinander: Die Vertreter der verschiedenen Religionen und Ethnien in Syrien bilden Milizen und bekämpfen sich untereinander. Kurdische Milizen übernahmen die Kontrolle in den von ihnen bewohnten Gebieten. Terroristische Gruppierungen, etwa die Al-Nusra-Front und der Islamische Staat, erobern Gebiete.

Die Kämpfe werden weiter angeheizt, weil das sunnitische Saudi-Arabien und der schiitische Iran im Ringen um die Vorherrschaft im Nahen Osten Truppen ihrer jeweiligen Religionsgemeinschaft unterstützen. Seit den Terroranschlägen im November 2015 in Paris fliegt Frankreich Angriffe auf den Islamischen Staat. Es wird von anderen NATO-Ländern unterstützt, darunter Deutschland. Russland mischt ebenfalls mit, da es befürchtet, seine einzige Marinebasis am Mittelmeer im syrischen Tartus zu verlieren, wenn Assad stürzt.

Nach fünf Jahren Krieg ist Syrien ein zerstörtes Land. Wertvolle Kulturgüter und Weltkulturerbe-Stätten wurden vernichtet. Tausende sind gestorben. Über vier Millionen Syrer sind aus ihrer Heimat geflohen. Sie leben in Lagern in den Nachbarländern Jordanien, Libanon und in der Türkei. Hunderttausende von ihnen suchen von dort einen Ausweg aus ihrer hoffnungslosen Lage und fliehen nach Europa.

Mit dem Schiff nach Griechenland

Mitte September 2014 fuhr Aghiad mit einem Bus an die türkische Grenze. Da er kein Visum hatte, bezahlte er einen Schlepper, der ihn in die Türkei brachte. „Ich habe überlegt, ob ich dort bleiben soll. So wäre ich nahe der Heimat gewesen. Aber mir wurde gesagt, dass meine Zeugnisse nicht anerkannt werden und ich keine Arbeits-erlaubnis erhalte. Ich wollte in einem Land leben, das sicher ist, wo ich arbeiten kann. Deshalb habe ich nach zwei Wochen beschlossen, nach Deutschland zu gehen. Ich hatte gehört, dass Flüchtlinge dort willkommen sind."

Für die Weiterfahrt war er auf Schlepper angewiesen. Er konnte sie nicht bezahlen, denn er hatte aus Damaskus nur eine kleine Summe mitnehmen können. Deshalb schickte sein Bruder Amjad aus Abu Dhabi Geld in die Türkei. „Ich bin nach Izmir gefahren und habe dort einen Schlepper gesucht, der mich mit dem Schiff nach Griechenland bringt."

Die griechische Insel Chios liegt in Sichtweite unmittelbar vor der türkischen Küste. „Wir hatten das Ziel vor Augen, aber wir haben es erst beim vierten Anlauf geschafft. Zweimal hat uns die griechische Marine abgedrängt, einmal haben uns türkische Soldaten erwischt.

Syrische Flüchtlinge fliehen über das Mittelmeer auf die griechischen Inseln.

Wir waren 45 Leute auf dem winzigen Boot, darunter Familien mit
kleinen Kindern. Obwohl die Überfahrt nur zwei Stunden dauert,
war es gefährlich, denn das Schiff war völlig überladen. Wir haben
dicht an dicht gesessen. Viele hatten weniger Glück als wir und sind
dort ertrunken."

Nach einer Nacht auf Chios wurden die Flüchtlinge mit einem
Fährschiff nach Athen geschickt. Ihnen wurde gesagt, dass sie nicht
in Griechenland bleiben dürften. Deshalb fuhr Aghiad mit anderen
syrischen Flüchtlingen nach einigen Wochen mit dem Zug an die
mazedonische Grenze.

Zu Fuß durch Mazedonien

„Damit begann der schlimmste Teil meiner Flucht. Die Flüchtlinge,
die in großer Zahl ein halbes Jahr später im Sommer 2015 durch
Mazedonien kamen, hatten es leichter. Ihnen wurde der Weg gezeigt. Sie marschierten Straßen entlang oder wurden mit Bussen
und Zügen zur serbischen Grenze gefahren. An den Bahnhöfen
gab es freiwillige Helfer, die sie versorgten. Das alles hatten wir im
Winter 2014 nicht."

Flüchtlinge sind zu Fuß auf der Balkanroute unterwegs.

Der Flüchtlingsstrom endet vor dem neuen Grenzzaun in Ungarn.

Aghiad traf an der Grenze andere Flüchtlinge aus Syrien, die auch nach Deutschland wollten. Männer, Frauen, Familien mit Kindern. Sie schlossen sich zu einer Gruppe zusammen. Da sie keine Visa hatten, mussten sie einen Schlepper finden, der sie über die Grenze brachte.

„Er ist in der Nacht mit uns losgegangen. Aber dann ist er abgehauen, hat uns einfach mitten im Wald im Dunkeln stehen lassen, obwohl wir ihm viel Geld bezahlt hatten, damit er uns durch Mazedonien nach Serbien bringt. Wir waren ganz auf uns angewiesen, in einem fremden Land, dessen Sprache wir nicht sprechen.

Wie sollten wir zur serbischen Grenze kommen? Wir hatten Handys dabei. So konnten wir Freunde anrufen, denen die Flucht nach Deutschland schon gelungen war. Die haben uns gesagt, welche Route wir nehmen sollen. Wenn wir Internet-Anschluss hatten, konnten wir uns mithilfe des Navigationssystems auf dem Handy orientieren. Manchmal haben uns auch Mazedonier geholfen, uns den Weg gezeigt, uns etwas zu essen gegeben. Wir sind sicherheitshalber immer nur nachts marschiert, wir waren ja illegal im Land. Tagsüber haben wir in Wäldern auf dem nackten Boden geschlafen.

Es war November und sehr kalt. Wir hatten nur ein paar kleine Zelte dabei und kaum etwas zu essen. Wir hatten ständig Hunger. Aber es war zu gefährlich, in einer Stadt nach einem Supermarkt zu suchen, dabei hätten wir leicht von der Polizei entdeckt werden können. Wenn wir in die Nähe eines Ortes kamen, wo ein Laden oder Kiosk am Ortsrand war, zu dem wir schnell hingehen und wieder weglaufen konnten, haben ein paar von uns dort etwas eingekauft. Wir konnten überall mit Euro bezahlen. Dann haben wir uns wieder im Wald versteckt.

Obwohl wir vorsichtig waren, haben uns wiederholt Polizisten entdeckt. Dann mussten wir zurücklaufen zur Grenze, haben einen neuen Weg probiert, wurden wieder erwischt, mussten wieder zurück. Drei Wochen waren wir zu Fuß unterwegs.

Eines Tages gehen wir in der Dämmerung durch einen kleinen Ort. Ich sehe Polizisten auf uns zukommen. Da rennen drei andere und ich los. Nicht wieder erwischt werden, nicht wieder zurück müssen! Wir laufen die schmalen Straßen entlang, da sehen wir eine kleine Moschee und stürzen hinein. Wir haben Glück. Dort sind Menschen, die uns helfen. Wir können uns endlich waschen, wir bekommen seit Wochen wieder eine warme Mahlzeit. Einer fährt uns gegen Bezahlung dann mit dem Auto über die serbische Grenze nach Belgrad. Auf der Fahrt halten uns immer wieder serbische

Mit der Bahn werden Flüchtlinge nach Österreich gebracht.

Die Schlepper machen skrupellos Geschäfte mit Menschenleben. Und das im 21. Jahrhundert mitten in Europa.

AGHIAD H.

Polizisten bei Straßenkontrollen an. Wir haben kein Visum, keine gültigen Papiere. Jedes Mal haben wir Angst, dass wir wieder nach Mazedonien müssen. Aber wenn wir ihnen einen Geldschein zustecken, können wir weiterfahren. Nur einmal schicken uns die Polizisten zurück an die Grenze."

Als Aghiad in Belgrad ankam, besaß er nichts mehr. Sein Bruder in Abu Dhabi schickte ihm noch einmal Geld.

„3000 Euro hat Amjad insgesamt für meine Flucht bezahlt. Die Schlepper haben so viel Geld bekommen, aber nicht gehalten, was sie versprochen hatten. Sie haben uns auf ein Boot gesetzt, das kaum seetüchtig war, uns in Mazedonien mitten in der Nacht im Wald stehen lassen. Und obwohl wir immer für Lebensmittel bezahlt hatten, gaben sie uns nichts zu essen. Die Schlepper machen ein Vermögen mit der Not der Flüchtlinge. Sie bekommen ihr Geld im Voraus. Deshalb ist es ihnen völlig egal, ob die Flüchtlinge anschließend überleben oder nicht."

Endlich in Deutschland

In Belgrad mieteten sie ein billiges Zimmer. Sie brauchten einen neuen Schlepper, um weiterzukommen.

„Einer von uns hatte Freunde, denen die Flucht nach Deutschland schon gelungen war. Wir hatten Handys dabei. Er hat sie angerufen, und sie haben ihm dann die Telefonnummern von Schleppern gegeben. In einer solchen Situation hilft ein Flüchtling dem anderen. Wir haben uns mit einem Schlepper verabredet, sind mit dem Bus in die Nähe der ungarischen Grenze gefahren und haben ihn dort getroffen. Fünf Stunden sind wir mit ihm in der Nacht marschiert über die Grenze nach Szeged."

Von dort fuhren sie weiter nach Budapest. Nach fünf Tagen in Ungarn brachte sie ein weiterer Schlepper mit dem Auto durch Österreich nach Deutschland.

„Bei Passau sind wir über die deutsche Grenze gekommen. Der Fahrer hat getankt, wollte noch eine rauchen. Das wurde ihm zum Verhängnis. Denn da haben uns Polizisten gesehen. Sie haben uns auf die Polizeiwache gebracht, fotografiert und alles aufgeschrieben. Was sie mit dem Schlepper gemacht haben, weiß ich nicht."

Ankunft in Bergen

Aghiad kam in ein Flüchtlingslager in der Nähe von Passau und wurde registriert. Weil das Lager überfüllt war, erhielt er nach einigen Tagen die Transfer-Bescheinigung nach Friedland in Niedersachsen. Dort befindet sich seit 1945 ein großes Erstaufnahmelager für Flüchtlinge. Aber auch Friedland war Ende Dezember 2014, als Aghiad dort ankam, völlig überfüllt. Er wurde deshalb in ein neu eröffnetes Erstaufnahmelager nach Osnabrück geschickt.

„Die Unterkunft war ein ehemaliges Krankenhaus der Bundeswehr. Das hatten sie gerade als Flüchtlingslager eingerichtet. Es war sehr schön, es hat mir gut gefallen. Dort bekam ich auch schon meinen ersten Deutschunterricht. Ich blieb anderthalb Monate in Osnabrück."

Am 9. Februar 2015 erhielt Aghiad den Bescheid für den Transfer nach Bergen in der Lüneburger Heide. Dort bekam er einen Platz in einer Wohngemeinschaft mit anderen Flüchtlingen zugewiesen.

„Ich bin froh, dass ich in eine kleine Stadt wie Bergen gekommen bin und nicht in eine Großstadt. Hier sind wir nur fünf Syrer. Da trifft man leicht Menschen mit anderer Nationalität und die Bewohner des Ortes. Es gibt organisierte Abende mit der Bevölkerung, wir kochen zusammen, unterhalten uns. Das hilft, schnell besser Deutsch zu sprechen, sich einzuleben. Durch den Kontakt mit Deutschen lerne ich das Land, die Kultur und Traditionen kennen. In einer Großstadt ist das viel schwieriger. Da lernt man kaum Deutsche kennen. Die Flüchtlinge bleiben unter sich, Syrer mit Syrern, Afghanen mit Afghanen. Das ist schlecht für die Integration."

Anerkennung als Kriegsflüchtling

Nach sieben Monaten in Bergen erhielt Aghiad den Bescheid über sein Asylverfahren vom Bundesamt für Migration und Flüchtlinge: Seit dem 9. September 2015 ist er anerkannter Kriegsflüchtling. Damit verbunden sind ein Aufenthaltsrecht für drei Jahre, das Recht, in Deutschland zu arbeiten, und eine Teilnahme an Integrationskursen.

„Ich war sehr glücklich, als ich den Bescheid bekam. Endlich war die Ungewissheit vorbei. Ich habe eine Perspektive, zumindest für die nächsten drei Jahre. Ich bin dann gleich nach Celle gefahren, in die zuständige Kreisstadt, habe mich bei der Ausländerbehörde gemeldet und beim Arbeitsamt meine Papiere abgegeben. In Celle habe ich auch einen neuen Reiseausweis bekommen."

Aghiad möchte wieder in seinem Beruf arbeiten. Dafür hat er ein sechswöchiges Praktikum in einer Apotheke gemacht. „Es war sehr interessant, die Unterschiede kennenzulernen. In Syrien gibt es mehr Medikamente ohne Rezept. In Deutschland muss ein Apotheker wegen der Abrechnung mit den Krankenkassen viel mehr bürokratische Arbeit erledigen als bei uns. Da sitzt man viel am Computer. Ich fand auch erstaunlich, wie teuer Arzneien hier sind."

Um als Apotheker arbeiten zu können, muss er mehrere Praktika nachweisen und zusätzlich eine Prüfung bei der Apothekerkammer in Hannover ablegen.

Aghiad H. in der Apotheke in Damaskus

„Ich würde mich auch gern in Pharmazie an der Universität weiterbilden, einen Master machen, eine Doktorarbeit schreiben. Das würde meine Chancen erhöhen, qualifiziert arbeiten zu können. Aber dafür muss ich noch sehr viel besser Deutsch können."

Fließend Deutsch in einem halben Jahr

„In der Nähe der pharmazeutischen Fakultät in Damaskus war ein Goethe-Institut. Ich bin oft dorthin gegangen, denn da gab es ein Café, in dem man Ausländer treffen konnte. Ich spreche Englisch, damit konnte ich mich gut verständigen. Leider habe ich in Syrien keine Deutschkurse besucht. Aber damals konnte ich nicht ahnen, dass ich eines Tages aus meiner Heimat nach Deutschland fliehen muss."

Aghiads wichtigstes Ziel nach seiner Ankunft in Bergen war es, so schnell wie möglich Deutsch zu lernen. Deshalb besuchte er sofort den Sprachunterricht, den ehrenamtliche Helfer in Bergen anboten, ging zu Treffen mit Nachbarn und unterhielt sich mit ihnen. „Ich habe jede Gelegenheit genutzt, um Deutsch zu sprechen." Schon nach einem halben Jahr sprach er fließend.

Als anerkannter Flüchtling nahm Aghiad auch an einem Deutschkurs der Volkshochule Celle teil. Er bestand die Prüfung auf B1-Niveau. Dieses Sprachniveau bedeutet, dass man sich einfach und zusammenhängend im täglichen Leben ausdrücken kann. Aber das reicht nicht, um einer höher qualifizierten Arbeit nachzugehen oder zu studieren. Dafür müssen Ausländer das C1-Niveau beherrschen, das heißt, auch komplexe Zusammenhänge erklären können, Fachausdrücke kennen und annähernd fehlerfrei sprechen.

„Ich will unbedingt weiter Deutschkurse belegen, damit ich wieder als Apotheker arbeiten kann. Aber das Amt zahlt nur bis B1. Denn mit diesem Niveau kann man eine Arbeitsstelle finden. Das reicht nach Meinung der Behörden aus. Eine höhere Qualifikation, wie ich sie in meinem Beruf benötige, muss man selbst bezahlen. Die Kurse kosten 127 Euro im Monat. Ich brauche mehrere Monate, bis ich eine Prüfung für C1 machen kann. Ich kriege vom Sozialamt monatlich 349 Euro. Wie soll ich da den Sprachkursus bezahlen?"

Es geht eben mal alles gut und mal gibt es Schwierigkeiten. An diesen schwankenden Zustand habe ich mich gewöhnt. Aber ich bin zuversichtlich, dass es besser wird.

AGHIAD H.

Ich will in Deutschland bleiben

„Ich hoffe, dass ich mich schnell in Deutschland integriere. Mit meiner Familie will ich mir eine neue Existenz aufbauen."

Inzwischen sind auch seine Mutter und zwei seiner jüngeren Brüder nach Deutschland gekommen. Der Bruder in Abu Dhabi konnte ihre Flucht bezahlen. Sie leben in Osnabrück. Der Vater und ein Bruder sind noch in Damaskus. Auch sie wollen so bald wie möglich nachkommen.

„Für ältere Menschen wie meine Eltern wird es bestimmt nicht leicht, Deutsch zu lernen, sich in einer völlig fremden Umgebung zurechtzufinden. Aber meine Brüder und ich sind so jung, wir können hier etwas aus uns machen, ein neues Leben beginnen."

Auch wenn es nicht immer einfach ist, mit Ablehnung umzugehen, die die Flüchtlinge gelegentlich zu spüren bekommen. „Ich habe in Osnabrück nach einer Wohnung für meine Familie gesucht und wurde immer abgewiesen. Die Vermieter wollen wohl keine Flüchtlinge. Ich hoffe, dass mir das bei der Suche nach einer Arbeitsstelle nicht auch passiert. Vielleicht werden in den Apotheken Deutsche oder EU-Bürger bevorzugt, und sie wollen keine Syrer. Das ist eine Unsicherheit, mit der ich lernen muss zu leben.

In ein paar Jahren bin ich hier bestimmt voll integriert, spreche fließend Deutsch, habe eine Arbeit, habe vielleicht studiert. Dann bin ich hier zu Hause.

Ich kann mir deshalb nicht vorstellen, nach Syrien zurückzugehen. Denn ein Ende des Krieges ist leider nicht in Sicht. Und wenn er irgendwann vorbei ist, ist das Land total zerstört. Alles wieder aufzubauen, wird Jahre dauern und viel Geld kosten. Ein normales Leben wird es dort für lange Zeit nicht geben können. Darum will ich in Deutschland bleiben. Denn hier habe ich die Chance auf ein gutes, sicheres und friedliches Leben."

IM GESPRÄCH MIT CHRISTIANE KREIPE:
WIR BEKOMMEN NEUE NACHBARN

Sie sind bei der Hamburger Sozialbehörde zuständig für die Unterbringung von Flüchtlingen und Asylbewerbern. Wie ist das geregelt?

In Deutschland werden Flüchtlinge oder Asylbewerber nach dem Königsteiner Schlüssel auf die Bundesländer und Kommunen verteilt, um eine faire Verteilung innerhalb Deutschlands zu gewährleisten.

Flüchtlinge kommen im gesamten Bundesgebiet zunächst in eine Erstaufnahmeeinrichtung, meist größere Heime und Massenunterkünfte. Dort sollen sie aber möglichst nur kurze Zeit bleiben. Danach erhalten sie Plätze in sogenannten Folgeunterbringungen. Das können eigens für sie errichtete Unterkünfte sein, aber auch einzelne Wohnungen.

Die Erstaufnahmeeinrichtungen sind Ländersache. Für die Folgeunterbringung der Flüchtlinge sind dann die einzelnen Städte und Gemeinden zuständig.

Hat sich dieses System bewährt?

Hamburg als Stadtstaat ist Land und Kommune gleichzeitig. Die Stadt hat natürlich sehr viel weniger Fläche zur Verfügung als ein großes Bundesland. Trotzdem konnten wir in der Vergangenheit den meisten Flüchtlingen eine menschenwürdige Unterkunft bieten. Auch wenn es immer Leute gibt, die nicht zufrieden sind. Ein syrischer Flüchtling beschwerte sich, dass er mit seiner Familie in einer Drei-Zimmer-Wohnung leben sollte. In Syrien hätte er ein großes Haus gehabt. Das waren Luxusprobleme im Vergleich zu der Aufgabe, die mit dem großen Flüchtlingsstrom ab dem Sommer 2015 auf uns zukam.

2015 kamen über eine Million Flüchtlinge nach Deutschland. Sind die Kommunen einem solchen Anstieg der Flüchtlingszahlen gewachsen?

In den Jahren zuvor kamen im Schnitt jeweils 1 000 Asylbewerber nach Hamburg. 2015 waren es 22 000 Flüchtlinge. Für alle innerhalb weniger Monate eine halbwegs vernünftige Unterkunft zu finden, war unmöglich. In einer solchen Ausnahmesituation waren wir im Herbst froh, die Zelte winterfest zu bekommen.

Warum konnten damals nicht mehr Flüchtlinge in einzelnen Wohnungen untergebracht werden?

40 Prozent der Plätze, über die die Sozialbehörde verfügen kann, waren mit Flüchtlingen belegt, die kein Bleiberecht haben. Die meisten von ihnen kamen vom Balkan. Sie gelten als Wirtschaftsflüchtlinge aus sicheren Herkunftsländern.

Warum werden Menschen nicht abgeschoben, wenn sie keine Chance auf ein Bleiberecht haben, und machen Platz für anerkannte Kriegsflüchtlinge?

Es ist eine politische Entscheidung, ob Menschen abgeschoben werden oder ihr Aufenthalt auch ohne Bleiberecht geduldet wird. In der Vergangenheit wurde nicht konsequent abgeschoben. Der Hamburger Senat muss entscheiden, ob wegen des großen Andrangs an Flüchtlingen in Zukunft rigoroser abgeschoben werden soll.

Allerdings ist die Forderung nach schneller Abschiebung leicht gestellt, aber in der Praxis oft schwer umsetzbar. Menschen, die den Abschiebebescheid erhalten haben, tauchen bei Bekannten unter und sind für die Behörden unauffindbar. Schwangere und Kranke können nicht abgeschoben werden.

Christiane Kreipe in Hamburg-Wilhelmsburg, wo eine Containersiedlung für 197 Flüchtlinge gebaut wird

Bieten sich leer stehende Bürohäuser und Hallen als Unterkunft an, um Menschen aus den Zelten zu kriegen?

Im Prinzip können Gewerbeimmobilien genutzt werden. Aber nicht alle sind geeignet oder können sofort bezogen werden. Denn wenn dort Menschen über einen längeren Zeitraum leben und schlafen sollen, müssen ausreichend sanitäre Anlagen vorhanden sein, Brandschutzbestimmungen sind einzuhalten, die Räume müssen geheizt und belüftet werden können. Das erfordert meist aufwendige Umbauarbeiten, die viel Zeit und Geld kosten.

Stellt die Stadt auch Containersiedlungen auf?

Flüchtlinge werden auch in Containern untergebracht. Aber bis sie bezogen werden können, vergeht ein halbes Jahr. Fundament, Leitungen und Anschlüsse müssen gelegt werden. Eine Feuerwehrzufahrt muss vorhanden sein. Außerdem hat Hamburg als Stadtstaat nicht so viele freie Flächen zur Verfügung. Diese müssen gekauft oder gepachtet werden. Aber selbst wenn der Stadt eine freie Fläche gehört, kann dort nicht sofort eine Siedlung errichtet werden. Da gibt es immer Einwände.

Woran kann die Bebauung eines Grundstücks scheitern?

Die Umweltverbände untersuchen das Grundstück. Und wer sucht, der findet: vom Aussterben bedrohte Zierliche Tellerschnecken, seltene Arten von Dörr-Rasen, Fledermäuse. Ich habe im Laufe der Jahre sehr viel über die Natur in der Großstadt gelernt.

Aber auch gesundheitliche Fragen spielen eine Rolle. Wenn auf dem Gelände früher eine Tankstelle oder Wäscherei stand, ist der Boden eventuell kontaminiert und muss abgetragen werden, bevor dort Menschen leben dürfen. Das alles verzögert, verteuert oder verhindert das Aufstellen von Unterkünften.

Gibt es Stadtteile, in denen bevorzugt Flüchtlinge untergebracht werden?

Wir müssen eine Gettobildung in der Stadt verhindern. Deshalb sollen Asylsuchende in der ganzen Stadt verteilt werden. Sie sollen nicht nur in Stadtteilen unterkommen, wo es bereits viele Migranten oder soziale Brennpunkte gibt. Denn das fördert die Entstehung von Parallelgesellschaften und erschwert die Integration.

Wie reagiert die Bevölkerung, wenn in ihrer Nachbarschaft eine Flüchtlingsunterkunft gebaut werden soll?

Es gibt viel Hilfsbereitschaft und Verständnis für die Not der Kriegsflüchtlinge, aber auch Ängste und Sorgen, wenn auf dem Nachbargrundstück ein Flüchtlingsheim entsteht. Anwohner befürchten, dass es laut wird, vermehrt zu Einbrüchen kommt oder die Gegend vermüllt.

Als wir das nicht mehr benötigte Kreiswehrersatzamt im vornehmen Stadtteil Harvestehude zur Flüchtlingsunterkunft umbauen wollten, klagten die Nachbarn vor Gericht. Jetzt können wir dort zwar Asylsuchende unterbringen, aber statt 220 nur 190 und die nicht wie geplant langfristig, sondern nur für zehn Jahre.

Welche Sorgen haben die Bewohner eines Stadtteils außerdem, wenn in ihrem Viertel ein Flüchtlingsquartier errichtet wird?

Viele Anwohner befürchten, dass der Wert ihrer Häuser sinkt, wenn nebenan Flüchtlinge einziehen oder eine Containersiedlung in der unmittelbaren Nachbarschaft errichtet wird. In einem Villenvorort erzielte ein Haus in einer neu gebauten Häuserreihe einen deutlich niedrigeren Preis als die zuvor verkauften Häuser, nachdem bekannt wurde, dass wir auf dem benachbarten Grundstück Flüchtlingsunterkünfte bauen. Dabei stellten wir dort ordentliche Holzhäuser auf, die gut aussehen. Trotzdem sank der Grundstückswert. Ich kann verstehen, dass Hauseigentümer Sorgen haben, die eine hohe Hypothek abzahlen müssen und nicht wissen, ob ihr Haus das noch wert ist.

Wie gehen Sie mit den Bedenken der Bevölkerung um?

Das Wichtigste ist, die Nachbarn einzubeziehen, rechtzeitig und ausführlich zu informieren. So können viele Bedenken ausgeräumt werden. Aber über eines müssen wir uns im Klaren sein:

Deutschland und damit auch Hamburg werden sich sehr verändern. Wir alle werden neue Nachbarn bekommen.

IM GESPRÄCH MIT NADINE SCHIER:
JUGENDLICHE FLÜCHTLINGE MÜSSEN SCHNELL SELBSTSTÄNDIG WERDEN

Sie übernehmen als Rechtsanwältin Vormundschaften für unbegleitete minderjährige Flüchtlinge. Warum brauchen die Jugendlichen einen Vormund?
Die Jugendlichen sind entweder Waisen, haben die Eltern auf der Flucht verloren oder diese sind noch in der Heimat. Deshalb benötigen sie einen gesetzlichen Vertreter in Deutschland, der das Sorgerecht ausübt, sie bei Behördengängen begleitet und vertritt.

Wieso sind die Minderjährigen allein auf der Flucht?
Die meisten Familien haben nicht genug Geld, damit alle fliehen können. Sie können nur für eine Person den Schlepper bezahlen. Darum schicken sie Jugendliche, die schon alt genug sind, um die Strapazen der Flucht zu überstehen, aber jung genug, um hier bald arbeiten zu können. Die sollen die Familie dann schnell finanziell unterstützen oder nachholen.
Junge Afghanen fliehen auch vor der Gewalt in ihrer Heimat, wenn verfeindete Familienclans oder Taliban Verwandte umgebracht haben.
Andere fliehen aus wirtschaftlicher Not. Nach Jahrzehnten ununterbrochener Kriege und Bürgerkriege in Afghanistan sind viele Väter gestorben, kriegsversehrt oder krank und nicht mehr arbeitsfähig. Die Jungs sind dann die Ernährer der Familie. Da sie in Afghanistan kaum Arbeit finden, verlassen sie ihre Heimat.

Wie glaubwürdig sind die Geschichten der jungen Flüchtlinge?
Es gibt mehrere Probleme: Zum einen kann ich mich mit ihnen nur über einen Dolmetscher verständigen, der oft wie ein Filter wirkt. Zum anderen weiß ich, dass die Schlepper den Jungs genau eintrichtern, was sie sagen sollen, um eine vermeintlich bessere Chance auf Asyl zu haben. Natürlich passiert es, dass sich Jungs in ihrer Not immer mehr in Lügen verstricken. Aber manchmal sind die aberwitzigsten Geschichten wahr und ganz harmlose erfunden. Ich darf es nicht persönlich nehmen, wenn ich angelogen werde. Ich muss eine professionelle Distanz wahren, auch wenn das bei besonders traurigen Schicksalen schwerfällt.

Wie werden die jungen Flüchtlinge untergebracht und betreut?

Sie kommen in ein Kinderhaus, werden ärztlich untersucht. Ein Junge hatte noch Granatsplitter im Körper von einem Attentat. Ein anderer litt unter einer Wurzelentzündung. Er war noch nie bei einem Zahnarzt gewesen. Vorher war er ein halbstarker Angeber, auf dem Behandlungsstuhl saß dann ein ängstliches Häufchen Elend. Ich habe ihm die Hand gehalten, bis der Zahn gezogen war.

Viel schlimmer ist, dass die Jugendlichen traumatisiert sind durch das, was sie in ihrer Heimat und auf der Flucht erlebt haben. Ein syrischer Junge musste mit ansehen, wie das Nachbarboot kenterte und die Menschen ertranken.

Es wäre deshalb sehr wichtig, dass die Jugendlichen so schnell wie möglich psychologisch betreut werden. Aber solche Behandlungen sind langwierig und teuer. Dafür müssten erhebliche Mittel bereitgestellt werden, die wir momentan leider nicht zur Verfügung haben.

Die Jungen kommen aus einem anderen Kulturkreis. Gibt es damit Probleme?

Wenn es Probleme gibt, muss man genau schauen, was die Ursachen dafür sind. Haben sie Schwierigkeiten, weil sie Afghanen oder Syrer sind,

Rechtsanwältin Nadine Schier übernimmt die Vormundschaft für unbegleitete minderjährige Flüchtlinge aus Syrien, dem Irak und Afghanistan.

weil sie traumatisierte Flüchtlinge sind oder weil sie in der Pubertät sind, mit genau den Problemen, die pubertierende Jugendliche überall auf der Welt haben?

Die unterschiedliche kulturelle Prägung macht sich vor allem beim Umgang mit Mädchen bemerkbar. Die Jungs gehen zur Schule, haben aber Schwierigkeiten, weil sie noch nicht gut Deutsch können. Mädchen sind hilfsbereit, gehen auf die Jungs zu, helfen ihnen bei den Hausaufgaben. Das deuten die Jungs falsch. Sie haben in ihrer Heimat keine Kontakte zu Mädchen außerhalb der Familie, sie kennen kein Flirten und können die Signale nicht richtig deuten. Wenn es dann den Vorwurf sexueller Belästigung gibt, verstehen sie es nicht. Die Mädchen haben sie angesprochen, also müssen sie doch verliebt sein.

Mit welchen Erwartungen kommen die Jugendlichen nach Deutschland?

Die Schlepper locken sie mit den wildesten Versprechen, denn sie wollen mit Flüchtlingen Geld verdienen. Damit entsteht eine Anspruchshaltung, die zwangsläufig enttäuscht werden muss. Die Jungs meinen, ihnen flögen hier die gebratenen Tauben in den Mund. Stattdessen müssen sie mit ihrem Taschengeld auskommen. Sie denken, dass sie hier ein neues Handy bekommen. Wir haben überlegt, ob wir eine Sammelaktion starten. Aber dann haben wir uns dagegen entschieden. Sie sollen sich die Handys mit ihrem Taschengeld ersparen, damit sie merken, dass hier nicht alles umsonst ist.

Wie selbstständig sind die jungen Flüchtlinge?

Die Jugendlichen kommen aus einem Kulturkreis, wo Kinder nicht zur Selbstständigkeit erzogen werden, sondern ihre Eltern bestimmen, was sie machen. Söhne leben zu Hause, Töchter erst bei den Eltern, die alles entscheiden, dann bei den Schwiegereltern. Plötzlich sind die Jungs ganz allein in einem fremden Land mit fremden Bräuchen und fremder Sprache. Damit sind sie völlig überfordert.

Es ist deshalb wichtig, sie schnell zur Selbstständigkeit zu erziehen. Sie zum Beispiel nicht überall hinzufahren, sondern ihnen zu erklären, wo der Bus hält, wie sie Fahrkarten kaufen. Man möchte es ihnen nett machen, sich intensiv um sie kümmern, aber damit tut man ihnen letztendlich keinen Gefallen. Sie müssen schnell lernen, auf eigenen Beinen zu stehen.

Was passiert, wenn die Jugendlichen volljährig werden?

Der Übergang ist hart, denn ab 18 sind sie auf sich gestellt. Sie kommen dann aus dem Kinderhaus in eine Gemeinschaftsunterkunft. Sie haben keinen gesetzlichen Betreuer mehr, sondern müssen alles allein machen. Auch wenn sie noch zur Schule gehen und nicht gut Deutsch sprechen. Sie bräuchten eine ambulante Nachbetreuung, aber die kostet viel Geld und ist unrealistisch bei der hohen Zahl der Flüchtlinge.

Wie ist die Akzeptanz in der Bevölkerung?

Man muss aufpassen, dass kein Neid entsteht, wenn Flüchtlinge viele Geschenke erhalten, sofort einen Arzttermin oder Platz im Kindergarten bekommen, auf den Deutsche lange warten.
Die Hilfsbereitschaft war zu Beginn der Flüchtlingswelle groß. Aber die Stimmung kippt, wenn immer mehr Flüchtlinge kommen, und der Eindruck entsteht, der Staat habe die Situation nicht im Griff.
Ich weiß aus eigener Erfahrung, wie das ist. Denn ich komme aus der DDR. Als die Mauer fiel, wurde ich an der Grenze mit Umarmungen, Kaffee, Schokolade und Bananen begrüßt. Einige Monate später war ich dann eine der blöden Ossis.

Was muss sich in Zukunft ändern?

Wir erwarten 2016 an die 200 unbegleitete Jugendliche im Kreis. Für so viele ist kein Platz. Dabei ist Geld gar nicht die Hauptsorge. Es wäre genug da, aber es muss gezielter eingesetzt werden. Die Zusammenarbeit von Behörden, Betreuern, Vereinen und Ehrenamtlichen muss besser koordiniert werden.
Aber auch der Staat bereitet uns Probleme: Die bürokratischen Hürden sind hoch, Gesetze ändern sich ständig, Vorschriften widersprechen sich. Behörden arbeiten nicht zusammen. Ich frage mich, ob es überhaupt ein Konzept in der Politik gibt. Und wenn ja, welches?

Wie gehen die Jugendlichen mit dieser Unsicherheit um?

Immer mehr wollen zurück. Ihre Erwartungen haben sich nicht erfüllt. Sie sind zermürbt von der Bürokratie und haben Angst, was hier aus ihnen werden soll. Das Leben in der Heimat mit ihrer Familie erscheint ihnen besser, selbst wenn dort ein Bürgerkrieg tobt.

SEMERE Z. – FLUCHT ÜBERS MITTELMEER

„Tausende sind auf der Flucht aus Afrika nach Europa umgekommen. Sie starben in der Sahara, wurden ermordet, ertranken im Mittelmeer. Trotzdem habe ich es gewagt. Es gab keinen Ausweg. Ich wollte endlich in Freiheit leben."

Semere stammt aus Eritrea in Ostafrika. „Mein Land hat eine blutige Geschichte. Der Unabhängigkeitskampf, der Krieg mit unserem Nachbarland Äthiopien und jetzt die Diktatur. Wegen der ständigen Kriegsgefahr hat jeder Mann in Eritrea zwei Berufe, denn alle müssen Soldaten sein. Jeder muss eine Ausbildung in der Armee absolvieren, eine Waffe haben. Auch ich musste zum Militär. Die Soldaten werden auch zur Unterdrückung des Volkes eingesetzt. Auf meine eigenen Leute schießen? Der Gedanke allein ist entsetzlich. Außerdem leben wir in völliger Unfreiheit, denn unser Präsident ist ein Diktator. Alles wird uns vorgeschrieben: Wo wir wohnen, welchen Beruf wir ausüben. Nichts darf man selbst entscheiden."

Semere wollte Fischer werden. Nach der Schule machte er ein Diplom in Fischzucht. Aber das Regime hatte andere Pläne mit ihm. „Ich musste Lehrer werden. Ich wurde in den Westen nah an der Grenze zum Sudan geschickt. Dort musste ich leben und arbeiten. Meine Eltern durfte ich nur einmal im Jahr kurz besuchen."

Nachts über die Grenze

„Ich hatte einen Beruf, den ich nicht wollte, ich lebte in einer Gegend, in der ich nicht sein wollte, weit weg von meiner Familie. Es gab keine Aussicht, dass sich das je ändern würde. Aber das wollte ich nicht hinnehmen. Ich wollte frei sein, der ständigen Kriegsgefahr entrinnen."

Semere floh deshalb im Juni 2013 mit 23 Jahren in den Sudan. „Ich wohnte ja direkt an der Grenze. Ich bin nachts marschiert, tagsüber habe ich mich versteckt, denn wenn mich Soldaten an der Grenze erwischt hätten, wäre ich sofort ins Gefängnis gekommen.

So erreichte ich nach zwei Nächten einen sudanesischen Grenzort. Dort kam ich in ein Flüchtlingslager." Semere hatte niemanden über seinen Fluchtplan informiert. „Ich konnte meine Eltern nicht vorher anrufen, das war viel zu gefährlich. In Eritrea werden Telefonate abgehört. Hätte ich meinen Eltern von meinen Plänen erzählt, wären wir alle verhaftet worden. Denn die Flucht in ein Nachbarland ist verboten. Ich habe sie erst angerufen, als ich sicher im Sudan angekommen war."

Aus dem Flüchtlingslager kam Semere in die sudanesische Hauptstadt Khartum. „Ich hatte all meine Ersparnisse mitgenommen, 15 000 Nakfa. Das sind umgerechnet rund 300 Euro. Davon habe ich eine Unterkunft bezahlt und das Essen. Aber mein Geld reichte nicht lange. Ich habe dann bei einem Friseur gearbeitet, um etwas zu verdienen."

Zehn Monate lebte Semere in Khartum. Aber auf Dauer wollte er nicht im Sudan bleiben. „Der Sudan ist genauso eine Diktatur wie Eritrea. Im Süden herrscht Krieg. Dort kann man auch nicht frei leben. Außerdem war ich im Sudan nicht sicher. Soldaten aus Eritrea überschreiten die Grenze, nehmen Flüchtlinge fest, bringen sie zurück und stecken sie ins Gefängnis. In ein anderes afrikanisches Land zu gehen, kam nicht in Frage. Niemand will uns haben. Es blieb nur der Weg nach Europa."

Fahrt durch die Sahara
Um ein Schiff nach Europa zu besteigen, musste Semere die Sahara durchqueren. „Das geht nur mit Schleppern. Meine Eltern haben einer Organisation in Eritrea für meine Fahrt 1 600 Dollar bezahlt." Die Flüchtlinge mussten ihren Proviant selbst besorgen. „Wer nicht

genug zu trinken dabei hat, verdurstet. Deshalb wurden auf einen offenen Kleinlaster erst die Lebensmittel und Wasserflaschen geladen. Dann mussten wir 24 Flüchtlinge uns obendrauf hocken. Alte, Junge, Männer, Frauen und Kinder. Wir saßen eng gedrängt, konnten uns nicht hinlegen, nirgends festhalten. Manchmal ist einer runtergefallen. Dann hielt der Laster, derjenige wurde wieder aufgeladen, und dann ging es weiter, bis der nächste runterfiel."

Die Grenze nach Libyen passierten die Flüchtlinge ohne Probleme. „Das ist von den Schleppern alles organisiert. Die arbeiten mit den Grenzsoldaten zusammen und wissen, wem wie viel zugesteckt werden muss."

Es war Frühjahr und schon glühend heiß. „Wir fuhren tagsüber im offenen Wagen, da hat der Fahrtwind gekühlt. Aber wenn der Lastwagen anhielt, war die Hitze in der Wüste unerträglich. Die Sonne brannte, wir haben entsetzlich geschwitzt und sind fast erstickt in der Enge.

Nachts machte der Fahrer eine Pause, dann konnten wir aufs Klo, uns etwas ausruhen, trinken und essen. Wir bekamen von den Schleppern nichts. Wir konnten nur das essen, was wir selbst mitgebracht hatten. Wer nicht genug dabei hatte, musste hungern. Freunde von mir waren zwei Wochen unterwegs durch die Sahara. Da waren die Vorräte bald weg. Viele sind auf dieser Fluchtroute gestorben, erstickt, verdurstet oder vom Laster gefallen und der fuhr einfach weiter. Ich hatte Glück. Meine Fahrt nach Bengasi an die libysche Küste dauerte nur fünf Tage. Alle auf diesem Transport haben überlebt."

Warten auf die Weiterfahrt

Semere hatte gehofft, in Bengasi gleich ein Schiff nach Europa besteigen zu können. Aber die Schlepper verlangten dafür plötzlich noch einmal 1600 Dollar. „Ich habe meine Eltern angerufen. Sie haben diese für sie sehr große Summe aufbringen können und an die Schlepper-Organisation bezahlt." So lange musste er in Libyen warten. Wer Geld hatte, konnte sich etwas zu essen kaufen. Aber Semeres Ersparnisse waren aufgebraucht. „Die Schlepper haben alles

organisiert. Sie haben mich in einem primitiven Zimmer untergebracht. Gelegentlich bekam ich von ihnen etwas Brot. Aber das
reichte nicht, um satt zu werden. Ich habe sehr gehungert."

Da seine Eltern die Schlepper schnell bezahlen konnten, wartete
Semere nur zwei Wochen in Libyen auf die Weiterfahrt per Schiff.
Andere Flüchtlinge mussten dort Monate ausharren.

„Dann hieß es, das Schiff wäre da, ich würde fahren. Ich war froh,
dass es endlich weiterging. Gleichzeitig hatte ich große Angst. Ich
wusste, dass die Fahrt schlimm wird. Die Schiffe sind klein, sie ken-
tern leicht. So viele Afrikaner sind schon im Mittelmeer ertrunken.
Es ist ein großes Risiko. Aber ich hatte keine Wahl. In Eritrea kann
ich nicht leben. Im Sudan oder in Libyen konnte ich auch nicht bleiben. Es gab nur einen Ausweg: mit dem Schiff übers Meer nach
Europa. Auch wenn die Gefahr groß ist zu sterben. Ich wollte endlich
in Freiheit leben. Dafür bin ich das Risiko eingegangen, im Mittelmeer zu ertrinken."

Eritrea

Eritrea liegt am Horn von Afrika und hat damit eine strategisch wichtige
Lage am Roten Meer. Deshalb musste es immer wieder Eroberungsversu-
che abwehren. Seit dem 2. Jh. nach Christus gehörte Eritrea zum Nachbarland Äthiopien. Ende des 19. Jh. besetzten italienische Truppen die Küste
und erklärten Eritrea und Äthiopien zu Kolonien. Nach dem Zweiten Weltkrieg war das Land zunächst britisches Treuhandgebiet. 1952 beschlossen
die Vereinten Nationen, Eritrea in einer Föderation mit Äthiopien zusam-
menzuführen. Weil Äthiopien die Autonomie dieser Provinz immer mehr
beschnitt, begann Anfang der 1960er Jahre ein blutiger, jahrzehntelanger
Unabhängigkeitskampf. Nach einem Referendum wurde die Republik
Eritrea 1993 gegründet. In den Folgejahren kam es mehrfach zu kriegeri-
schen Grenzstreitigkeiten mit Äthiopien. Die Einheitspartei „Volksfront für
Demokratie und Gerechtigkeit" unter Präsident Isayas Afewerki herrscht
seit der Unabhängigkeit des Landes. Eritrea gilt als Diktatur.

[]

Im Schiff übers Mittelmeer

„Das Schiff ist sehr klein. Es gibt keine Kabinen. Wir sind 270 Leute. Wir Männer müssen unter Deck. Eng zusammengepfercht hocken wir im Maschinenraum. Frauen und Kinder sind an Deck unter freiem Himmel. Alle haben Angst, viele weinen. Keiner hat Platz. Wir hocken eng nebeneinander. Keiner kann sich hinlegen, mal die Beine ausstrecken. Es gibt kein Klo an Bord. Aber das spielt keine Rolle, denn sie geben uns kaum etwas zu trinken oder zu essen. Wer nur ein paar Bissen Brot am Tag bekommt, muss auch nicht aufs Klo.

Es ist Sommer, es ist heiß. Dazu kommt noch die Wärme der Schiffsmotoren. Die Luft ist unerträglich. Es ist so stickig im Maschinenraum, ich kann kaum atmen. Vom Schaukeln des Schiffs wird uns schlecht. Es gibt keine Eimer. Wer seekrank ist, spuckt sich voll. Wir sitzen dicht an dicht. Da bekommen auch die Nachbarn etwas ab. Der Gestank ist entsetzlich. Den Frauen an Deck geht es nicht viel besser. Sie haben zwar frische Luft, sitzen aber genauso eng wie wir unten, sind der prallen Sonne ausgesetzt und werden auch seekrank."

Drei Tage waren die Flüchtlinge in dem kleinen Schiff unterwegs Richtung Italien. Dann wurden sie von der Besatzung eines italienischen Marinebootes entdeckt.

Tausende Afrikaner fliehen auf seeuntüchtigen Schiffen übers Mittelmeer nach Europa.

„Das war ein großes Schiff. Sie haben uns an Bord geholt. Die Italiener haben uns gleich zu trinken gegeben und Nudeln zu essen. Wir konnten uns endlich waschen. Die Erleichterung war riesengroß. Wir waren gerettet. Ich weiß nicht, ob wir auf dem kleinen Schiff noch lange überlebt hätten."

Das neue Zuhause: Bitterfeld

Die Geretteten wurden in einem Flüchtlingslager auf dem italienischen Festland untergebracht. „Ich wollte nicht in Italien bleiben. Deutschland war mein Ziel. Andere Flüchtlinge aus Eritrea, die schon lange im Lager waren, haben erzählt, dass es in Italien nicht gut ist, dass Flüchtlinge dort nicht willkommen sind. Das hat mich nur in meinem Wunsch bestärkt, nach Deutschland zu kommen. Ich hatte in Eritrea viel über Deutschland gelesen. Ich wusste, dass es ein großes Land ist mit einer guten Wirtschaft. Da hat man Chancen. Als deshalb ein Flüchtlingstransport nach Deutschland zusammengestellt wurde, habe ich mich gleich gemeldet. So bin ich mit dem Bus im Mai 2014 in Bitterfeld angekommen."

Im September 2015 erhielt er eine Aufenthaltsbewilligung für drei Jahre. In Sachsen-Anhalt hat sich Semere inzwischen gut eingelebt. „Es ist schön hier. Ich bin ein freier Mensch, ich habe ein sehr gutes Leben. Ich lerne jetzt Deutsch und habe die Erlaubnis zu arbeiten. Aber ich weiß noch nicht, in welchem Beruf. Mein Traum ist es nach wie vor, Fischer zu sein. Das ist in Bitterfeld leider nicht möglich, dafür müsste ich an der Küste leben.

Am besten gefällt mir in Sachsen-Anhalt das Wetter. In Eritrea ist es immer heiß. Der einzige Unterschied zwischen den Jahreszeiten ist, ob es sehr heiß ist oder unerträglich heiß. Hier in Deutschland ist es kühl. Das finde ich wunderbar."

Nur eines belastet ihn: die Sehnsucht nach den Eltern. „Ich telefoniere oft mit ihnen. Sie akzeptieren meine Entscheidung, obwohl sie sehr traurig sind, dass ich gegangen bin. Niemand will von Mama und Papa weg. Aber wenn man in einer Diktatur lebt, muss man fort. Doch das Heimweh bleibt. Wenn Eritrea keine Diktatur mehr ist, wenn in meinem Land Frieden herrscht, dann gehe ich zurück."

IM GESPRÄCH MIT UWE FRANKE:
INTEGRATION IST DAS POLITISCHE MEGA-THEMA

Sie sind Abteilungsleiter für Integration bei der Hamburger Sozialbehörde. Kann man noch ernsthaft von Integration sprechen, wenn in einem Ort wie Sumte mit 100 Einwohnern 1000 Flüchtlinge unterkommen?
Hamburg hat 1,8 Millionen Einwohner. 2015 kamen 22 000 Flüchtlinge, die in der Stadt bleiben. Das ist prozentual nicht viel. Andererseits ist die Flüchtlingszahl so hoch, dass man an Unterkünften nehmen muss, was es gibt. Dies gilt für den Stadtstaat Hamburg ebenso wie für Flächenländer. Erst mal geht es nur darum, für alle Ankommenden ein Dach überm Kopf zu finden. Dann kann man in einem zweiten Schritt mit den Integrationsmaßnahmen beginnen.

Wie bewältigt Hamburg den Flüchtlingsandrang?
Wir wissen weder, wie viele Flüchtlinge kommen werden, noch welche Qualifikationen sie mitbringen. Deshalb kann jetzt auch noch niemand angeben, wie viele Wohnungen wir brauchen werden, welche Integrationsmaßnahmen in welchem Umfang erforderlich sind und was das alles kosten wird. Die außergewöhnliche Situation durch den Flüchtlingsandrang seit Sommer 2015 zwingt uns zum „Auf-Sicht-Fahren" und zur Improvisation.
Eines steht fest: Wir haben diese Ausnahmesituation nicht zuletzt durch Ehrenamtliche geschafft, die sich engagiert haben bis an die Grenze dessen, was sie leisten können. Sie dürfen aber nicht ausgenutzt werden und sollen sich auch nicht ausgenutzt fühlen. Wir haben deshalb in Hamburg das sogenannte „Flüchtlingsforum" geschaffen, um die Behörden besser mit den vielen ehrenamtlichen Initiativen zu vernetzen und diese wirksamer zu unterstützen. Wer zum Beispiel ehrenamtlich Deutsch unterrichten möchte, bekommt von uns Lehrmaterial.
Dabei muss klar sein: Ehrenamtliches Engagement ist wichtig, aber es darf nicht staatliche Angebote ersetzen. Auch wer an Deutschkursen von Freiwilligen teilnimmt, muss zur Schule oder in einen professionellen Sprachkursus. Und der Staat darf Aufgaben nicht an Ehrenamtliche delegieren und sich zurückziehen.

Viele Flüchtlinge sind traumatisiert. Gibt es für sie psychologische Betreuung?

Es gibt nicht genügend Behandlungsangebote. Zum einen fehlt es an Therapeuten, die im Umgang mit Menschen aus anderen Kulturen geschult sind, zum anderen besteht für Flüchtlinge darauf kein Rechtsanspruch. Viele Menschen leiden deswegen Not. Wie können sie sich gut integrieren, wenn ihnen gesundheitlich nicht geholfen wird? Das ist eines der bedrückendsten Probleme.

Welche Integrationsmaßnahmen müssen ergriffen werden?

Wir wissen nicht genau, ob alle Flüchtlinge Deutschunterricht benötigen und wenn ja, auf welchem Niveau. Einige sprechen vielleicht schon ein wenig Deutsch, wieder andere kommen in ihrem Beruf mit Englisch ganz gut klar.

Wir wissen auch nur zum Teil, welche berufliche Qualifikation die Flüchtlinge mitbringen. Die Spanne ist groß, vom Analphabeten bis zum Akademiker. Einige haben Berufsabschlüsse oder Zertifikate. Individuell muss geprüft werden, was anerkannt wird, wo Zusatzqualifikationen benötigt werden. Wir haben deshalb die zentrale Anerkennungsstelle für Abschlüsse personell aufgestockt.

Uwe Franke arbeitet eng mit den Migranten-Organisationen
in Hamburg zusammen.

Denn das Wichtigste ist, die Flüchtlinge so schnell wie möglich in Ausbildung oder Arbeit zu bringen. Die meisten wollen auf eigenen Füßen stehen. Dafür müssen wir ihnen die Möglichkeit geben. Sie müssen vor allem so schnell wie möglich Deutsch lernen.

Für die Sprachförderung braucht man viele neue Lehrer. Wie wird das organisiert?

Lehrer leisten Unglaubliches unter allerschwierigsten Bedingungen, um Kindern mit unterschiedlichsten Bildungsniveaus und Hintergründen Deutsch beizubringen. Die Schulbehörde stampft Monat für Monat neue Klassen aus dem Boden und gewinnt dafür neue Lehrkräfte. Aber die Herausforderungen für Schulen und Lehrkräfte sind wegen der hohen Zahl der Flüchtlinge immens.

Eltern mit kleinen Kindern sollen unbedingt Deutsch lernen, damit sie verstehen, was in der Schule passiert. Deshalb geht es auch um soziale und familienpolitische Aspekte bei der Sprachförderung.

Wir investieren viel Geld aus Landesmitteln in diejenigen, die schnell in den Arbeitsmarkt integriert werden können. Aber wir brauchen auch Alphabetisierungskurse und Kurse für Langsamlerner, die wenig Bildungshintergrund haben.

Wer nimmt an Integrationskursen teil?

In den Integrationskursen des Bundes lernen Zuwanderer nicht nur Deutsch. Es geht in den Orientierungskursen auch um die Vermittlung von Alltagswissen, Kultur und um die Grundrechte, wie die Gleichstellung von Mann und Frau sowie Religionsfreiheit.

Erst vor Kurzem hat der Bund diese Kurse für Flüchtlinge geöffnet. Aber nur für solche aus vier Ländern: Iran, Irak, Syrien und Eritrea. Ursprünglich war auch Afghanistan dabei, das ist zurückgenommen worden. Wir versuchen, die Angebotslücken in Hamburg zu kompensieren, indem wir Sprachkurse für alle Flüchtlinge mit einer Bleibeperspektive anbieten, aber das machen und können nicht alle Bundesländer. Außerdem arbeiten wir eng mit den 300 Migranten-Organisationen zusammen, die es in Hamburg gibt. So hoffen wir, möglichst viele Menschen zu erreichen.

Die meisten Flüchtlinge kommen aus Kulturen mit patriarchalischer Prägung. Frauen werden nicht so geachtet wie Männer. Kommt es deshalb zu Konflikten?

Leider wird die Gleichstellung von Mann und Frau in vielen Ländern nicht praktiziert. Das kann in Familien, die durch traditionell-patriarchalische Milieus geprägt sind, in Einzelfällen bis zum sogenannten Ehrenmord gehen. So etwas ist auch schon in Familien geschehen, die in der dritten Generation in Deutschland leben. Dabei gibt es insgesamt bei Muslimen sehr viel mehr gelungene Integration als misslungene. Aber es gibt Fälle, in denen Integration nicht funktioniert hat, wo eine Art Parallelgesellschaft entstanden ist. Das muss man nicht schönreden.

Wir sind deswegen in engem Kontakt mit Migranten-Organisationen. Unsere Beratungsangebote sind interkulturell ausgerichtet. Wir haben auch besondere Beratungsangebote für Frauen mit Migrationshintergrund geschaffen, unter anderem interkulturelle Gewaltberatungsstellen. Denn wir müssen dem Denken, dass Frauen nicht gleichgestellt sind, etwas entgegensetzen.

Kommt es zu Gewalt in Flüchtlingsunterkünften?

Gewalt ist ein Thema, darum gibt es spezielle Schutzmaßnahmen für Frauen. Außer gegen Flüchtlingsfrauen kam es auch schon zu Übergriffen unter den Flüchtlingen und auf Mitarbeiter der Unterkünfte. Deshalb haben wir ein mobiles Beratungsteam aufgebaut, das bei Konflikten eingreift.

Das Symbol der Unterdrückung von Frauen ist für uns westliche Menschen die Vollverschleierung. Kann der Staat dagegen angehen?

Es gibt keine rechtliche Grundlage, das zu verbieten. Man kann niemandem vorschreiben, wie er sich kleidet. Das wäre nur mit einem bundesweiten Burka-Verbot wie in Frankreich zu machen. Man sollte auch nicht alle verschleierten Frauen diskriminieren oder unter Generalverdacht stellen, sie seien fanatisch religiös. Der Staat kann aber als Arbeitgeber entscheiden. Im öffentlichen Dienst dürfen Frauen grundsätzlich Kopftuch tragen, aber nicht vollverschleiert sein.

Es gibt Befürchtungen, dass mit den Flüchtlingen auch der Antisemitismus der arabischen Welt nach Deutschland kommt. Wie geht die Stadt damit um?

Eine Umfrage hat 2014 ergeben, dass Antisemitismus unter bereits länger in Hamburg lebenden Menschen mit Migrationshintergrund etwas stärker verbreitet ist als bei Deutschen. Deshalb haben wir ein Projekt mit der türkischen und der jüdischen Gemeinde gestartet. Das Problem kann sich durch die große Zahl der Flüchtlinge aus dem Nahen Osten verstärken. Aber auch hier sind pauschale Verdächtigungen fehl am Platz.

Kommt es auch zu religiösen Konflikten zwischen Flüchtlingen?

Die Flüchtlinge bringen ihre Konflikte mit, denn sie treffen hier auf Menschen, mit denen sie sich in ihrer Heimat nicht verstehen oder bekriegen. Da kommt es auch bei uns zu Auseinandersetzungen zwischen Türken und Kurden, Schiiten und Sunniten. Das geschieht zum Glück sehr selten gewaltsam.

Eine besonders schwierige Gruppe sind die gewaltbereiten Salafisten mit ihrer rigorosen Auslegung des Islams. Wir haben deshalb ein Programm gegen religiös begründeten Extremismus gestartet. Dazu gehören ein Beratungsnetzwerk, Präventionsprogramme und ein Beratungsteam für die Angehörigen.

Die Zahl rechtsextremer Straftaten gegen Flüchtlinge steigt. Was unternimmt die Stadt dagegen?

Flüchtlinge und Muslime werden zunehmend Opfer von Diskriminierung und Anfeindungen von Rechtsextremen, aber auch aus der sogenannten Mitte der Gesellschaft. Wir gehen davon aus, dass mit der hohen Zahl von Flüchtlingen die Rechtspopulisten zunehmend Stimmung machen. Wir setzen dem schon seit Längerem ein Programm gegen Rechtsextremismus und ein Beratungsnetzwerk entgegen, in dem von linken Vereinen bis zum Verfassungsschutz alle vertreten sind. Sobald sich zum Beispiel herumspricht, dass bei einer Asylunterkunft Rechtsextreme auftauchen, sind alle alarmiert und vor Ort. Das funktioniert in Hamburg gut.

Wir haben außerdem ein Programm zur Prävention von religiös begründetem Extremismus etabliert. Dabei berät eine von uns geförderte Beratungsstelle Eltern von Jugendlichen mit dem Ziel, diese vor dem weiteren Abdriften in den Salafismus zu bewahren.

Wir haben insgesamt ein gutes Zusammenleben in Hamburg zwischen Menschen mit und ohne Migrationshintergrund und von Menschen unterschiedlicher Religionszugehörigkeit. Die sprichwörtliche Weltoffenheit Hamburgs ist kein Klischee. Wir müssen aber wachsam sein, dass uns dies nicht kaputt gemacht wird, und zwar von zwei Seiten: den Rechtsextremisten und den religiös motivierten islamistischen Extremisten. Die schaukeln sich gegenseitig hoch und gefährden, was wir an Toleranz und friedlichem Zusammenleben haben.

Kann die Stadt bei der großen Zahl Flüchtlinge eine Gettobildung vermeiden?

Mit dem Begriff Getto sollte man vorsichtig umgehen. Er ist historisch bedingt problematisch und kann zur Stigmatisierung führen.

Wir haben schon jetzt, wie alle Großstädte, eine ungleiche Verteilung. Im Stadtteil Veddel leben 70 Prozent Menschen mit Migrationshintergrund, in anderen Stadtteilen weniger als zehn.

Ziel ist es, Flüchtlingsunterkünfte über das ganze Stadtgebiet zu verteilen. Es sollten sich keine Quartiere entwickeln, in denen auf Dauer nur Migranten leben, räumlich isoliert in einer Parallelgesellschaft. Größere Wohnquartiere, in denen vorübergehend nur Flüchtlinge leben, sind aber erforderlich, wenn nicht ein Teil von ihnen weiterhin in Zelten oder Baumärkten untergebracht werden soll. Aus diesen Quartieren sollen sich in einigen Jahren Wohnviertel für alle Hamburger entwickeln. Aber letztlich ziehen die Menschen dahin, wohin sie wollen.

Was müsste sich in der Einwanderungspolitik verändern?

Wir sind eine alternde Gesellschaft und haben bereits jetzt einen Fachkräftemangel. Ein Einwanderungsgesetz würde die Zuwanderung nach ganz klaren und transparenten Kriterien regeln. Die kann man Jahr für Jahr bezogen auf die Arbeitsmarktsituation ändern. Es kann auch Auswanderungswilligen in anderen Ländern Klarheit über ihre Möglichkeiten vermitteln. Das Recht auf Asyl darf aber nicht angetastet werden.

ALBERT AN T. – DIE TRAGÖDIE DER VIETNAMESISCHEN BOATPEOPLE

Hunderttausende fliehen vor Krieg und Terror aus ihrer Heimat. Sie bezahlen ein Vermögen an skrupellose Schlepper für die Flucht. Aber die pferchen sie in winzige, seeuntüchtige Schiffe und schicken sie aufs offene Meer. Wenn überhaupt Proviant geladen wird, reicht er nicht für alle. Tausende sterben. Sie ertrinken oder erliegen den Strapazen der Überfahrt. Was wir heute im Mittelmeer erleben, hat es schon einmal gegeben: die Flucht der vietnamesischen *Boatpeople* über das Südchinesische Meer.

Nach dem Ende des Vietnamkrieges 1975 flohen in den Folgejahren rund 1,5 Millionen Südvietnamesen vor der Herrschaft der Vietcong. Es wird geschätzt, dass eine Viertelmillion Vietnamesen auf der Flucht über das Südchinesische Meer starb. Albert An überlebte als Jugendlicher die Fahrt auf einem völlig überladenen Schiff und einen Piratenüberfall. Als staatenloser Flüchtling kam er mit 13 Jahren nach Deutschland. „Ich weiß, wie sich die Flüchtlinge fühlen, die jetzt mit Booten aus Syrien oder Afrika nach Europa kommen, was sie durchmachen, wie sie leiden, denn ich habe es selbst erlebt."

Kindheit im Krieg

Albert An stammt aus Duc Hoa im Mekong-Delta in Südvietnam. Das Dorf liegt 30 Kilometer von Ho Chi Minh City, der damaligen südvietnamesischen Hauptstadt Saigon, entfernt. Seine Familie war im

Ort sehr angesehen, denn der Vater war Arzt und Heilpraktiker, stellte Medikamente her und hatte eine Apotheke. Albert An ist das siebte von zehn Kindern.

Als er 1966 geboren wurde, tobte bereits seit zwei Jahren der Vietnamkrieg. Die USA kämpften mit Südvietnam gegen das kommunistische Nordvietnam. Die nordvietnamesischen Soldaten, Vietcong genannt, nutzten Guerilla-Taktiken im Einsatz gegen die US-Amerikaner.

„Ich habe den Krieg als Kind unmittelbar mitbekommen, denn auch in unserem Dorf und seiner Umgebung wurde gekämpft. Nachts hörten wir die Schüsse. Denn dann kämpften viele gegen die Amerikaner; tagsüber lebten sie ein unauffälliges Leben im Ort. Man wusste nicht, wer im Dorf den Vietcong half, denn sie waren Untergrundkämpfer.

Mein ältester Bruder hat für die amerikanische Armee gearbeitet, er sprach sehr gut Englisch. Wenn er zu Besuch nach Hause kam, hatten meine Eltern Angst, dass er von Partisanen im Dorf getötet wird, denn er trug die amerikanische Uniform.

Bei Bombenangriffen rannten wir in einen Bunker. Aber nicht immer haben wir es rechtzeitig geschafft. Eine Bombe explodierte direkt neben meinem Schlafzimmer. Ein anderes Mal fiel eine Bombe auf das Hinterhaus. Ich wurde durch die Luft geschleudert. Der Nachbarjunge, der neben mir gestanden hatte, starb.

Ich habe immer wieder viele Tote bei Bombenangriffen gesehen. Wenn die Amerikaner Vietcong getötet hatten, ließen sie die Leichen zur Abschreckung offen auf der Straße liegen. Auch das habe ich als Kind leider sehen müssen."

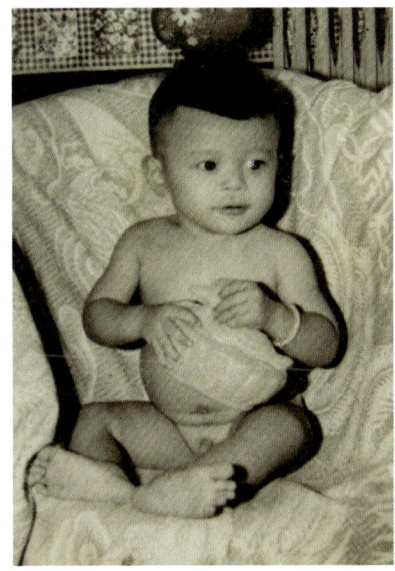

Albert An als Baby

Ich habe als Kind erfahren,
dass das Leben keinen Wert mehr hat.

ALBERT AN T.

Napalm und Dioxin gegen Partisanen

Die Vietcong bauten ein Tunnelsystem aus, das aus dem Unabhängigkeitskrieg gegen die französische Kolonialmacht stammte, um sich unauffällig in Südvietnam zu bewegen.

Das Tunnelsystem von Cu Chi war etwa 200 Kilometer lang. Es gab Schlafräume, Küchen und Krankenstationen. Die US-Armee wollte die Tunnel zerstören, um das Eindringen der Vietcong nach Südvietnam zu verhindern. Aber Vietnam liegt in den Tropen, und der Dschungel ist dicht. Die Tunneleinstiege und Schleichwege der Vietcong waren nicht zu sehen. Deshalb versprühten die Amerikaner großflächig ein Entlaubungsmittel, das sogenannte *Agent Orange*. Das Mittel ist ein Dioxin und hochgiftig. Es verursacht unter anderem Krebs und genetische Schäden. Ganze Landstriche sind bis heute damit verseucht. Inzwischen werden in Vietnam in der dritten Generation Kinder mit schweren Behinderungen geboren.

„Ein Einstieg in diese Tunnel von Cu Chi war in der Nähe unseres Dorfes. Durch sie konnten Kämpfer unbemerkt bis Saigon vordringen. Auch in unserer Umgebung haben die Amerikaner deshalb gesprüht, um die Tunnel zu entdecken.

Sie haben auch mit Napalm gefüllte Brandbomben abgeworfen. Das Napalm verursachte entsetzliche Verbrennungen. Als schreckliche Fotos von verbrannten Kindern veröffentlicht wurden, begann der Widerstand gegen den Krieg in der amerikanischen Bevölkerung. Die US-Regierung wollte in Vietnam den Krieg gegen den Kommunismus um jeden Preis gewinnen. Unser Land war das Schlachtfeld."

Die Schreckensherrschaft der Vietcong

1973 wurde ein Waffenstillstand vereinbart. Die amerikanischen Truppen verließen das Land. „Mein Bruder wollte mit den abziehenden Soldaten in die USA. Schließlich hatte er in der Armee gedient. Er wusste, dass ihm Böses drohte, wenn er in Vietnam bliebe. Aber er durfte seine Frau und die beiden Kinder nicht mitnehmen. Deshalb ist er nicht fortgegangen."

Vietnam sollte laut Vertrag ein am 17. Breitengrad geteiltes Land bleiben: ein nach Westen orientiertes Südvietnam mit kapitalistischer Wirtschaft und ein kommunistisches Nordvietnam. Aber am 30. April 1975 nahmen die Vietcong Saigon ein. Die letzten Amerikaner wurden mit Hubschraubern vom Dach der Botschaft ausgeflogen. Vietnam war unter kommunistischer Herrschaft vereint.

„Damit begann für uns die Schreckensherrschaft der Vietcong. Mein Bruder kam wie Hunderttausende andere in ein sogenanntes Umerziehungslager, weil er für die Amerikaner gearbeitet hatte. Diese Lager waren schrecklich. Die Häftlinge wurden gefoltert. Es gab Gehirnwäsche. Tausende sind gestorben. Mein Bruder hat Glück gehabt. Er hat überlebt und kam nach einer Zeit frei."

Auch in Duc Hoa regierten jetzt die Kommunisten, ein Dorfvorsteher sorgte für die richtige Gesinnung. „Plötzlich trugen viele im Dorf die rote Armbinde. Unser Nachbar, mit dessen Sohn ich Fußball spielte, war heimlich Untergrundkämpfer der Vietcong gewesen. Das hatten wir nicht geahnt. Jetzt gab er sich als Kommunist zu erkennen.

Es wurde gefährlich, im Ort offen zu reden. Wir mussten aufpassen, mit wem wir sprachen. Obwohl es massiven Druck gab, ist mein Vater nicht in die Partei eingetreten.

Albert An zu Hause in Duc Hoa

Deshalb bekam ich Probleme in der Schule. Ich war ein sehr guter Schüler, trotzdem bestand ich keine Prüfung mehr. Der Junge, der neben mir saß und von mir abschrieb, bestand dagegen. Denn er hatte im Sinne der Vietcong eine saubere Vergangenheit. Die hatte ich nicht. Mein Vater war nicht in der Partei, mein Bruder hatte in der amerikanischen Armee gedient. Dafür wurde ich bestraft."

Der Vietnamkrieg

1945 rief Ho Chi Minh im Norden Vietnams eine kommunistische Republik aus. Kurz darauf begann der Unabhängigkeitskampf gegen die französischen Kolonialtruppen. Nach der Schlacht bei Dien Bien Phu im Mai 1954 endete die Kolonialzeit Frankreichs in Indochina. Zwei Monate später wurde auf der Genfer Konferenz ein Waffenstillstand geschlossen und Vietnam am 17. Breitengrad geteilt. Im Norden etablierte sich ein kommunistisches Regime unter den Vietcong. Im Süden entstand ein nach Westen orientierter Staat.

Der Waffenstillstand war brüchig. Die Vietcong wollten Vietnam unter ihrer Herrschaft wiedervereinen. Als sich Anfang der 1960er Jahre abzeichnete, dass die Südvietnamesen die Vietcong nicht abwehren konnten, begannen die USA Südvietnam zunächst mit Militärberatern und Waffen, später auch mit Bodentruppen zu unterstützen. Nordvietnam wurde dagegen von der Sowjetunion und China mit Waffen beliefert.

Es kam in Vietnam zum Stellvertreterkrieg zwischen den beiden Weltmächten USA und Sowjetunion. Denn die Sowjets wollten ihren Einfluss in Asien mit einem weiteren kommunistischen Land ausweiten. Die Amerikaner befürchteten nach der Dominotheorie, dass weitere asiatische Länder folgten, wenn Vietnam kommunistisch werden würde. Die Kämpfe wurden auf beiden Seiten mit großer Härte geführt. Die schrecklichen Bilder der zivilen vietnamesischen Opfer führten dazu, dass die amerikanische Bevölkerung den Krieg zunehmend ablehnte. 1973 zogen sich die Amerikaner aus Vietnam zurück. Der vereinbarte Waffenstillstand hielt nicht lang. 1975 eroberten die Vietcong den Süden. Der Vietnamkrieg hat Millionen Opfer gefordert. Für die Amerikaner ist der verlorene Krieg bis heute ein nationales Trauma.

Die entsetzlichen Bilder der zivilen Opfer in Vietnam führten dazu,
dass die amerikanische Bevölkerung den Krieg ablehnte.

Kein Reis, kein Zucker, kein Bier

Die kommunistische Regierung führte in Vietnam die sozialistische
Planwirtschaft ein. Fabrik- und Landbesitzer wurden enteignet. Die
Wirtschaft brach in dem vom Krieg zerstörten Land zusammen.

„Für uns begann ein Überlebenskampf. Ich habe als Kind drei oder
vier Währungsreformen erlebt. Es gab kaum mehr Lebensmittel.
Reis ist in Vietnam ein Grundnahrungsmittel. Jetzt gab es keinen
Reis mehr. Als Ersatz aßen wir Maniokwurzeln. Ich erinnere auch
gut, dass es nirgends Zucker zu kaufen gab. Mein Vater hat abends
immer ein Glas Bier getrunken. Nun gab es auch kein Bier mehr.

Aber wir mussten nicht hungern wie viele andere, weil mein
Vater ein angesehener Arzt war. Für eine Behandlung haben ihn die
Patienten mit Lebensmitteln bezahlt. So hatten wir etwas zu essen.

Meine Mutter kaufte außerhalb des Ortes etwas Land. Wir haben
den Dschungel gerodet, die Erde gepflügt und Zuckerrohr und
Ananas angebaut. So hatten wir etwas zum Verkaufen und Tauschen.
Später ist das Land von den Kommunisten enteignet worden.

Es herrschte großer Mangel. Deshalb mussten wir Schüler einen Monat lang kostenlos zum Ernteeinsatz auf die Felder. Ich habe Gräben ausgehoben. Das war eine sehr schwere Arbeit. Es gab auch bei den Bauern nicht genug zu essen. Einige von uns haben Schlangen gefangen und gebraten. Ich habe meinen Ekel überwunden und auch aus Hunger Schlangen gegessen."

Abschied von den Eltern

„Eines Tages fahre ich mit dem Bus, ich sitze oben auf dem Dach. Plötzlich gibt es einen Stau. Es heißt, ein Mann wäre bei einer Straftat erwischt worden, er würde jetzt hingerichtet. In der Mitte der Kreuzung ist ein Rondell, dort erschießen sie ihn. Vor aller Augen, einfach so, ohne Gerichtsverfahren. Ich kann es genau sehen, weil ich so hoch sitze. Immer wieder erschießen die Vietcong Menschen auf den Straßen zur Abschreckung. Da verstehe ich, dass wir keine Rechte haben. Wir sind keine Menschen mehr, wir sind Ameisen."

1979 begann im Norden Vietnams der Grenzkrieg mit China. Ans älterer Bruder Thai sollte eingezogen werden. Die Eltern befürchteten, dass ihr Sohn dort fallen würde und planten deshalb seine Flucht aus Vietnam. Mit Beginn der kommunistischen Herrschaft flohen Hunderttausende Vietnamesen übers Meer nach Malaysia, Thailand oder auf die Philippinen. Thai wollte ebenfalls mit einem Schiff fliehen, vertraute sich Schleppern an, aber sie wurden erwischt. Er kam wieder zurück.

„Wir haben beschlossen, dass er es ein zweites Mal probiert. Diesmal sollte ich mit ihm fliehen. Denn ich hatte ein sehr enges Verhältnis zu meinem Bruder. Außerdem hatte ich keine Chance in Vietnam. Sie hätten mich nie einen Schulabschluss machen lassen."

Albert An (links) und sein Bruder Thai, mit dem er die Flucht wagte

Bombeneinsatz im Vietnamkrieg

Die Eltern bezahlten die enorme Summe von 10 000 Dollar pro Kind an eine Schlepperorganisation, ohne zu wissen, ob die Flucht gelingen würde.

„Es war eine entsetzliche Entscheidung für meine Eltern, uns wegzugeben. Und das mit der Ungewissheit, ob wir überleben oder nicht. So viele sind auf der Flucht gestorben. Ich habe selbst Kinder, wenn ich mir vorstelle, ich müsste eine solche Entscheidung treffen, das wäre grauenhaft. Es war schrecklich für meine Eltern, aber sie wollten uns eine Zukunft geben. Die hatten wir nicht in Vietnam.

Auch für mich war der Abschied furchtbar. Ich war noch nie weg von Zuhause. Noch nicht einmal für eine Übernachtung. Und dann musste ich gleich für immer fort. Am 28. Februar 1979 habe ich mit 13 Jahren mein Elternhaus verlassen, ohne zu wissen, ob ich meine Familie je wiedersehe."

Nächtliche Flucht zur Küste

„Unter der Herrschaft der Vietcong durfte niemand ohne Erlaubnis sein Dorf verlassen. Erst recht nicht in eine andere Provinz fahren. Wir waren unter totaler Kontrolle. Deshalb konnten wir nur illegal die Küste erreichen."

Die Brüder wurden von Schleppern mit acht anderen Flüchtlingen in einem Lastwagen versteckt. Sie fuhren nur nachts, denn tagsüber wäre es zu gefährlich gewesen. So erreichten sie den Küstenort Bac Lieu. Dorthin brachten Schlepper ihre Flüchtlinge aus allen Landesteilen. Hunderte warteten täglich auf die Weiterfahrt per Schiff. Die Brüder kamen in einem leer stehenden Haus unter, dessen Besitzer bereits geflohen waren. Die Eltern hatten ihnen Geld mitgegeben, so konnten sie etwas zu essen kaufen. In Bac Lieu waren sie sicher vor Razzien, weil die Schlepper eng mit der örtlichen Polizei und der Verwaltung zusammenarbeiteten.

Die vietnamesischen Boatpeople

Nach der Wiedervereinigung Vietnams 1975 flohen in den Folgejahren rund 1,5 Millionen Südvietnamesen vor der Herrschaft der kommunistischen Vietcong. Hunderttausende starben auf der Flucht. Sie ertranken, weil die seeuntüchtigen, völlig überfüllten Boote kenterten, oder sie wurden Opfer von Piraten. Die Schätzungen über Flüchtlings- und Opferzahlen gehen weit auseinander, da weder die Flüchtlinge vor der Flucht noch die Toten registriert wurden.

Da sich die Boatpeople auf dem offenen Meer in internationalen Hoheitsgewässern befanden, fielen sie in die Zuständigkeit der Vereinten Nationen, deren Flüchtlingswerk auf malaysischen Inseln Lager für die Gestrandeten einrichtete. Als die entsetzlichen Bilder der überladenen Boote die Abendnachrichten erreichten, entstanden private Hilfsinitiativen. So gründete der deutsche Journalist Rupert Neudeck das Komitee „Ein Schiff für Vietnam". Dieses charterte das Schiff „Cap Anamur" und baute es zum Hospitalschiff um. Mit der „Cap Anamur" konnten rund 10 000 Boatpeople aus dem Südchinesischen Meer gerettet werden. 1980 beschloss der Bundestag angesichts der humanitären Katastrophe das „Gesetz über Maßnahmen für im Rahmen humanitärer Hilfsaktionen aufgenommene Flüchtlinge". Damit wurde den Südvietnamesen das langwierige Asylverfahren erspart. Sie erhielten sofort den Flüchtlingsstatus. Insgesamt nahm die Bundesrepublik rund 40 000 vietnamesische Boatpeople auf.

1,5 Millionen Vietnamesen riskierten die Flucht über das Südchinesische Meer. Hunderttausende kamen dabei um.

„Es war alles gut organisiert. Die Schlepper brachten Tausende von Leuten in den Ort, kauften Schiffe und schickten die Flüchtlinge aufs Meer. Gegen die entsprechende Bezahlung sahen die offiziellen Kader weg. Das funktionierte reibungslos."

Die Brüder blieben mehrere Wochen in Bac Lieu. Eines Nachts wurden sie geweckt. Ein Schiff war für sie zur Abfahrt bereit. Auf das Schiff passten eigentlich nur 250 Leute. Aber die Schlepper schickten 405 Menschen an Bord.

„Wenn ein Boot abfährt, wollen die Schlepper so viele Flüchtlinge wie möglich unterbringen. Sie haben ihr Geld bereits, da interessiert es sie nicht, ob wir in den überladenen Schiffen umkommen.

Unser Schiff war nicht groß. Unter Deck konnten wir nur geduckt sitzen. Es gab keinen Platz, um sich hinzulegen. Wir durften kaum Gepäck mitnehmen. Ich hatte nur eine kleine, rote Plastiktasche dabei. Darin waren meine Geburtsurkunde und ein paar Anziehsachen. Mehr nicht."

Von Piraten überfallen

Das Schiff verließ mitten in der Nacht Bac Lieu. Das Ziel: So schnell wie möglich internationale Gewässer zu erreichen, um dort vor der vietnamesischen Marine sicher zu sein. Die Flüchtlinge saßen dicht an dicht im Rumpf des Schiffes und beteten um ihr Überleben.

„Das Schiff begann zu schaukeln. Davon wurden alle seekrank und übergaben sich. Ich war so jung, ich war einer der wenigen, die noch fit waren. Deshalb habe ich die Spucktüten eingesammelt und über Bord geworfen und Wasser an die Kranken verteilt. Sie lagen übereinander, halbtot, hatten Krämpfe, es war ein grauenhaftes Bild. So oft wie möglich bin ich an Deck gegangen, um dem entsetzlichen Gestank zu entfliehen. Diesen Geruch hatte ich noch jahrelang in der Nase."

Drei Tage und drei Nächte waren sie unterwegs. Dann wurde das Schiff im Südchinesischen Meer von thailändischen Piraten überfallen. „15 bis 20 Piraten kaperten unser Schiff. Eine Frau an Bord konnte sich mit ihnen verständigen und eine Summe aushandeln, um uns freizukaufen. Sie wollten Gold und Dollars. Die wurden bei den Flüchtlingen eingesammelt. Ich habe meine letzten 100 Dollar und einen Ring meiner Mutter abgegeben. Danach verschwanden die Piraten.

Wir hatten noch Glück. Wenn Piraten kleinere Schiffe überfielen, haben sie die Männer über Bord geworfen und die Frauen vergewaltigt. Aber wir waren über 400 Flüchtlinge, da konnten sie uns nicht alle töten."

Das Schiff fuhr weiter Richtung Südwesten nach Malaysia.

„Ich bin mir nicht sicher, ob der Kapitän wusste, wo er hinfuhr. Irgendwann haben wir eine Insel gesehen. Er hat den Strand angesteuert. Aber damit waren wir noch nicht in Sicherheit. Denn wenn Malaysier ein Flüchtlingsschiff entdeckten, zogen sie es zurück aufs offene Meer. Deshalb haben wir das Schiff beschädigt. So konnten wir nicht mehr weg. Dann haben wir gemerkt, dass die Insel unbewohnt war."

Die Flüchtlinge waren auf der einsamen Insel gefangen. Sie hatten keine Angel, um zu fischen. Es gab etwas Wasser, im Wald suchten sie nach Früchten. Sie hungerten.

„Es war eine wunderschöne Insel, aber das konnten wir nicht genießen. Denn unsere Lage war verzweifelt. Wir waren allein, keiner wusste, dass wir dort waren. Niemand konnte uns helfen."

Erst nach drei Wochen wurden sie gerettet, als malaysische Soldaten sie auf einer Patrouillenfahrt in der inselreichen Gegend zufällig entdeckten. Sie meldeten sie bei der Flüchtlingsorganisation der Vereinten Nationen. Die schickte endlich ein Schiff, mit dem sie nach Pulau Bidong gebracht wurden. Auf der malaysischen Insel betrieben die Vereinten Nationen ein großes Flüchtlingslager für Tausende vietnamesische Boatpeople.

Im Flüchtlingslager Pulau Bidong

Albert An und sein Bruder hatten gehofft, sich in Pulau Bidong von den Strapazen und Schrecken der Flucht erholen zu können, aber dem war nicht so. Es gab keine Ruhe, denn ständig dröhnten Ansagen oder Nachrichten durch die Lautsprecher. Es fehlte an Unterkünften und Sanitäranlagen.

„Die Zustände im Lager waren furchtbar. Tausende lebten dort in selbst gebauten Hütten. Mein Bruder und ich haben Zweige und Holz zusammengesucht, für eine Notunterkunft. Die hygienischen Zustände waren entsetzlich, weil es keine sanitären Anlagen gab, noch nicht einmal Latrinen. Es stank überall.

Auf der malaysischen Insel Pulau Bidong richteten die Vereinten Nationen ein Lager für die geretteten, staatenlosen vietnamesischen Boatpeople ein.

Die Lebensmittel wurden in Gruppen ausgeteilt. Wenn unsere Schiffsnummer durch die Lautsprecher aufgerufen wurde, gingen wir zum Hauptgebäude und warteten in der Schlange. Es gab immer das gleiche: Dosen mit Hering in Tomatensauce, Bohnen in Dosen und Reis. Wir haben dann den Reis gekocht und mit dem Fisch und den Bohnen gegessen.

Für Wasser mussten wir noch länger anstehen. Es wurde streng rationiert, da es auf Pulau Bidong kein Süßwasser gibt. Deshalb haben wir versucht, mit Plastiktüten Regenwasser aufzufangen. Um ein bisschen Geld zu verdienen, habe ich beim Ausladen von Lebensmitteln geholfen. Ich habe Zuckersäcke geschleppt, die schwerer waren als ich."

Ein halbes Jahr mussten An und sein Bruder auf Pulau Bidong ausharren. Sie wollten nach Amerika. Weil ihr Bruder in der amerikanischen Armee gedient hatte, rechneten sie sich gute Chancen aus. Aber die Warteliste war lang. Sie hätten Jahre auf Pulau Bidong bleiben müssen.

„Eines Tages kam eine deutsche Delegation ins Lager. Sie wollten Flüchtlinge aufnehmen. Da haben mein Bruder und ich uns gemeldet. Ich wusste nichts über Deutschland, außer dass es 1974 die Fußball-Weltmeisterschaft 2:1 gegen Holland gewonnen hatte."

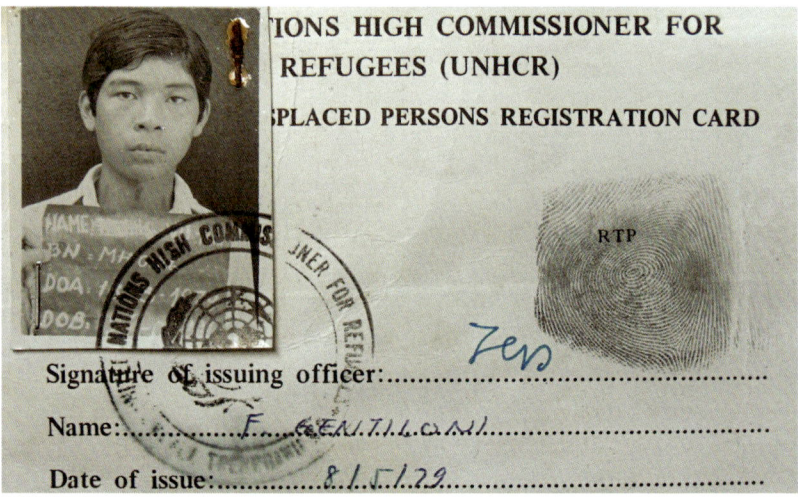

Diesen Flüchtlingsausweis der Vereinten Nationen erhielt Albert An
am Tag seiner Ankunft im Lager Pulau Bidong.

Sie wurden abgeholt und nach Kuala Lumpur gebracht. Deutschland erkannte sie entsprechend der Genfer Konvention als Flüchtlinge an. Deshalb bekamen sie in der deutschen Botschaft die notwendigen Reisedokumente. Nach einigen Tagen Wartezeit flogen die beiden Brüder nach Deutschland.

Das größte Problem: Deutsch lernen

„Als wir in Deutschland ankamen, war mein Bruder schon zu alt, um noch in die Schule zu gehen. Er hat einen dreijährigen Kursus besucht, um Abitur zu machen. Danach hat er Informatik an der Fachhochschule studiert."

Obwohl An in Vietnam ein guter Schüler war, kam er in die Hauptschule. Denn er konnte kein Wort Deutsch.

„Zwei Jahre war ich in der Hauptschule, um Deutsch zu lernen. Das ist mir sehr schwergefallen. Die deutsche Grammatik war mir fremd. In der vietnamesischen Sprache gibt es keine Deklination. Zukunft und Vergangenheit drücken wir nicht mit Hilfe von Verben aus, sondern durch zusätzliche Wörter im Satz. Ich habe die deutsche Grammatik erst begriffen, als ich Latein gelernt habe. Dadurch habe ich verstanden, wie europäische Sprachen aufgebaut sind."

Da An sehr gut in den naturwissenschaftlichen Fächern war, bekam er nach dem Hauptschulabschluss eine Gymnasialempfehlung. Aber die Schulbehörde entschied, dass seine Deutschkenntnisse dafür nicht ausreichten. An kam stattdessen auf eine Realschule.

„Der Deutschunterricht war eine Qual. Ich erinnere noch, dass wir die Novelle ‚Die Judenbuche' von Annette von Droste-Hülshoff lesen sollten. Ich habe völlig verzweifelt versucht, mithilfe eines Wörterbuchs herauszubekommen, worum es ging. Jedes zweite Wort musste ich nachschlagen. Es war schrecklich.

Zum Glück hatte ich sehr gute Lehrer, die mir geholfen haben. Ohne sie hätte ich es nicht geschafft. Ein Lehrer hat mich jeden Mittwoch zum Mittagessen nach Hause eingeladen. So habe ich deutsches Familienleben, deutsche Küche, Bräuche und Traditionen kennengelernt. Das werde ich ihm nie vergessen. Allmählich konnte ich auch besser sprechen."

Im Leben ist es so: Wenn man guten Menschen begegnet, die einem helfen, sich für einen einsetzen, kommt man weiter. Wenn man keine Helfer hat, ist es sehr schwer, voranzukommen.

ALBERT AN T.

Die Naturwissenschaften fielen An dagegen leicht. Bei der Prüfung zur Mittleren Reife schrieb er die beste Mathematikarbeit seines Jahrgangs. Deshalb empfahl der Direktor ihm ein Aufbaugymnasium. Dort machte er 1987 Abitur. Anschließend studierte er Physik.

Kontakt zu den Eltern

Ein Jahr lang wussten Ans Eltern nicht, ob ihre Söhne die Flucht überlebt hatten. Erst dann erreichte sie ein Brief aus Deutschland.

„Ich habe ihnen oft geschrieben, aber die Briefe wurden zensiert. Wenn ich für sie Dollars in den Umschlag gelegt habe, wurden sie gestohlen. Es gab keine Telefonverbindung nach Vietnam. Elf Jahre habe ich sie nicht gesehen, ihre Stimmen nicht gehört.

Aber dann hat uns der sowjetische Staatschef Michail Gorbatschow geholfen. Die Sowjetunion hatte Vietnam all die Jahre finanziell unterstützt. Aber Ende der 1980er Jahre war die Sowjetunion in großen wirtschaftlichen Schwierigkeiten, deshalb strich sie die Hilfen für Vietnam. Die Wirtschaft brach zusammen. Die Vietcong brauchten dringend Devisen. Deshalb hieß es, Flüchtlinge dürften straffrei zurückkommen. Meine Eltern wurden einbestellt. Ihnen wurde von den Behörden zugesichert, dass uns nichts passiert, wenn wir sie besuchen.“

An hatte zwar ein unbefristetes Aufenthaltsrecht für Deutschland, aber nicht die Staatsbürgerschaft. Er war offiziell staatenlos und besaß einen Flüchtlingsausweis. Damit konnte er nur in Länder reisen, die die Genfer Flüchtlingskonvention anerkennen. Doch er wollte seine Eltern unbedingt wiedersehen. Dafür brauchte er einen deutschen Pass.

Für die Einbürgerung verlangten die deutschen Behörden eine offizielle Bestätigung der vietnamesischen Botschaft, dass ihm die vietnamesische Staatsbürgerschaft wegen seiner Flucht aberkannt worden war. Er beauftragte einen Anwalt, der die notwendigen Papiere besorgte. Im April 1990 wurde An Deutscher.

„Trotzdem hatte ich Angst, nach Vietnam zu reisen. Ich wusste nicht, ob mich der deutsche Pass schützt oder ob sie mich als Flüchtling verhaften. Ich habe deshalb befreundeten Journalisten gesagt: ‚Wenn ich in sechs Wochen nicht zurück bin, müsst ihr das veröffentlichen.' Aber es ist alles gut gegangen. Später konnten meine Eltern mich auch in Deutschland besuchen."

Ein neuer Name für ein neues Leben

„Nachdem ich die Papiere für meine Einbürgerung eingereicht hatte, rief mich eines Abends mein Anwalt an. Ich würde die Staatsbürgerschaft bekommen. Am nächsten Morgen um 8 Uhr sollte ich zur Behörde kommen. Es gäbe nur ein Problem: Mein Vorname sei nicht eindeutig als männlicher Name zu erkennen. Ich hatte nur diesen Abend Zeit, mir einen Namen zu suchen. Ich rief Freunde an und beriet mit ihnen, denn schließlich würde ich für den Rest meines Lebens mit dem neuen Namen leben müssen.

Ich machte damals mein Vordiplom in Physik und hatte in meinem Zimmer ein Poster von Albert Einstein hängen. Als ich verzweifelt überlegte, wie ich in Zukunft heißen soll, fiel mein Blick auf dieses Bild. Da stand für mich fest: Ich würde mich Albert nennen. Denn er war einer der bedeutendsten deutschen Physiker.

Erst war es schwer, mich an den neuen Namen zu gewöhnen. Aber inzwischen höre ich auf beide Namen. Mein Freundeskreis ist geteilt. Diejenigen, die mich von früher kennen, nennen mich An, die mich später kennengelernt haben, sagen Albert."

Albert An bereut nicht, seine Heimat Vietnam verlassen zu haben. „Es war richtig zu fliehen, trotz aller Schrecken und Probleme. Ich habe viel erreicht im Leben. Ich habe meine eigene Firma und bin glücklich verheiratet mit zwei Kindern. Das ist mir alles nur gelungen, weil ich als Jugendlicher nach Deutschland kam."

IM GESPRÄCH MIT PHILIPP LEGRAND:
DEUTSCHLAND IST EIN EINWANDERUNGSLAND

Sie sind Integrationsbeauftragter der Stadt Bergen. Wo sehen Sie die Vorteile, Asylsuchende in einer kleinen Gemeinde unterzubringen?

Flüchtlinge werden nach dem Königsteiner Schlüssel zugeteilt, der sich an den Einwohnerzahlen misst. Bergen hat knapp 14 000 Einwohner. Bisher haben wir 150 Asylsuchende aufgenommen. Familien kommen bei uns in Wohnungen unter, junge Männer kriegen einen Platz in einer Wohngemeinschaft. In Bergen leben inzwischen Menschen mit 57 Nationalitäten. Der Vorteil einer Kleinstadt ist, dass jeder individuell betreut werden kann. Das ist wichtig, denn nicht jeder braucht und möchte das Gleiche. Auch die Zusammenarbeit mit den Vereinen und den vielen Ehrenamtlichen funktioniert sehr gut. Die Wege sind kurz. Wenn nötig, hat man schnell einen Termin beim Bürgermeister.

Welche Angebote gibt es für die Integration der Asylbewerber?

Als die Gastarbeiter in den 1950er Jahren kamen, hat man sich nicht gekümmert. Sie lebten in Baracken unter sich, bekamen keine Deutschkurse, denn sie sollten nach ein paar Jahren wieder nach Hause. Aber viele sind geblieben und hatten es sehr schwer, sich zu integrieren. Dieser Fehler darf nicht wiederholt werden. Deshalb erhalten die Flüchtlinge Deutschkurse und Unterstützung bei der Qualifizierung für eine Arbeit. Die Angebote werden von Jahr zu Jahr mehr.

Außerdem schaffen wir interkulturelle Begegnungsstätten. Dort treffen sich die Asylsuchenden, um sich Tipps zu geben, sich gegenseitig zu helfen. Sie kommen aber auch mit der einheimischen Bevölkerung in Kontakt. Das erleichtert das Einleben. Wir lernen uns kennen, reden, kochen gemeinsam. Begegnung ist der beste Weg, um Sorgen und Ängste abzubauen. Deshalb wollen wir die Angebote für solche Treffen in Bergen weiter ausbauen.

Wie lösen Sie Konflikte?

Wenn es Probleme zwischen Einheimischen und Zuwanderern oder Konflikte zwischen Asylbewerbern gibt, spreche ich mit denjenigen. Man muss über die kulturellen Unterschiede reden. Pünktlichkeit ist ein wichtiges Thema. Aber auch wegen Müll gibt es immer mal wieder Streit. Dabei sollte man die Menschen nicht in Länderkategorien oder Stereotype einteilen. Ich bin halber Franzose. Das bedeutet nicht automatisch, dass ich Rotwein trinke, Baguette esse und eine Baskenmütze trage! So gibt es auch nicht den Afghanen oder den Syrer. Diese Vorurteile verschwinden durch persönlichen Kontakt. Deshalb ist es so wichtig, ständig im Gespräch zu sein.

Was muss geschehen, damit Integration noch besser gelingt?

Wir brauchen mehr Angebote, damit die Zuwanderer schnell Deutsch lernen, sich weiterbilden, einen Arbeitsplatz finden. Das wird das zentrale Thema der nächsten Jahre sein. Dabei ist Integration keine Einbahnstraße. Einheimische wie Zuwanderer müssen Zugeständnisse machen, Toleranz und Respekt zeigen. Deutschland und seine Gesellschaft werden sich verändern, denn wir sind ein Einwanderungsland. Ich erlebe das jeden Tag als Bereicherung und sehe deshalb optimistisch in die Zukunft.

Philipp Legrand ist die individuelle Betreuung der Flüchtlinge wichtig.

2

DER SCHLÜSSEL ZUM ERFOLG
INTEGRATION GELINGT DURCH ENGAGIERTE LEHRER

In den Industrienationen Europas herrscht ein akuter Mangel an Fachkräften. Da kaum damit zu rechnen ist, dass sich die Geburtenrate in den kommenden Jahren wesentlich verändert, wird sich das Problem deutlich vergrößern, wenn die letzten geburtenstarken Jahrgänge demnächst das Rentenalter erreichen. Denn die Gesellschaft überaltert. Wirtschaft und Sozialsysteme benötigen deshalb dringend einen Zuzug von arbeitsfähigen und motivierten jungen Menschen.

Migranten und Flüchtlinge können diese Lücke nur mit großer Anstrengung von beiden Seiten füllen. Denn die hochentwickelten Industrienationen brauchen entsprechend hochqualifizierte Arbeitskräfte. Ungelernte Arbeiter mit niedrigem Sprachniveau, die früher in der Landwirtschaft und in Fabriken zu Tausenden ein Auskommen fanden, werden heutzutage kaum mehr benötigt. Maschinen, Computer und Roboter haben diese Tätigkeiten übernommen. Schon seit Jahren gibt es zum Beispiel in Deutschland eine Sockelarbeitslosigkeit von rund drei Prozent, bestehend aus Menschen mit geringer beruflicher Qualifikation, die auch bei Vollbeschäftigung keine Arbeit finden. Mit fortschreitender Digitalisierung der Wirtschaft wird sich dieser Trend in Zukunft noch weiter verschärfen.

Erste Herausforderung: Die Sprache

Die meisten Migranten und Flüchtlinge sprechen kaum Deutsch, wenn sie hierherkommen. Das ist die größte Hürde für ihre Eingliederung in Gesellschaft und Arbeitsmarkt. In einer Umfrage des ifo-Instituts für Wirtschaftsforschung bei Personalverantwortlichen in über 1 000 Unternehmen gaben 86 Prozent als größtes Einstellungshindernis fehlende Sprachkenntnisse der Migranten an. Selbst für Höherqualifizierte und Akademiker ist es schwierig, einen anspruchsvollen Job zu finden. Denn bis sie sich auf Deutsch so differenziert ausdrücken können, wie es ihrer Qualifikation und den Anforderungen ihrer Arbeitgeber entspricht, vergehen Jahre.

Dieses Problem kann nur mit intensiven Sprachkursen für alle Migranten gelöst werden. Da Kinder wegen mangelnder Sprachkenntnisse dem Unterricht nicht folgen können, richten Schulen immer mehr einjährige Förderkurse ein, in denen die jungen Migranten intensiv Deutsch lernen und auf die Schule vorbereitet werden. Besuchten 2014 noch 313 Schüler in Gelsenkirchen solche Klassen, waren es zwei Jahre später bereits 1 600. Dabei kommt den Lehrern eine überragende Bedeutung zu. Denn durch ihr Engagement und pädagogisches Können legen sie den Grundstein dafür, dass Kinder nicht nur möglichst schnell Deutsch lernen und in reguläre Klassen wechseln können, sondern sich auch angenommen fühlen und in der neuen Heimat integrieren.

Die Kultusministerkonferenz geht davon aus, dass von den 1,1 Millionen Flüchtlingen, die 2015 kamen, rund 100 000 im Kindergartenalter und 325 000 schulpflichtig sind. „Für sie benötigen wir zusätzlich 14 000 Erzieher und 24 000 Lehrer", heißt es bei der Gewerkschaft Erziehung und Wissenschaft. Aber es vergehen Jahre, um genügend Lehrer für Deutsch als Zweitsprache auszubilden sowie Erzieher und Sozialpädagogen, die spezialisiert sind auf durch Krieg und Flucht traumatisierte Kinder aus anderen Kulturkreisen. Zusätzlich müssen die Kommunen Kitas und Schulen bauen, um Räume für die Neuankömmlinge zur Verfügung zu stellen. Alle diese Maßnahmen werden viel kosten, aber das Geld ist gut investiert, denn ohne Deutschkenntnisse und Schulbildung kann Integration nicht gelingen.

Zweite Herausforderung: Integration in die Arbeitswelt

Im Migrationsbericht der Bundesregierung heißt es, dass 13 Prozent der Flüchtlinge Analphabeten sind, 77 Prozent sind niedrig- bis mittelqualifiziert und nur zehn Prozent verfügen über einen höheren Schul- oder Universitätsabschluss oder eine abgeschlossene Berufsausbildung. Die Bundesagentur für Arbeit geht deshalb davon aus, dass die Flüchtlinge erst in 15 Jahren eine Beschäftigungsquote wie die übrigen Ausländer in Deutschland erreichen werden. Der Bildungsgrad ist in den verschiedenen Herkunftsländern sehr unterschiedlich, wobei generell Frauen schlechter ausgebildet sind als Männer. Die Weltbank berichtet, dass vier Prozent der Syrer Analphabeten sind, aber 53 Prozent der Afghanen. Das liegt unter anderem daran, dass in Afghanistan sehr viel länger Krieg herrscht als in Syrien und deshalb bereits die zweite und dritte Generation kaum zur Schule gehen kann.

Die Schulbildung entspricht in vielen Herkunftsländern der Migranten nicht dem deutschen Standard. Schon 2011 lag bei zwei Dritteln der syrischen Achtklässler das Lernniveau nur auf der untersten Stufe der PISA-Studie. Dieser Rückstand entspricht vier bis fünf Schuljahren. Inzwischen hat sich der Abstand vergrößert, weil die syrischen Schüler seit Kriegsausbruch nur mit Unterbrechungen zur Schule gehen konnten – wenn es für sie überhaupt möglich war.

Schwierigkeiten gibt es auch bei der beruflichen Ausbildung. Von 130 Jugendlichen, die 2013 nach ihrer Flucht in Bayern eine Ausbildung begannen, brachen 70 Prozent ab. Trotz handwerklicher Begabung fehlt ihnen das Bildungs- und Sprachniveau für die Berufsschule. Viele stört auch die geringe Vergütung. Ihre Familien haben alle Ersparnisse aufgebraucht, um die Schlepper zu bezahlen, jetzt erwarten die Verwandten finanzielle Unterstützung.

Um den Migranten eine Perspektive zu geben, hat der Deutsche Industrie- und Handelskammertag ein Programm zur Integration von Flüchtlingen gestartet. Jugendlichen werden Praktika vermittelt, die anschließend zu einem Ausbildungsplatz verhelfen sollen. Dabei erhalten sowohl die Migranten als auch die Betriebe Beratung und Unterstützung. Denn nur mithilfe aller Beteiligten kann die Integration der Migranten in die Arbeitswelt gelingen.

MARIO B. – EINE INTAKTE FAMILIE IST EIN SCHUTZMANTEL

Kann man Kindern ein liebevolles Zuhause geben, während ringsum ein Krieg tobt? Wenn man mit wenigen Habseligkeiten aus der Heimat flieht? Anschließend jahrelang in einem verwahrlosten Asylheim leben muss? Alle drei Monate die Gefahr besteht, abgeschoben zu werden, und das acht Jahre lang? Acht lange Jahre, in denen man nicht arbeiten darf und deshalb keine Hoffnung auf eine bessere Zukunft hat?

Marios Eltern ist dies gelungen. Trotz dieser schrecklichen Lebensumstände haben sie ihren drei Söhnen stets das Gefühl gegeben, umsorgt, geliebt und geborgen zu sein.

„Mit ihrer Liebe haben uns unsere Eltern geschützt und gerettet. Denn ein Kind, das aus einer glücklichen, intakten Familie kommt, hat einen Schutzmantel um sich, der ihm hilft, auch mit dem Grauen eines Krieges fertigzuwerden. Dann kann man auch schlimme Erlebnisse und große Schwierigkeiten bewältigen. Ich habe als kleines Kind den Krieg in Jugoslawien erlebt, die Flucht und den schweren Neubeginn in Deutschland in einer schrecklichen Asylunterkunft. Dass ich meine Kindheit gut überstanden habe, verdanke ich außer meinen Eltern auch engagierten Lehrern, die mich unterstützt haben, als ich ohne ein Wort Deutsch zu sprechen in ihre Klasse kam, und mir damit eine Perspektive fürs Leben gegeben haben. Sie waren für mich große Vorbilder. Deshalb stand für mich von klein auf fest, dass ich Lehrer werden möchte."

Der Krieg beendet eine idyllische Kindheit

Mario wuchs am Stadtrand von Banja Luka auf, einer Stadt im damaligen Jugoslawien, die heute zu Bosnien und Herzegowina gehört. Seine Familie ist kroatisch, lebte aber in Bosnien. Das spielte keine Rolle, solange Jugoslawien als Vielvölkerstaat existierte.

„Bis zum Ausbruch des Krieges hatte ich eine wunderschöne, unbeschwerte Kindheit. Wir lebten in einer idyllischen Umgebung. In den nahen Bergen hat mir mein Vater das Skilaufen beigebracht. Im Wald hinter unserem Haus spielte ich mit Freunden. Ich kann mich an Kinobesuche mit meinen Eltern erinnern. Es war eine herrliche Zeit. Von heute auf morgen war alles vorbei.

Denn 1991, als ich fünf Jahre alt war, brach der Krieg aus. Meine Eltern haben versucht, das von mir fernzuhalten und mich so gut es ging zu verschonen, denn ich war noch sehr klein. Aber Kinder sind neugierig, sie bekommen viel mehr mit, als die Erwachsenen denken. Ich habe in den Nachrichten gesehen, dass der Krieg begonnen hatte, dass gekämpft wurde. Auch wenn ich als kleines Kind nicht alles verstanden habe, gefühlt habe ich sehr deutlich, dass etwas Schlimmes passiert."

Den Tod täglich vor Augen

„Dann kam der Krieg immer näher. Ich konnte in meinem Alter noch nicht verstehen, was das bedeutete. Meinen Eltern hat man den Stress dagegen schnell angesehen. Sie sind beide sehr abgemagert.

Ich bekam immer öfter Angstzustände. Zum ersten Mal in meinem Leben musste ich mich mit dem Tod auseinandersetzen. Was heißt das: Tod? Darüber habe ich auch mit meiner Mutter gesprochen. Denn ich hatte Angst, meine Familie zu verlieren. Ich habe sie gefragt, was mit uns passiert, wenn wir sterben. Sie hat mir liebevoll erklärt, dass wir in den Himmel kommen und es da sehr schön haben werden.

Jede Nacht vorm Schlafengehen habe ich gebetet: ‚Bitte, lieber Gott, mach, dass wir nicht sterben.' Denn mir gefiel zwar die Vorstellung, dass wir es im Himmel herrlich haben werden. Trotzdem fand ich es besser, wenn wir gar nicht erst sterben."

Das Ende einer Freundschaft

Ein Krieg zerstört nicht nur Menschenleben, Städte und Länder. Er richtet auch Verwüstungen in den Köpfen an. Wo vorher ein friedlicher Umgang unter Nachbarn selbstverständlich war, ist plötzlich Hass. Freundschaften zerbrechen an nationalistischen Gegensätzen. So erlebte es auch Mario.

„Einer meiner besten Schulfreunde war ein Serbe. Jeden Tag haben wir miteinander gespielt. Als wir eingeschult wurden, sind wir immer zusammen zur Schule gegangen. Alle Vormittage haben wir gemeinsam verbracht. Wenn ich von meinen Eltern Geld bekommen hatte, um mir etwas zu trinken zu kaufen, habe ich es gespart, bis ich genug hatte, um uns beiden ein Eis zu kaufen.

Der Jugoslawienkrieg

Jugoslawien war ein 1918 entstandener Vielvölkerstaat mit sechs Teilrepubliken. Die Stabilität des Staates war von Anfang an gefährdet, da die verschiedenen Völker unterschiedliche Religionen und kulturelle Prägungen haben. Die katholischen Kroaten zählen sich zum westeuropäischen Kulturkreis, die orthodoxen Serben sind Slawen und orientieren sich nach Osteuropa. Bosnier und Albaner wiederum sind Muslime. Nach dem Tod des langjährigen Staatschefs Josip Tito kam es 1980 in dem sozialistischen Staat zu wirtschaftlichen Schwierigkeiten und politischen Unruhen. 1991 erklärten sich Slowenien und Kroatien für unabhängig. Auch die übrigen Teilrepubliken wollten sich lösen. Die serbische Regierung akzeptierte dies nicht. Es kam zum Krieg mit ethnischen Säuberungen und Massenvergewaltigungen. Die Vereinten Nationen schickten deshalb 1992 Schutztruppen in die Krisengebiete. Aber diese Blauhelmsoldaten konnten Massaker an der Bevölkerung nicht verhindern, etwa wie in Srebrenica, wo im Juli 1995 Serben 8 000 bosnische Jungen und Männer ermordeten. Um den Krieg in Europa zu beenden, griff die NATO ein und bombardierte serbische Milizen. Im Dezember 1995 wurde ein Friedensvertrag geschlossen. Inzwischen sind Kroatien, Slowenien, Bosnien und Herzegowina, Montenegro, Mazedonien und Serbien unabhängige Staaten. Auch der Kosovo, eine serbische Provinz mit überwiegend albanischer Bevölkerung, strebte nach Unabhängigkeit. Deshalb begann 1998 dort ein Krieg. Die NATO flog Angriffe auf serbische Militärstützpunkte. Im Juni 1999 stimmte Serbien dem Friedensplan der Vereinten Nationen zu. Der Kosovo erklärte sich 2008 für unabhängig.

Ich habe als kleiner Junge Bilder vom Krieg im Fernsehen gesehen, die kein Kind sehen sollte. Bilder, die die Kindheit sofort beenden.

MARIO B.

Eines Tages kam er zu mir und sagte: ‚Du bist nicht mehr mein Freund. Ich will nicht mehr mit dir spielen. Ich hasse dich, weil du Kroate bist.' Ich war sechs Jahre alt und fassungslos. Nur weil ich Kroate war und er Serbe, konnten wir nicht mehr befreundet sein. Ich wusste ja, dass es Kroaten, Bosnier, Serben und Slowenen gibt. Aber warum wir uns plötzlich hassen sollten, habe ich nicht verstanden. Mein Vater hat versucht, mir das so schonend wie möglich zu erklären.

Für mich ist dieses Erlebnis aus meiner Kindheit ein Beispiel für die fürchterlichen Auswirkungen von Nationalismus, ethnischer Ausgrenzung und Fremdenfeindlichkeit."

Flucht aus der Heimat

Die Bevölkerung radikalisierte sich zusehends. Die Stimmung wurde auch unter den Nachbarn feindseliger.

Die Lebensumstände für die Familie wurden immer schwieriger. Marios Vater verlor als Kroate seine Anstellung als Lehrer für Mathematik und Physik. Daraufhin wurde auch seiner Mutter gekündigt. Die Eltern verließen kaum noch das Haus. Der Krieg tobte. Es gab in den Läden kaum mehr etwas einzukaufen. Die Familie hatte oft Hunger. Das Überleben sicherten Hilfspakete mit Grundnahrungsmitteln von der Caritas.

Es wurde zu gefährlich für sie, in Bosnien zu bleiben. Es blieb nur ein Ausweg: Die Familie musste nach Kroatien fliehen. Zwei Jahre nach Kriegsausbruch verließen sie Banja Luka für immer.

„Wir sind nicht sofort zu Beginn des Krieges geflohen, denn meine Eltern hofften wie die meisten Menschen, dass es nicht so schlimm kommt, dass der Krieg schnell vorbei ist. Niemand will seine Heimat verlassen."

Zum Zeitpunkt der Flucht war Mario sechs Jahre alt, sein Bruder Ivan drei. Seine Mutter war schwanger.

„Wir haben uns frühmorgens auf den Weg gemacht. Meine Eltern hatten das Nötigste in Tüten und Taschen gepackt. Ich konnte nur eine Sache mitnehmen, da habe ich meine Spielzeugpistole einge-packt. Ich wollte damit meine Familie beschützen."

Keine Lebensperspektive in Zagreb

In Zagreb, der kroatischen Hauptstadt, kam die Familie zunächst für einige Wochen bei Verwandten unter. Aber in der kleinen Wohnung konnten sie auf Dauer nicht bleiben. Sein Vater fand eine schlecht bezahlte Arbeit auf dem Bau, gerade genug, um eine winzige Woh-nung zu mieten. Für die Heizung reichte das Geld nicht.

„Meine Eltern hatten nun auch noch ein Baby zu versorgen. Das war sehr schwierig. In Zagreb war es zwar ruhig, aber in der Um-gebung wurde gekämpft. Wir hatten Angst, dass mein Vater einge-zogen würde. Damit wäre er in Lebensgefahr gewesen. Ohne seinen Verdienst wären wir wahrscheinlich verhungert. Der Krieg schien kein Ende zu nehmen, das Land war völlig zerstört, es gab keinerlei Zukunftsperspektive. 1994 beschlossen meine Eltern, Kroatien zu verlassen. Wir mussten wieder fliehen.

Das naheliegendste Ziel war Deutschland. Dort gab es Arbeit und ein normales Leben. Gleichzeitig ist es nicht zu weit weg von der Heimat. Als Flüchtling geht man in das Land, wo man schon jeman-den hat. Wir sind nach Deutschland geflohen, weil ein Freund mei-nes Vaters ein paar Monate vor uns nach Hamburg gegangen war und Positives berichtet hatte."

Geduldet in Deutschland

Die Familie fuhr direkt nach Hamburg. Die Eltern gingen sofort zur Ausländerbehörde, wurden dort als Flüchtlinge registriert und er-hielten eine Duldung. Diese Duldung galt jeweils für ein Vierteljahr. Alle drei Monate ging die Familie wieder zur Behörde, um die Ver-längerung zu beantragen. Acht Jahre lang.

Die Familie lebte acht Jahre lang in zwei kleinen Zimmern in der Asylunterkunft.

„Wir mussten mit der ganzen Familie zur Ausländerbehörde. Da warteten so viele Flüchtlinge, dass es lange Schlangen gab. Wir sind deshalb morgens um fünf Uhr aufgestanden, damit wir um sechs Uhr in der Schlange standen. Nach stundenlangem Warten saßen wir angespannt und nervös einem Sachbearbeiter gegenüber, von dessen Entscheidung unser Leben, unsere Existenz abhingen. Dürfen wir weitere drei Monate bleiben oder werden wir abgeschoben?

Ich bewundere, wie meine Eltern diesem psychischen Druck trotz existenzieller Ängste acht endlose Jahre standgehalten haben. Man muss schon ein innerlich sehr gefestigter Mensch sein, um diese Ungewissheit auszuhalten und gleichzeitig die eigenen Ängste und Nöte nicht auf die Kinder zu übertragen und ihnen eine glückliche Kindheit zu bereiten, wie es meine Eltern getan haben."

Die Familie darf Hamburg nicht verlassen

Mit dem Status der Duldung war die sogenannte Residenzpflicht verbunden. Das heißt, die Geduldeten mussten bleiben, wo sie registriert waren. Die Familie durfte Hamburg nicht verlassen, sonst drohte die Abschiebung.

„Hamburg ist zwar eine große Stadt, aber ein sehr kleines Bundesland. Wir durften nicht die Stadtgrenzen passieren. Es gab für uns keinen Urlaub, selbst wenn wir ihn uns hätten leisten können, kein Wochenende an der Ostsee. Ausflüge konnten wir nur innerhalb der Stadtgrenzen machen. Meine Eltern sind mit uns Kindern im botanischen Garten spazieren gegangen oder an den Hafen gefahren. Das waren die Höhepunkte des Jahres.

Darum höre ich es nicht gern, wenn Leute über Flüchtlinge sagen: ‚Sie haben ihr Leben gerettet und sind jetzt hier in Sicherheit. Sie müssen dankbar sein.' Ja, das stimmt, aber man muss auch sehen, unter welchen Bedingungen manche Flüchtlinge hier leben. Wir waren acht Jahre wie gefangen. Wir wussten nicht, ob wir bleiben dürfen, und lebten in einer gefährlichen Umgebung. Mehrfach kamen Neonazis mit Molotowcocktails zu unserem Asylheim."

Keine Arbeitserlaubnis

Mit der Duldung war auch ein Arbeitsverbot verbunden. Die Eltern durften acht Jahre lang nicht arbeiten. Das war, von den materiellen Einschränkungen abgesehen, eine weitere schwere psychische Be-

Mario mit seinem Vater vor dem Hamburger Rathaus

lastung. Denn nicht arbeiten zu dürfen, zehrt am Selbstbewusstsein. Es ist demütigend, von Sozialhilfe zu leben, wenn man eigentlich arbeiten will und kann, aber nicht darf. Und wie sollen Eltern ihren Kindern ein Vorbild sein, sie dazu erziehen, fleißig zu sein, wenn sie selbst zur Untätigkeit verdammt sind? Da die Eltern nicht arbeiten durften, konnten sie auch nichts ansparen, um im Fall der Abschiebung etwas Geld für den Neustart in Kroatien zu haben.

„Es war unerträglich für meine Eltern, denn sie wollten unbedingt arbeiten. Als sie nach acht Jahren endlich die Arbeitserlaubnis bekamen, sind sie putzen gegangen. Dabei sind beide Akademiker. Aber sie haben alles getan, um so viel zu verdienen, dass wir aus dem Asylheim ausziehen konnten. Mein Vater ist mit großem Fleiß und Einsatz dann zum Abteilungsleiter aufgestiegen. So konnte er sich nach vielen Jahren ein eigenes Leben aufbauen."

Abgeschnitten vom städtischen Leben

Marios Familie war in einem Asylbewerberheim in Billbrookdeich untergekommen, das bis heute als eines der schlimmsten gilt, die es je in Hamburg gab. Mitten in einem Gewerbegebiet gelegen, von der übrigen Stadt durch den Fluss Bille und eine Schnellstraße getrennt.

„Meine Mutter ist fast in Ohnmacht gefallen, als sie das Haus sah. Die Anlage war trist und trostlos. Alles war ungepflegt und verdreckt. Manche Bewohner warfen den Müll einfach aus dem Fenster. Wenn Menschen in einer so verwahrlosten Umgebung leben, dann verwahrlosen sie selbst auch. Da kommt alles Schlechte zusammen.

Wir hatten zwei Zimmer, eine Küche und ein Bad. Das klingt erstmal toll, doch die Ausstattung war spartanisch. Zwei Schränke, Gitterbetten, ein kleiner Tisch. Die Wohnung selbst war aber nicht das Problem, aus der konnte man etwas machen. Das Problem war die Lage weitab von jedem städtischen Leben. So wie wir lebten, im Gewerbegebiet, abgeschnitten von allen anderen, waren wir von dem normalen Leben in Hamburg ausgeschlossen. Ins Kino gehen, in ein Konzert oder Restaurant, in der Innenstadt bummeln – das war für uns ganz, ganz weit weg. Obwohl wir in einer reichen, großen Stadt in Deutschland lebten.

Wir konnten uns in dem Heim aber auch nicht wohlfühlen, weil die Stimmung unter den Asylbewerbern schlecht war. Zum einen lebten dort viele Jugoslawien-Flüchtlinge, Kroaten, Serben, Bosnier, die sich zu Hause bekriegten. Diese Feindseligkeiten zwischen den Ethnien gab es auch im Asylheim. Zum anderen rutschten einige Bewohner in die Kriminalität ab. Sie sahen für sich keinen anderen Ausweg.

In dieser Umgebung mussten meine Eltern drei Kinder groß-ziehen, ihnen beibringen, was gute Manieren sind, wie man sich anständig verhält. Das war eine große Aufgabe, die sie gemeistert haben."

Zum dritten Mal in der ersten Klasse

Mario kam in die Grundschule. In der gesamten Schule gab es damals nur drei deutsche Schüler. Inzwischen geht kein einziges deutsches Kind in diese Grundschule. Mario wurde zum dritten Mal in die erste Klasse eingeschult. In Bosnien hatte er das kyrillische Alphabet gelernt, in Kroatien die lateinischen Buchstaben. Unter-richtet wurde ebenfalls auf Serbokroatisch. Nun kam er in die Ham-burger Schule, ohne ein Wort Deutsch zu sprechen.

Er hatte das große Glück, als Klassenlehrerin eine ältere, sehr erfahrene Pädagogin zu haben. Sie konnte ihre Schüler motivieren und ihnen neben dem Unterrichtsstoff auch Deutsch beibringen.

„Ich habe ihr sehr gern zugehört, auch wenn ich nichts verstan-den habe. Es gab keinen extra Deutschunterricht für mich. Ich habe die Sprache in drei Monaten gelernt, einfach weil ich in die Schule ging und mit anderen Kindern spielte. Ich habe nachgesprochen, was ich gehört habe. Als ich das erste Mal vor der Klasse laut lesen musste, kam ich in Schwierigkeiten. Ich kannte den Buchstaben ß nicht. Ich habe das als B gelesen. Alle haben gelacht. Ich auch.

Mein Vater bestand darauf, dass wir Kinder Deutsch lernen. Er war streng, jeden Tag musste ich Deutschvokabeln lernen. Das hat er abends häufig kontrolliert.

Als ich genügend Deutsch konnte, habe ich sehr gute Noten ge-habt. Dabei hat mir meine Lehrerin geholfen. Sie war ein Segen für

> # All die Zeit im Asylheim hatte ich immer ein Ziel vor Augen: eines Tages selbst am gesellschaftlichen Leben so teilnehmen zu können wie meine Klassenkameraden.

mich. Sie hat mir für jede gute Arbeit ein kleines Büchlein geschenkt. Sie hat gesehen, dass ich Potenzial habe und hat mich dadurch angespornt, schnell lesen zu lernen. Das hat sie auch mit anderen Schülern gemacht, doch nicht alle haben es angenommen. Aber mich hat sie unfassbar motiviert. Ich hatte ja nichts. Meine Sammlung an Büchlein war mein ganzer Stolz. Sie enthielten bunte Bilder, die konnte ich angucken, und nach und nach konnte ich die Geschichten auch lesen. Ich wollte gut in der Schule sein, auch für sie."

Mit Wörterbuch im Gymnasium

Mario erhielt eine Empfehlung fürs Gymnasium. Aber der Übergang in die höhere Schule war schwer. Denn plötzlich wurde ein anderes Sprachniveau von ihm verlangt.

„Es war ein Schock. Ich konnte mich zwar im Alltag fließend ausdrücken und kam in der Grundschule sehr gut zurecht. Aber im Gymnasium wurde ein viel anspruchsvolleres Deutsch gesprochen. Das verstand ich nicht. In den Schulbüchern standen Wörter, die ich nicht kannte. Wenn ich nachmittags Hausaufgaben machte, saß ich verzweifelt mit dem Wörterbuch da und habe versucht, Wort für Wort zu übersetzen, was ich machen sollte. Ich hätte die Aufgaben intellektuell lösen können, aber ich verstand die Fragen nicht. Deshalb bin ich total eingebrochen und schrieb schlechte Noten. Meine Eltern sind Akademiker und gebildete Menschen, aber sie konnten mir nicht helfen, weil sie selbst nicht Deutsch sprachen. Es hat ein, zwei Jahre gedauert, bis ich das gehobene Sprachniveau beherrschte. Dann schrieb ich auch wieder gute Noten."

Keine Einladungen nach Hause

Es gab nur ein Problem im Gymnasium: Mario traute sich nicht zu erzählen, dass er im Asylheim lebte.

„Ich bin sicher, dass ich ausgegrenzt worden wäre, wenn meine Klassenkameraden das gewusst hätten, denn Kinder können sehr fies sein. Deshalb habe ich all die Jahre auch keinen Freund nach Hause eingeladen. Ich wollte nicht, dass jemand sieht, wie ich lebe. Ich konnte mit meinen Freunden nur zusammen sein, wenn ich nach der Schule mit ihnen Fußball spielte.

Ganz schlimm waren für mich auch die Kindergeburtstage. Wenn ich eingeladen war, habe ich eine Ausrede benutzt und bin nicht hingegangen. Denn sonst hätte ich sie auch zu meinem Geburtstag einladen müssen. Und das konnte ich nicht. Ich habe meine Geburtstage im Heim mit meinen Brüdern und den Heimkindern gefeiert."

Im Asylheim gab es kein Telefon. Die Bewohner nutzten eine Telefonzelle auf der Straße. Sie sammelten die Woche über Münzen. Am Wochenende standen sie dann Schlange, um mit den Verwandten in der Heimat zu telefonieren, denn Handys waren damals neu und unerschwinglich.

„Für mich war der erste Tag nach den Sommerferien immer ein Albtraum. Denn dann fragte der Lehrer nach unseren Telefonnummern. Um nicht vor der ganzen Klasse erklären zu müssen, dass ich im Asylheim lebte und deshalb kein Telefon hatte, sagte ich immer, es gäbe bei uns Probleme mit der Telekom."

In der Schule konnte Mario nicht erzählen, dass er im Asylheim lebt, im Asylheim konnte er nicht erzählen, wo er zur Schule ging. Denn dann hätten ihn die anderen Kinder, die in Haupt- oder Sonderschulen gingen, verprügelt.

„Der Vorwurf lautete: Du willst was Besseres sein. Da wurde zugeschlagen und zwar hart. Wenn ich darüber nachdenke, weiß ich nicht, wie ich das all die Jahre ausgehalten habe.

Ich wusste nur eins: Ich musste funktionieren. Meine Eltern waren sehr dahinter her, dass es mit der Schule klappte. Mein Vater war unter diesen fürchterlichen Umständen streng. Aber das war notwendig. Gleichzeitig habe ich in der Familie sehr viel Liebe bekommen und sehr viel Unterstützung erhalten."

Als Kind in einer kriminellen Umgebung

Die Eltern waren nicht nur streng, wenn es um schulische Leistungen ging. Sie achteten auch sehr auf Ordnung, Pünktlichkeit und gute Manieren. Sie wollten unter allen Umständen verhindern, dass ihre Söhne in ein kriminelles Milieu abrutschten.

„Das konnte in dieser Umgebung leicht geschehen. Wir drei Brüder waren ja noch sehr jung. Wir besaßen wenig. Und dann gab es im Asylheim Jungs, die hatten alles: Lederjacken, goldene Uhren, riesige Fernseher und immer Geld. Das hatten sie sicherlich auf fragwürdige Weise verdient.

Ich hätte auch gern Markenjeans gehabt oder die angesagten Turnschuhe. Ich sah, wie scheinbar leicht sie das alles bekamen. Sie mussten nicht stundenlang Mathe-Hausaufgaben machen wie ich. In einem solchen Moment ist es für einen Jugendlichen sehr leicht, abzurutschen. Die Versuchung ist groß, den angeblich leichten Weg zu gehen und kriminell zu werden.

Dem nicht zu erliegen, braucht sehr viel Disziplin, aber auch Eltern, die sich kümmern. Es war schwer, jeden Tag zu sehen, wie es denen gut ging, von denen meine Eltern sagten: ‚Das sind die Schlechten. Du bist der Gute.'"

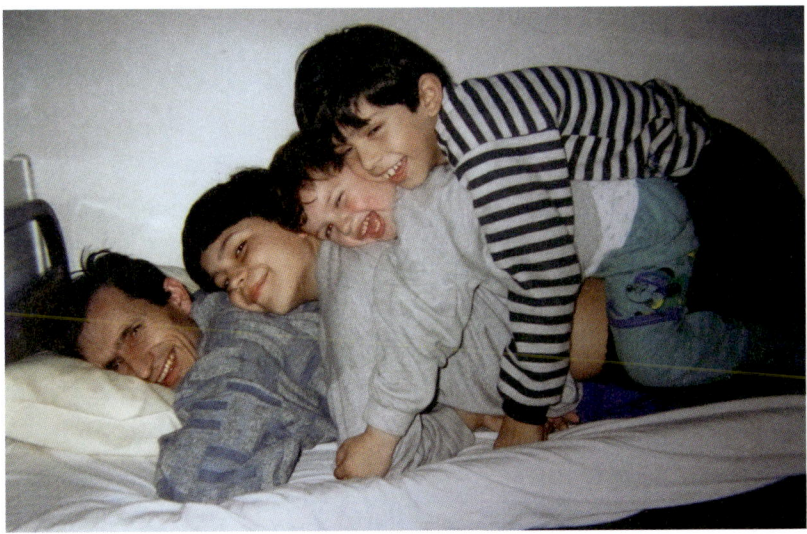

Trotz der schrecklichen Lebensumstände bereiteten die Eltern ihren drei Söhnen ein glückliches Familienleben.

In zwei Kulturen und Sprachen zu Hause

Die Familie sprach Kroatisch untereinander. Darauf legten die Eltern viel Wert, denn die Söhne sollten ihre eigene Kultur nicht verlieren.

„Sie hatten auch die Sorge, dass wir Kinder uns von ihnen entfremden, wenn wir nur noch Deutsch reden. Die deutsche Kultur ist eine Ergänzung und Bereicherung, aber sie sollte nicht die eigene Identität verdrängen. Deshalb haben sie uns zum Kroatisch-Unterricht geschickt, damit wir unsere Muttersprache nicht nur sprechen, sondern auch schreiben konnten, und kroatische Geschichte lernten. Ich bin sehr gern hingegangen. Ich bin stolz, in zwei Kulturen zu Hause zu sein. Damit verfüge ich über einen Schatz. Ich würde mich ärmer fühlen, wenn ich nur in einem Land aufgewachsen wäre.

Aber vielen Kindern gelingt dieser Spagat nicht. Sie sind in keiner Kultur wirklich zu Hause, sprechen keine der beiden Sprachen fehlerfrei, fühlen sich nirgends wirklich beheimatet. Wenn zugewanderte Eltern mit ihren Kindern Deutsch reden, übernehmen die Kinder nur die Fehler und den Akzent ihrer Eltern. Es ist besser, die eigene Sprache wirklich gut zu sprechen. Dann lernt man auch leichter die neue Sprache."

Der Sohn will seine Mutter verteidigen

„Meine Mutter versteht Deutsch, kann es aber nicht fließend sprechen. Denn sie hat sich nicht getraut, viel zu sagen, weil sie Fehler machte. Sie geht freundlich und höflich auf andere Leute zu. Aber es wurde ihr schwer gemacht, weil einige Deutsche sich über sie lustig machten. Sie hat sich richtig ausgedrückt, sie war gut zu verstehen, aber sie hat Wörter mit Akzent ausgesprochen oder nicht richtig betont. Das haben die Leute manchmal nachgemacht oder so getan, als könnten sie sie nicht verstehen.

Wenn sie so bloßgestellt wurde, stand ich als kleiner Junge ohnmächtig vor Wut daneben. Wie konnten sie meine Mutter so behandeln? Ich hätte am liebsten losgeschrien, um meine Mutter zu verteidigen. Aber das durfte ich nicht. Meine Eltern haben mir immer wieder gesagt: ‚Du musst stets höflich und brav sein. Denn wir sind nur geduldet. Wir sind hier die Fremden.'"

Wenn man in eine Ecke gedrängt und ausgegrenzt wird, will man ausbrechen. Wie viel Charakterstärke und innere Kraft gehören dazu, in der Ecke zu bleiben, fleißig zu sein und an sich zu arbeiten, um den Aufstieg in die Gesellschaft zu schaffen?

MARIO B.

Bleiben um der Kinder willen

Die Familie hatte eine sehr schwere Zeit durchzustehen. Jedes Vierteljahr drohte die Abschiebung, die Eltern durften nicht arbeiten, das Leben im Asylheim war unerträglich. Da schwand nach einigen Jahren die Hoffnung, dass sich ihre Lebensumstände je zum Besseren ändern würden. Die Eltern sahen in Deutschland keine Perspektive mehr für sich.

„Wir waren so zermürbt, dass meine Eltern entschieden, zurückzugehen. Schlimmer konnte es im vom Krieg zerstörten Kroatien auch nicht sein. Wir hatten alles gepackt. Aber an dem Tag, als wir abfahren wollten, ist mein Vater morgens aufgewacht und hat beschlossen: ‚Wir fahren nicht.' Er wollte uns Kindern die Zukunft in Deutschland erhalten. Das war ein großes Opfer, das meine Eltern für uns brachten.

Meine Eltern haben sich in all den Jahren nichts zuschulden kommen lassen. Wir Kinder sind brav zur Schule gegangen, deshalb bekamen wir nach acht Jahren endlich den unbefristeten Aufenthaltstitel. Damit war das Arbeitsverbot für meine Eltern aufgehoben. Sie haben sofort angefangen zu arbeiten, damit wir aus dem schrecklichen Asylheim ausziehen konnten. Ich war 15 Jahre alt, als wir die erste eigene Wohnung in Hamburg hatten. Das war ein Segen, denn jetzt konnte ich meine Freunde nach Hause einladen. Ein neues Leben begann."

Traumberuf: Deutschlehrer

Mario wollte von klein auf Lehrer werden. Vielleicht, weil sein Vater Lehrer war. Sicherlich aber auch, weil er selbst so gute Lehrer in der Schule hatte.

„Ich habe von Woche zu Woche dem Unterricht bei meinen Lieblingslehrern entgegengefiebert. Da war die wunderbare Klassenlehrerin in der Grundschule, eine großartige Klassenlehrerin auf dem Gymnasium, ein toller Deutschlehrer, mein Deutsch-Leistungskurs-Lehrer. Sie waren Vorbilder für mich. Denen wollte ich nacheifern. Ich wusste immer, genau das will ich auch machen."

Auch das Unterrichtsfach stand für ihn sehr früh fest: Er wollte Deutschlehrer werden.

„Ich habe immer gern gelesen. Als die Frage anstand, welche Fächer ich studieren wollte, war klar, dass Deutsch mein Hauptfach sein sollte. Mein Vater hatte Bedenken. Er sagte: ‚Wieso willst du als Ausländer Deutsch studieren und unterrichten? Das sollte jemand machen, der von Geburt an mit der Sprache vertraut ist.' Wie alle Väter machte er sich Sorgen und meinte: ‚Studier lieber etwas Handfestes, Vernünftiges, Ingenieurwesen zum Beispiel. Da sind die Herkunft und die Sprachkenntnisse nicht so wichtig.'

Aber ich wollte unbedingt Germanistik studieren. Das war das Fach, für das ich mich begeistern konnte. Ich hatte nur positive Erfahrungen in der Schule gemacht. Warum sollte es mir nicht gelingen?

Ich wollte mir und meinen Eltern beweisen, dass Integration in diesem Land kein Problem ist, wenn man es richtig anpackt. Gerade jemand wie ich sollte Deutsch unterrichten, um zu zeigen, dass es möglich ist. Dass man als Ausländer hierherkommt und Deutsch lernt, so vertraut mit der Sprache und Literatur wird, dass man es unterrichten kann. Ich wollte allen beweisen, dass es machbar ist."

Vorbild für andere

Mario unterrichtet heute in einem Stadtteil, in dem viele Zuwanderer leben. In seiner Klasse haben über 70 Prozent der Schüler einen Migrationshintergrund.

„Ich erlebe eine sehr harmonische Atmosphäre in der Klasse. Die Schüler gehen fair und offen miteinander um. Es gibt keine Fremdenfeindlichkeit oder Rassismus unter den Schülern. Unterschiedliche Hautfarben, Nationalitäten oder Religionen sind kein Thema. Dazu trägt sicher bei, dass auch ich einen Migrationshintergrund habe. Manchmal fragen die Schüler nach meinem persönlichen Schicksal. Sie erzählen dann auch, was sie erlebt haben. Sie trauen sich darüber zu reden, weil sie wissen, dass ich verstehe, wovon sie sprechen. Sie fühlen sich frei.

Sie lassen sich begeistern. Als sie von ihrem Traumberuf erzählen sollten, haben zehn Schüler gesagt, sie wollen Lehrer werden. Das waren alles Kinder mit Migrationshintergrund. Das hat mich sehr gefreut und mir wurde wieder bewusst, dass ich eine Vorbildfunktion habe. Sie sehen an mir, dass man es schaffen kann. Darüber brauche ich nicht zu reden. Allein die Tatsache, dass ich ihr Lehrer bin, in der Klasse vor ihnen stehe, genügt.

Für diesen Erfolg gibt es viele Gründe. Viele Menschen haben mir geholfen. Dabei spielen die materiellen Umstände die geringste Rolle. Man hört oft, die armen Flüchtlingskinder, die jetzt kommen, müssten in einem Zimmer hausen, hätten keinen eigenen Schreibtisch, wie sollen sie dann in der Schule klarkommen. Ich musste auch in einem kleinen Zimmer den Schreibtisch mit meinen Brüdern teilen. Viel wichtiger ist der familiäre Rückhalt, dass Eltern ihre Kinder liebevoll unterstützen, immer für sie da sind, sich kümmern und aufpassen, dass die Hausaufgaben gemacht sind. Dass die Lehrer Vorbilder sind, die ihre Schüler anspornen und motivieren. Sie nicht ausgrenzen, sondern ermutigen. Dann kann ein Kind auch extreme Lebensbedingungen überstehen und ein glücklicher, zufriedener Mensch werden."

Mario B. hat es bewiesen: Migranten können Deutschlehrer werden.

IM GESPRÄCH MIT JÖRG WREDE:
TOLERANZ LERNEN IN DER SCHULE

Sie arbeiten als Sozialpädagoge an einer weiterführenden Schule. Warum braucht eine Schule einen Sozialpädagogen?

Die Schulen müssen immer mehr Aufgaben neben der reinen Wissensvermittlung übernehmen. Wenn es Probleme gibt, ist es wichtig, einen anderen Blick auf die Schüler zu haben als die Lehrer. Denn für die Lehrer stehen eher die schulischen Leistungen im Vordergrund. Als Sozialpädagoge spreche ich mit den Kindern auch über persönliche Probleme oder familiäre Schwierigkeiten. Ich unterliege der absoluten Schweigepflicht. Das ist wichtig, damit Kinder sich vertrauensvoll an mich wenden können, wenn sie jemanden zum Reden brauchen.

Es können aber auch Lehrer zu mir kommen, wenn sie mit einem einzelnen Schüler oder einer Klasse Probleme haben.

Verweisen Sie Kinder auch weiter an einen Psychotherapeuten oder andere Beratungsstellen?

Ich kann regelmäßige Termine über zwei, drei Monate anbieten, aber keine langfristigen Therapien, da wir zu viele Klassen haben, zu viele Kinder, die es zu betreuen gilt, die in schwierigen Situationen sind. Da kann es der richtige Weg sein, ein Kind an einen Therapeuten oder eine geeignete Beratungsstelle zu überweisen. Ich habe viele Kontakte und kann die Schüler an die richtigen Ansprechpartner vermitteln.

Viele Kinder kommen aus Strukturen, bei denen Schläge zur Erziehung gehören. Kinder ertragen viel. Bis sie etwas sagen, muss der Leidensdruck sehr groß sein. Aber ich beobachte, dass die Schüler inzwischen offener über solche Themen reden, auch in der Klasse davon erzählen. Das ermutigt andere, auch etwas zu sagen. Wenn wir davon hören, reden wir mit den Eltern. Bei schweren Fällen häuslicher Gewalt schalten wir das Jugendamt ein.

Gibt es spezielle Deutschkurse für Schüler mit Migrationshintergrund?

In dieser Schule mit über 1 100 Schülern gibt es 36 verschiedene Muttersprachen. Die sprachliche Kompetenz der Schüler ist sehr unterschiedlich, wenn sie in Klasse 5 zu uns kommen. Deshalb schreiben sie Tests. Die Kinder, die dabei schlecht abschneiden, werden noch einmal getestet, um zu sehen, wo genau die Schwierigkeiten liegen. Dementsprechend erhalten sie Sprachförderung von den Deutschlehrern. Diese Förderkurse finden in unserer Ganztagsschule nachmittags statt. Es finden regelmäßig Tests statt für Kinder, die mit Deutsch Schwierigkeiten haben. Denn die Deutschkenntnisse sind ausschlaggebend für das ganze weitere Leben, für die Teilnahme am Arbeits- und am gesellschaftlichen Leben. Für Kinder, deren Eltern kein Deutsch können, ist es besser, auf eine Ganztagsschule zu gehen, wo sie umfassend betreut und auch die Hausaufgaben gemacht werden.

Seit drei Jahren haben Kinder außerdem ein Recht auf zusätzliche Förderung, wenn sie in einem der Hauptfächer eine Fünf haben: Englisch, Mathe, Deutsch. Das gilt für alle Schüler, mit oder ohne Migrationshintergrund. So wollen wir erreichen, dass möglichst alle Schüler die Schule mit einem Abschluss verlassen.

Welche Probleme gibt es, wenn Eltern kein Deutsch können?

Meist können die Eltern von Kindern, die schlecht Deutsch sprechen, selbst kaum oder gar kein Deutsch. Die Eltern haben sich damit in ihrem

Jörg Wrede arbeitet als Sozialpädagoge an einer Schule mit hohem Migrationsanteil.

Leben eingerichtet. Das betrifft vor allem Mütter, die schon länger hier sind und bisher die Sprache nicht gelernt haben. Sie kommen ohne Deutsch gut aus.

Aber sie können häufig nicht lesen, was die Kinder an Zetteln und Informationen aus der Schule mitbringen. Damit müssen die Kinder allein zurechtkommen oder ältere Geschwister übersetzen und übernehmen die Aufgaben der Eltern.

Bei anderssprachigen Familien kommt zu Gesprächen oft der Elternteil in die Schule, der besser Deutsch spricht. Das sind meist die Männer, die arbeiten und deshalb Kontakt zu Deutschen haben. Dabei sollten die Mütter dabei sein, weil sie die eigentliche Erziehungsarbeit leisten. Um mit ihnen sprechen zu können, arbeiten wir mit Dolmetschern.

Wie gehen Sie mit Rassismus-Vorwürfen um?

Früher haben sich die verschiedenen Ethnien stärker abgeschottet. Es gab rivalisierende Gruppen. Das hat sich deutlich abgeschwächt. Auch für sie ist die Welt größer geworden.

Bestimmte Themen tauchen aber in Wellen in den Schulen auf. Eine Zeit lang haben sich Schüler mit dunkler Hautfarbe vermehrt über Rassismus beschwert. Sie fühlten sich sofort angegriffen. Die Lehrer, die schlechte Noten gaben oder angeblich komisch geguckt hatten, wurden als Nazis beschimpft. Einige von ihnen waren fassungslos angesichts dieser Vorwürfe. Wir mussten gegensteuern, denn es griff um sich.

Wir haben deshalb Kurse und Gespräche angeboten. So konnten die Schüler über konkrete Vorwürfe sprechen, aber auch allgemein über ihre Rolle, ihre Identität und ihr Selbstverständnis. Dabei hat sich vieles geklärt. Die Stimmung wurde wieder friedlicher.

Die Zahl muslimischer Schüler nimmt stetig zu. Was muss deshalb im Schulalltag berücksichtigt werden?

Es gibt selbstverständlich in der Schulkantine auch Gerichte ohne Schweinefleisch. Wenn ein Grillfest mit der Klasse veranstaltet wird, gibt es Geflügelwürste und Gemüse. Das können alle essen.

Im Sportunterricht gibt es keine Vorschriften, wie die Schüler sich anziehen sollen. Wenn Mädchen in Jogginghosen oder Tops mit langen Ärmeln turnen wollen, ist das kein Problem. Schwieriger gestaltet sich der

Schwimmunterricht. Denn Eltern, deren Kinder partout nicht schwimmen sollen, kommen mit einem ärztlichen Attest, das sie vom Schwimmen befreit. Das ist absurd. Aber gegen ein Attest kann man als Schule nichts machen. Trotzdem versuchen wir mit den Eltern zu besprechen, unter welchen Bedingungen ihr Kind mitschwimmen könnte.

Einige Familien wollen auch nicht, dass ihre Kinder, Jungen wie Mädchen, an Klassenfahrten teilnehmen. Das darf nicht hingenommen werden, denn wir leben hier in einer Gemeinschaft. Für die Kinder ist es wichtig, teilzunehmen. Auch Klassenfahrten unterliegen der Schulpflicht, deshalb kann ein Bußgeld verhängt werden.

Ist die Vollverschleierung in der Schule erlaubt?

Wenn Mädchen, die vorher sehr freizügig gekleidet waren, plötzlich vollkommen verhüllt in der Schule erscheinen, sprechen wir mit ihnen. Denn das kann religiöse Gründe haben, die Kleidung kann aber auch ein Zeichen für familiäre Probleme sein. Die Verhüllungen könnten zunehmen durch die vermehrte Einreise konservativer Muslime. Wir müssen uns überlegen, wie wir damit umgehen, wenn Schülerinnen auch das Gesicht verhüllen und nur noch die Augen zu sehen sind.

Ein Vater in Hamburg verlangte eine Garantie bei der Einschulung, dass sein Sohn nicht auf einem Stuhl sitzt, auf dem schon mal ein Mädchen gesessen hat. Wie geht man damit um?

Dem Vater würde ich sagen: „Wir können diese Garantie nicht geben. Ihr Sohn müsste seinen eigenen Stuhl mitbringen und dann immer mit sich herumtragen in die Pause und auch in die Fachräume. Wollen Sie das Ihrem Sohn wirklich zumuten?" Das ist so unbequem, dass der Junge es schnell sein lässt. So ein Problem löst sich von allein.

Wie lernen Schüler Toleranz?

Die Klassen an unserer Schule sind sehr heterogen. Die Schüler haben unterschiedliche Kulturen, Religionen, Kleidung oder Hautfarben. Sie müssen lernen, tolerant zu sein. Anders funktioniert die Schule nicht. Je offener sie miteinander reden, desto besser kommen sie klar. Generell gilt, dass Kinder im Umgang miteinander meist unverkrampfter und toleranter sind als die Erwachsenen.

HELENE H. – DEUTSCH LERNEN IST DAS ALLERWICHTIGSTE

„Mein Großvater hat uns immer ermahnt: ‚Wenn wir uns nicht integrieren, haben wir verloren. Wir dürfen uns nicht abschotten, sondern müssen uns anpassen. Wir sind in Deutschland, wir müssen Deutsch sprechen.'" Helene kam mit drei Jahren nach Nordrhein-Westfalen. Sie stammt aus einer Familie von Russlanddeutschen. Inzwischen ist sie Lehrerin und bringt in Vorbereitungsklassen Flüchtlingskindern Deutsch bei. „Ich weiß, wie es ihnen geht, denn meine Familie hat Ähnliches erlebt. Ich möchte meinen Schülern vermitteln: Ihr seid jetzt hier, ihr habt eine Chance, nutzt sie. Ich bin Migrantin wie ihr. Ich habe es geschafft, das könnt ihr auch."

Eine friesische Familie in Russland

Helenes Vorfahren wanderten zur Zeit der Zarin Katharina der Großen im 18. Jahrhundert aus Friesland nach Russland aus und gründeten deutsche Dörfer im Südural. In den Dörfern sprachen sie weiterhin ihr friesisches Plattdeutsch. Während sich das Platt in Friesland im Lauf der Zeit veränderte, entwickelte sich ihr Dialekt nicht weiter. Deshalb klingt es für Friesen heute altmodisch.

„Unsere Dörfer waren kleine plattdeutsche Sprachinseln im riesigen Russland. Die Friesen haben dort im Laufe der Jahrhunderte auch russische Wörter aufgenommen. So ist eine witzige Mischung entstanden. In meiner Familie sprechen wir bis heute dieses Platt."

Nachdem die deutsche Wehrmacht im Juni 1941 in der Sowjetunion einmarschiert war, galten alle Russlanddeutschen als poten-
zielle Verräter und Kollaborateure. Der sowjetische Staatschef Josef
Stalin ließ die Deutschen, die an der Wolga siedelten, deshalb nach
Sibirien und Kasachstan deportieren.

„Die Bewohner unseres Dorfes im Ural wurden nicht deportiert,
wie es den Wolgadeutschen damals geschah. Aber bei uns wurden
alle Männer verhaftet und kamen in Gefangenenlager, darunter auch
mein Großvater. Er musste zehn Jahre lang in einem Arbeitslager in
Nordsibirien aushalten. Der einzige Grund für seine Haft: Er war
Deutscher."

Aus dem Südural ins Münsterland

In den 1980er Jahren verschlechterte sich die wirtschaftliche Situation in der Sowjetunion dramatisch. Es gab große Versorgungseng-
pässe. Unter Staatschef Michail Gorbatschow öffnete sich das Land
zum Westen. Für Russlanddeutsche wurde es möglich, in die Heimat
ihrer Vorfahren auszureisen.

„Meine Großeltern waren die Ersten in der Familie, die nach
Deutschland wollten. Denn sie haben ihr Leben lang unter der Diskriminierung gelitten, in Russland Deutsche zu sein.

Russland ist ein riesiger Vielvölkerstaat. Unter der Rubrik Nationalität stand bei uns im Pass: Deutsch.

Damit konnte jeder Verkehrspolizist ein höheres Bußgeld verlan-
gen. Wir durften keine Minute vergessen, dass wir nicht gleichberechtigt waren. Deshalb sind zuerst meine Großeltern weggezogen.
Meine Eltern sind im November 1989 gefolgt. Damals war ich erst
drei Jahre alt."

Die Familie kam zunächst in ein Erstaufnahmelager im Münster-
land. Später erhielt sie eine Sozialwohnung.

„Mein Großvater war glücklich. Er hat jeden Tag in Dankbarkeit
gelebt. Immer wieder hat er gesagt: ‚Hier wollen wir sein.' Dabei hat
sich ein Problem fortgesetzt: In Russland haben wir nicht richtig
dazugehört, und hier auch nicht. Dort waren wir die Deutschen. Hier
sind wir die Russen."

Aus Aljona wird Helene

„Meine Eltern hatten mich Aljona genannt. Bei der Einbürgerung meinte der Beamte, es wäre schwierig für mich, mit einem russischen Namen in Deutschland zu leben. Deshalb haben meine Eltern mich umbenannt in Helene. Es war nicht einfach, mich an den anderen Namen zu gewöhnen. Ich war aber auch froh darüber, denn als Friesisch sprechende Russlanddeutsche war ich schon exotisch genug. Da fand ich es gut, wenigstens einen deutschen Vornamen zu haben."

Die Russlanddeutschen

Seit Jahrhunderten lebten Deutsche in Russland. Bereits im mittelalterlichen Moskau gab es eine deutsche Vorstadt, in der sich Händler und Handwerker niedergelassen hatten. Nachdem Zar Peter der Große im Großen Nordischen Krieg 1721 das Baltikum von den Schweden erobert hatte, wurden die Baltendeutschen zu russischen Untertanen. Die gezielte Ansiedlung von Deutschen in Russland begann unter Zarin Katharina der Großen, einer geborenen Prinzessin von Anhalt-Zerbst.

Im Manifest vom 22. Juli 1763 schrieb sie auf Deutsch: „Verstatten Wir allen Ausländern in Unser Reich zu kommen, um sich in allen Gouvernements, wo es einem jeden gefällig, häuslich niederzulassen." Arbeitskräfte wurden so dringend benötigt, dass den Deutschen auch die Reisekosten bezahlt wurden. Außerdem erhielten sie große Privilegien: Land, Religionsfreiheit und die Befreiung vom Militärdienst. Der Großteil der Deutschen siedelte sich an der Wolga an und bildete dort deutsche Kolonien. Im Jahr 1804 lud Zar Alexander I. noch einmal Deutsche ein, in Russland zu siedeln.

Mit dem aufkommenden Nationalismus Ende des 19. Jahrhunderts wurden die Privilegien der Millionen Russlanddeutschen eingeschränkt. Als nach dem Ersten Weltkrieg die Sowjetunion gegründet wurde, entstand 1924 die Autonome Sozialistische Sowjetrepublik der Wolgadeutschen. Im Zweiten Weltkrieg bezichtigte der sowjetische Staatschef Josef Stalin die Deutschen der kollektiven Kollaboration mit der deutschen Wehrmacht. Die Wolgadeutschen wurden 1941 nach Sibirien und Kasachstan deportiert. Tausende starben auf dem Transport, viele verhungerten und erfroren in sibirischen Lagern. Die Russlanddeutschen wurden Mitte der 1960er Jahre zum Teil rehabilitiert, litten aber weiter unter Diskriminierung. Deshalb übersiedelte seit Ende der 1980er Jahre ein Großteil der Russlanddeutschen in die Heimat ihrer Vorfahren.

Aber nicht nur der Umstand, dass zu Hause Platt gesprochen wurde, unterschied Helene von den deutschen Kindern in ihrer Umgebung. Ihre Eltern waren in Russland aufgewachsen. Sie konnten ihr manche typisch deutschen Bräuche und deutsches Kulturgut nicht vermitteln.

„Ich bin Deutsch sozialisiert. Trotzdem bin ich in dem Bewusstsein groß geworden, anders zu sein. Mir fehlt manches, was deutsche Kinder kennen und gemeinsam haben. Meine Eltern haben mir nicht die Kinderbuchklassiker vorgelesen oder deutsche Lieder mit mir gesungen.

Helene (links) mit ihrer Schwester Anna

Meine Eltern haben mir berichtet, wie ihre Jugend in der Sowjetunion war. Meine deutschen Freunde wussten dagegen alle aus den Erzählungen ihrer Eltern, wie die 1960er und 1970er Jahre in Deutschland gewesen waren. Solche Erinnerungen an eine gemeinsame Vergangenheit fehlen mir. Dieses Gefühl einer gewissen Fremdheit haben alle in meiner Familie. Das zeigt sich auch in unserer Ausdrucksweise: Wir nennen die Deutschen *Einheimische*."

15 Schüler aus 15 Ländern

Helene unterrichtet Deutsch in Vorbereitungsklassen. In ihnen lernen zugewanderte Kinder ein Jahr lang intensiv 20 Stunden die Woche Deutsch. Nach diesem Jahr sollen ihre Deutschkenntnisse so gut sein, dass sie in eine reguläre Klasse gehen können.

„Diese Intensivkurse gibt es erst seit ein paar Jahren. Als meine Familie nach Deutschland kam, mussten meine älteren Cousins sofort in die Schule, ohne ein Wort Hochdeutsch zu sprechen. Die wurden ins kalte Wasser geworfen."

In einer Vorbereitungsklasse sind 15 Schüler im Mittelstufenalter zwischen 12 und 16 Jahren. Darunter sind Flüchtlinge, aber auch Zugewanderte aus anderen EU-Ländern oder Kinder, deren Eltern eine Zeit lang in Deutschland arbeiten. Selten haben zwei Schüler die gleiche Nationalität.

„Sie haben nur eine einzige Gemeinsamkeit: Sie lernen Deutsch. Die deutsche Grammatik ist sehr kompliziert und nicht immer logisch. Ich habe mit den Schülern über die Artikel gesprochen. Da kam dann auch *das Mädchen* vor. Die Schüler haben erstaunt gefragt: ‚Warum heißt es *das Mädchen*, wenn es doch ein Mädchen ist?' Ich habe ihnen dann den Diminutiv und seine Endungen erklärt. Das Brötchen ist ein kleines Brot. Dann strahlten alle, sie hatten es verstanden."

Schüler mit sehr unterschiedlichen Leistungsniveaus

Der Bildungshintergrund der Schüler ist sehr unterschiedlich. Kinder von Akademikern sitzen neben Kindern von Analphabeten.

„Wenn ich 15 Schüler habe, habe ich 15 verschiedene Lernstände. Einige Schüler sind schon zur Schule gegangen und sind es gewöhnt zu lernen. Einige haben schon eine Fremdsprache gelernt. Sie haben ein hohes Leistungspotenzial.

Aber ich habe auch Schüler, die nur sehr begrenzt aufnahmefähig sind. Sie haben noch nie eine Schule besucht. Wissen nicht, wie man einen Stift hält, was ein Schulheft ist. Manche sprechen in ihrer Heimat eine Mundart, für die es keine Schrift gibt. Jetzt sollen sie sich in einer fremden Sprache mündlich und schriftlich ausdrücken. Das ist eine große Herausforderung. Man muss diesen Kindern sehr viel Zeit geben.

Ich muss als Lehrerin den individuellen Fortschritt bei jedem Kind sehen. Für manche ist es ein großer Schritt, wenn sie nach langem Üben korrekt sagen können: Ich heiße Soundso. Andere haben in der gleichen Zeit das Futur II im Konjunktiv gelernt. Jeden muss ich nach seinem Können loben. Dabei nutzt es nichts, wenn ich sie mit Samthandschuhen anfasse. Wir haben nur ein Jahr Zeit in der Vorbereitungsklasse. Da kann ich nicht sagen: ‚Ach du armes Ding, erhol dich erst mal.' Es muss in der Klasse Regeln geben, an die sich alle halten, sonst funktioniert es nicht. Wenn die Schule um 8 Uhr anfängt, dann müssen auch alle um 8 Uhr da sein. Die Schüler wollen auch gefordert und ernst genommen werden. Denn das bedeutet, dass ich ihnen etwas zutraue. Darauf sind sie stolz."

Es wäre sinnvoll, die Klassen nach Leistungsniveaus einzuteilen. Aber das ist praktisch nicht möglich. Denn diese Klassen sind kontinuierlich angelegt. Das heißt, das eine Jahr Deutsch-Vorbereitung beginnt für die Schüler nicht am Tag nach den Sommerferien, sondern zählt ab dem Monat, in dem sie in die Schule kommen.

„Es ist ein ständiges Kommen und Gehen. Die Kinder haben Anspruch auf ein volles Schuljahr im Intensivkursus. Erst nach Ablauf eines Jahres, egal wann das für sie begonnen hat, kommen sie in eine Regelklasse. Wenn Schüler sehr schnell Deutsch lernen, ermöglichen wir ihnen aber, neben der Vorbereitungsklasse schon früher in den Hauptfächern in die Regelklasse zu wechseln. Denn so kommen sie mit Muttersprachlern in Kontakt und lernen sehr schnell besser sprechen."

Die Schüler sind ehrgeizig

„Die meisten Schüler, besonders die Flüchtlingskinder, die viel Schweres erlebt haben, sind schon sehr erwachsen für ihr Alter. Sie sind immer wieder mit Situationen konfrontiert, in denen ihnen die Eltern nicht helfen können. Deshalb sind diese Kinder in vielem reifer als gleichaltrige deutsche Kinder, die behütet aufgewachsen sind.

Ich versuche, ihnen im Unterricht ein Stück Kindsein wieder zurückzugeben. Du bist Schüler, ich bin die Lehrerin, die Verantwortung liegt bei mir. Sie genießen es, normale Schüler zu sein, nicht mehr die Flüchtlinge.

Sie haben hohe Erwartungen an sich selbst. Die meisten sind sehr streng mit sich. Auch die Eltern erwarten von ihren Kindern sehr viel. Sie bekommen viel Druck von zu Hause. Ich höre immer wieder, dass Eltern zu ihren Kindern sagen: ‚Du musst lernen und lernen. Das ist deine einzige Chance.'

Die meisten Eltern machen alles, um ihren Kindern zu helfen. Auch wenn sie selbst Analphabeten aus bildungsfernen Familien sind, wollen sie, dass ihre Kinder fleißig in der Schule sind und damit eine Perspektive in Deutschland haben.

Leider gibt es aber auch einige Eltern, die sich nicht kümmern, die nicht zu Gesprächen in die Schule kommen. Das sind meist gerade die, bei denen es am nötigsten wäre. Aber ich kann sie nicht erreichen. Ich kann nur den Schülern sagen: ‚Ich möchte mit deinen Eltern sprechen.' Mehr kann ich nicht tun. Ich kann die Kinder ein Jahr lang unterstützen, ihnen intensiv Deutsch beibringen. Aber ich kann nicht die Erziehungsverantwortung übernehmen. Die liegt allein bei den Eltern."

Traumatisierte Kinder

Helene fragt die Schüler nicht gleich bei ihrer Einschulung nach ihrem Schicksal. Denn die Kinder haben zunächst genug zu bewältigen: die Ankunft in einem fremden Land, eine neue Umgebung und die Schule. Trotzdem merkt sie schnell, welche Kinder traumatische Erlebnisse durchgemacht haben.

„Sie sehnen sich nach Normalität, wollen nur noch Schüler sein. Aber sie schleppen ihre schlimmen Erfahrungen mit sich wie einen schweren Rucksack. Sie haben eine dünne Haut und sind sehr empfindlich. Das merkt man, wenn es um Konfliktsituationen mit anderen Schülern geht. Das kann ganz harmlos sein. Einer erzählt einen Witz, alle lachen, aber ein Flüchtlingskind fühlt sich angegriffen, obwohl es überhaupt nicht gemeint war.

Andere haben große Hemmungen zu sprechen oder stottern. Das hat meist psychische Ursachen. Wieder andere reagieren mit krassem Abwehrverhalten. Sie werden sofort aggressiv.

Diese Kinder haben sehr viel mitgemacht. Sie hatten Erlebnisse, die kein Mensch, erst recht kein Kind, haben sollte. Deshalb muss ich als Lehrerin viel Verständnis und Geduld aufbringen. Die Situation wird zusätzlich erschwert, weil sie in der Pubertät sind. In dem Alter haben viele Kinder Schwierigkeiten, sind emotional nicht stabil. Auch das muss ich berücksichtigen."

Bei einem Lehrer zeigen Jungen mehr Respekt

„Ich habe bisher keine schlechten Erfahrungen mit muslimischen Schülern gemacht. Aber ich weiß von Kolleginnen, die Schwierigkeiten haben, weil sich die Jungs von einer Frau nichts sagen lassen wollen.

Das ist mir noch nicht passiert. Allerdings beobachte ich, dass die Jungen anders reagieren, wenn ein Lehrer etwas sagt. Bei einem Mann gibt es keine Widerrede, da wird eine Anweisung ausgeführt. Wenn ich etwas sage, machen sie es auch, aber es gibt dann schon mal eine Diskussion, ob die Hausaufgaben wirklich sein müssen. Sie mosern rum oder grinsen, bis sie es dann machen. Bei einem Lehrer zeigen sie mehr Respekt.

Konflikte in der Klasse gibt es eher unter den Schülern. Denn die meisten kommen aus Krisenregionen und bringen ihre Konflikte aus der Heimat mit. Die werden dann auch in der Schule ausgetragen.

Schwierig gestaltet sich manchmal auch das Miteinander von muslimischen Schülern. Da kommt es zu Meinungsverschiedenheiten zwischen Kindern aus konservativen und progressiven Familien,

Helene (vorne) mit ihrer Schwester Anna, einem Nachbarsjungen und ihrer Cousine Swetlana (v. l.) in ihrem Dorf im Ural

zwischen Mädchen und Jungen. Viele wundern sich über das freie Leben in Deutschland, dass Eltern zum Beispiel nicht verheiratet sind.

Wenn es Streit gibt, reden wir in der Klasse offen darüber. So können wir die meisten Probleme regeln. Insgesamt sind die Differenzen aber kleiner als die Gemeinsamkeit, nach Deutschland gekommen zu sein, Flüchtling zu sein, hier als Minderheit zu leben. Meine Schüler wollen sich einleben, wollen dazugehören. Sie wollen normal sein."

Ausflug ins Schwimmbad

Die Klasse macht auch Ausflüge. Ein Ziel: das örtliche Hallenbad. Alle Schüler mussten mit. Wer nicht schwimmen wollte, sollte zumindest dabei sein.

„Einige pubertierende Mädchen haben sich nicht getraut, sich zu zeigen. Die muslimischen Mädchen haben sofort gefragt, ob es getrennte Bereiche für Männer und Frauen gibt. Als ich verneinte, wollten die meisten nicht schwimmen. Aber als wir da waren, haben sie gesehen, wie viel Spaß die anderen hatten, dass keiner guckt, dass es niemanden interessiert, wie sie angezogen sind. Daraufhin wollten viele Mädchen auch schwimmen. Sie haben mit dem Bademeister verhandelt, mit welcher Kleidung sie ins Becken dürfen. Denn wenn sie mit Leggings schwimmen, sind ihre Beine bedeckt. Es war toll mitzuerleben, dass fast alle schwimmen gegangen sind und Spaß hatten. Auch diejenigen, die nicht schwimmen konnten, haben fröhlich im Nichtschwimmerbecken geplanscht. Für sie war alles neu und aufregend, was für uns völlig normal ist.

Ich hatte auch einen Badeanzug an. Die Jungs konnten zuerst gar nicht hingucken, als sie mich sahen. Sie waren peinlich berührt und wussten nicht, wie sie sich verhalten sollten. Aber dann waren die Wasserrutschen sehr schnell viel interessanter. Da war mein Badeanzug kein Thema mehr.

Der Ausflug ins Hallenbad war eine tolle Erfahrung für die Schüler und auch für mich. Denn die ganze Welt war in einem Schwimmbad versammelt, und es hat funktioniert. Egal, wo jemand herkommt oder wie er aussieht, sie sind zusammen, sie haben Spaß und sind befreundet. Bei solchen Anlässen können wir von den Kindern lernen, wie es geht. Ein Miteinander ist möglich. Das ist herrlich zu sehen!"

Eine Aufgabe von großer gesellschaftlicher Relevanz

Die Schule ist der perfekte Ort, um Vorurteile abzubauen. Denn hier kommen alle Kinder zusammen. Sie lernen, dass die anderen auch ganz normale Kinder sind. Das gilt für beide Seiten.

„Deutsche, aber auch Schüler mit Migrationshintergrund, die in Deutschland aufgewachsen sind, haben Berührungsängste, wenn es um Flüchtlinge geht. Sie zählen sich zur Mehrheitsgesellschaft und grenzen sie aus. Da hilft nur die persönliche Begegnung in der Klasse. Dann dämmert allen die Erkenntnis: Die sind ja wie wir.

Auch den Flüchtlingen sage ich immer wieder: ‚Grenzt euch nicht ab. Sagt nicht: Wir sind die Flüchtlinge, das sind die Deutschen. Ihr macht es euch einfacher, wenn ihr nicht in Nationalitäten denkt. Wenn einer doof ist, heißt das nicht, sein ganzes Volk ist doof.

Ihr allein habt es in der Hand, es hier zu schaffen. Das ist eure Verantwortung. Das ist auch Aufgabe der Politik, der deutschen Gesellschaft, der Schulen, aber in erster Linie seid ihr selbst verantwortlich.'

Der Spracherwerb ist das Allerwichtigste, gefolgt von Bildung. Es ist deshalb notwendig, noch mehr Vorbereitungsklassen einzurichten, damit diese Generation nicht verloren ist. Ich freue mich, dass ich den Jugendlichen dabei helfen kann, sich zu integrieren. Das ist eine wichtige, schöne und anspruchsvolle Aufgabe von großer gesellschaftlicher Relevanz."

Helene H. hilft als Lehrerin, dass sich Flüchtlingskinder schnell integrieren.

MUKENDI M. – AUS DEN TROPEN IN DIE KÄLTE

Für eine gelungene Integration sind zwei Dinge vor allem erforderlich: Sprachkenntnis und Bildung. Denn nur wer fließend Deutsch spricht und eine qualifizierte Berufsausbildung hat, kann hier Arbeit finden und am gesellschaftlichen Leben teilnehmen. Kleine Kinder haben die besten Chancen. Denn sie lernen schnell und akzentfrei eine Fremdsprache. Wenn sie das deutsche Schulsystem von Anfang an durchlaufen, können sie anschließend eine Ausbildung oder ein Studium beginnen. Je älter sie sind, wenn sie nach Deutschland kommen, desto schwieriger wird es. Mukendi kam mit 16 Jahren hierher. Er konnte kein Wort Deutsch. Deshalb wurde er drei Klassen zurückgestuft und kam nicht aufs Gymnasium, sondern auf eine Realschule. Aber dank der Unterstützung engagierter Lehrer, seiner Eltern und Freunde spricht er inzwischen akzentfrei Deutsch, hat ein Einser-Abitur gemacht und will jetzt Informatik studieren.

Die Flucht des Vaters

Mukendis Familie stammt aus der Demokratischen Republik Kongo. Dieses riesige Land in Zentralafrika hat nach der blutigen kolonialen Vergangenheit unter belgischer Herrschaft bis heute keinen Frieden oder demokratische Freiheiten erfahren. Diktatoren wechseln sich ab, im Osten des Landes herrscht ein Bürgerkrieg um Rohstoffe. Obwohl der Kongo über enorme Bodenschätze verfügt, ist der Großteil der Bevölkerung bitterarm.

„Mein Vater hatte sich sehr früh entschieden, das Land zu verlassen, weil er politisch verfolgt war. Die politischen Zustände unter der Regierung Mobutu waren damals chaotisch, es gab Unruhen und Gewalt auf den Straßen. Eine Zeit lang gab es eine Regierung unter Mobutu und eine Gegenregierung unter Etienne Tshisekedi. Er war insgesamt dreimal für jeweils kurze Zeit Premierminister, wurde aber immer wieder gestürzt. Mein Vater war Anhänger der Partei von Etienne Tshisekedi. Das war bekannt. Er bekam deshalb Schwierigkeiten und verlor seine Stellung als Lehrer. Denn die Anhänger von Tshisekedi wurden verfolgt. Die Situation wurde für meinen Vater immer gefährlicher. Deshalb hat er 1998 den Kongo verlassen und in Deutschland Asyl beantragt. Meine Mutter und wir fünf Kinder blieben zurück. Ich war fünf Jahre alt."

Im Kongo werden verschiedene afrikanische Sprachen gesprochen. Allein in der Hauptstadt Kinshasa gibt es fünf Amtssprachen. Dazu gehört auch das von der ehemaligen Kolonialmacht Belgien übernommene Französisch.

„Wir haben zu Hause in Kinshasa zwei Sprachen gesprochen: das afrikanische Lingala und Französisch. Wir sind alle zweisprachig. Mein Vater wollte aber trotz seiner Sprachkenntnisse nicht nach Frankreich. Er fürchtete, dort als Kongolese diskriminiert zu werden. Denn dort leben viele Afrikaner aus den ehemaligen französischen Mittelmeer-Kolonien. Die sehen herab auf die Menschen aus Zentralafrika. Deshalb ging er nach Deutschland."

Die Abreise der Mutter

Mukendis Vater arbeitete in Deutschland und konnte deshalb Geld zu seiner Familie nach Kinshasa schicken. Die Mutter verdiente mit einem Kleiderstand auf dem Markt etwas dazu.

„Das hat eine Weile funktioniert. Aber dann konnte sie kaum mehr etwas verkaufen. Deshalb mussten wir aus unserer Wohnung ausziehen. Wir sind zu meiner Oma gezogen. Ihr Haus war zwar relativ groß, aber mit fünf Kindern war es trotzdem eng."

Nach neun Jahren konnte der Vater 2007 den Antrag auf Familienzusammenführung stellen für seine Frau und das jüngste Kind.

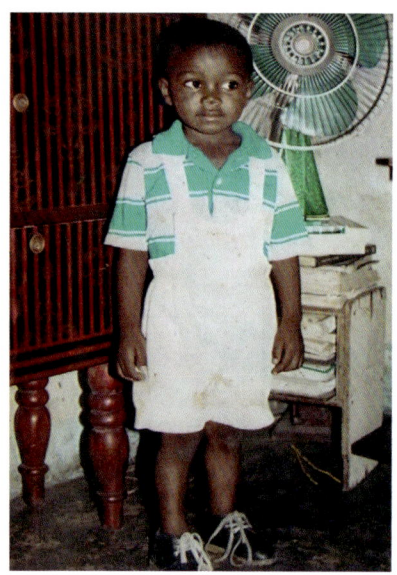

Als Mukendi ein kleiner Junge war, musste sein Vater fliehen.

„Die älteren Geschwister waren schon zu alt für die Familienzusammenführung. Ich hätte vom Alter her zwar auch nach Deutschland reisen können, aber mir fehlten die notwendigen Dokumente. Denn ich war nicht mehr im Pass meiner Mutter eingetragen, wie meine kleine Schwester hatte aber keinen eigenen Pass. Den hat meine Mutter beantragt. Aber die Wochen vergingen, der Tag ihrer Abreise kam, und ich hatte immer noch keinen Pass. So sind die beiden ohne mich geflogen. Zum Glück war ich nicht allein, ich hatte meine Großmutter, meine Tanten und meine älteren Geschwister."

Ein Jahr später konnte auch Mukendis ältere Schwester nach Deutschland ausreisen. Er hatte immer noch keinen Pass und blieb mit seinen beiden älteren Brüdern zurück.

„Meine Eltern konnten uns nicht besuchen. Ich konnte nur zweimal im Monat mit ihnen telefonieren. Diese Jahre ohne meine Eltern waren die düsterste Zeit meines Lebens."

Chaos im Kongo

„Die Lebensumstände im Kongo kann man mit einem Wort beschreiben: miserabel. Die Wirtschaft liegt am Boden, trotz all der Bodenschätze. Die politische Situation ist chaotisch. Im Osten des Landes herrschen kriegsähnliche Zustände. Milizen und Warlords kämpfen dort um Macht und Diamanten. Ich hatte in Kinshasa Klassenkameraden, die aus dem Osten geflohen waren. Sie erzählten, dass sie dort nachts nicht schlafen konnten, weil geschossen und eingebrochen wurde. Selbst tagsüber war es gefährlich auf den Straßen.

Aber auch im Westen des Landes gilt das Gesetz des Stärkeren. Wer etwas organisieren oder verdienen und sich durchsetzen kann, der tut es. Die anderen haben das Nachsehen und müssen sehen, wo sie bleiben. Es gibt eine große Kluft im Land: Ein paar Leute haben es geschafft und sind reich. Die meisten aber leben in bitterer Armut und einer bedrückenden Misere. Man kann nur von einem Tag zum nächsten leben. Wenn man sich abends schlafen legt, weiß man nicht, ob man am nächsten Tag genug zu essen hat.

Wenn man im Kongo berufliche Ziele hat, verliert man die Hoffnung, sie je erreichen zu können. Ich wollte unbedingt studieren.

Der Kongo

Der Kongo in Zentralafrika ist ein Land mit reichen Bodenschätzen, Edelmetallen und Diamantvorkommen. Das weckte das Interesse der europäischen Großmächte. Der belgische König Leopold II. schloss deshalb Verträge mit den diversen Stammesfürsten, um Zugang zu den Rohstoffen zu haben. Auf der Berliner Kongo-Konferenz 1884 wurde der Kongo der belgischen Krone als Privatbesitz zuerkannt. Die Belgier herrschten mit größter Brutalität in ihrer Kolonie. Die Bodenschätze wurden ausgebeutet, die Bevölkerung versklavt. Millionen starben, denn sie wurden als Zwangsarbeiter rücksichtslos verschlissen. Wer einen Aufstand wagte, wurde mit brutaler Härte und Gewalt bestraft. Am 30. Juni 1960 erklärte sich der Kongo für unabhängig. Aber das Land war nach den Jahrzehnten der belgischen Kolonialherrschaft zerstört. Es gab keine funktionierende Verwaltung oder politische Strukturen, auf die ein moderner, demokratischer Staat hätte gründen können. Das Land versank in Chaos und Bürgerkrieg. Durch einen Putsch ergriff 1961 Mobutu Sese Seko die Macht und regierte bis 1997 als Diktator. Unter seiner Herrschaft litt die Bevölkerung unter Korruption und Armut. Sein Nachfolger Laurent Désiré Kabila wurde nach vier Jahren im Amt ermordet. Seither ist dessen Sohn, Joseph Kabila, Präsident. Auch unter ihm hat der Kongo nicht zu Stabilität gefunden. Im Osten des Landes tobt seit Jahren ein Bürgerkrieg um den Besitz von Diamant- und Goldminen. Die Regierung hat dort die Kontrolle verloren. Diverse Milizen ziehen durchs Land und schikanieren die Bevölkerung. Millionen sind umgekommen oder geflohen. Der Konflikt wird weiter angeheizt durch die Gegensätze zwischen Hutu und Tutsi. Wie im Nachbarland Ruanda kommt es deshalb auch im Osten des Kongo immer wieder zu Massakern. Bis heute ist eine Befriedung dieses Landstrichs nicht in Sicht.

Aber ein Studium kostet in Kinshasa sehr viel Geld. Ohne wohlha-
bende Eltern, die ein Studium mehrere Jahre finanzieren können,
wäre es für mich nicht möglich gewesen."

Im letzten Moment gelingt die Ausreise

Nach jahrelangem Warten erhielt Mukendi im April 2010 endlich
seinen Pass. Im Mai wurde er 17 Jahre alt. Dann wäre er zu alt für
die Familienzusammenführung. Deshalb musste er sofort abreisen.

„Es gab nur diesen einen Moment, das Land zu verlassen. Entweder jetzt oder gar nicht mehr. Meine Eltern bezahlten das Flugticket, meine Brüder organisierten meine Ausreise. Sie haben alles
geregelt. Sie haben mir nichts erzählt, um mich nicht zu verunsi-
chern. Erst einen Tag vor der Abreise haben sie mir Bescheid gesagt,
dass ich am nächsten Tag nicht mehr zur Schule gehen brauchte. Ich
spürte eine große Erleichterung und war sehr glücklich. Ich war
froh, aus dem Kongo herauszukommen. Aber vor allem war es die
große Freude, meine Eltern, vor allem meinen Vater, nach all den
Jahren wiederzusehen.

Mukendi am Tag seiner Konfirmation
in Kinshasa

Meine älteren Brüder haben
inzwischen ebenfalls den Kongo
verlassen. Mein ältester Bruder
studiert Informatik in Frankreich.
Mein zweitältester Bruder arbeitet als Journalist in Südafrika."

Der Kongo liegt am Äquator.
Dort ist es immer tropisch heiß.
Mukendi besaß nur einen dün-
nen Pullover, den er auf Anraten
seiner Brüder auf der Reise trug.

„Die Kälte bei meiner Ankunft
in Frankfurt war ein Schock für
mich. Solche Temperaturen hatte
ich noch nie erlebt. Meine Ohr-
läppchen fühlten sich an wie erfroren. Dabei war es April. So

kalt kann es gar nicht gewesen sein. Aber mir kam es eisig vor. Das war alles vergessen, als ich endlich meine Eltern und meine Schwestern umarmen konnte. Das war ein herrlicher Moment."

Von der elften in die achte Klasse

In Kinshasa ging Mukendi in die elfte Klasse im Gymnasium. Ein Jahr später hätte er dort Abitur gemacht. Sein Vater ging mit ihm sofort nach seiner Ankunft zur Schulbehörde. Weil Mukendi kein Wort Deutsch sprach, hieß es dort, er müsse in die Hauptschule gehen.

„Meinem Vater war klar, dass ich mit einem Hauptschulabschluss niemals studieren könnte. Deshalb hat er alles versucht, um mich in eine höhere Schule zu bekommen. Er hat mit jedem geredet, alle um Hilfe gebeten, Freunde, Bekannte, Kollegen, Schulleiter, um mich gut unterzubringen. Dann hörte er, dass eine Realschule einen aufgeschlossenen Direktor hätte. Dort solle er es probieren.

Mein Vater ist gleich mit mir hingegangen. Der Schulleiter war sehr nett und hat versucht, im Gespräch herauszufinden, wie meine Sprachkenntnisse und mein Wissensstand sind. Dann hat er spontan entschieden, mir eine Chance zu geben. Da ich kein Deutsch konnte, sollte ich in die achte Klasse gehen. Das fand ich ärgerlich, weil ich im Kongo doch schon in der elften Klasse gewesen war. Bereits im Mai wurde ich eingeschult.

An meinem ersten Schultag habe ich mich der Klasse auf Englisch vorgestellt: ‚My name is Mukendi. I am from Kongo. I am 17 years old.' Die Schüler haben mich mit großen Augen angestarrt, denn die waren 13 oder 14 Jahre alt. Der große Altersunterschied war für beide Seiten schwierig. Die fanden mich uralt, und ich wusste nicht recht, wie ich mit ihnen umgehen sollte. Aber das hat sich schnell eingerenkt.

Am Anfang schrieb ich nur in Mathematik und den Naturwissenschaften die Klassenarbeiten mit. In Fächern, wo es auf die Sprache ankommt, wie Deutsch oder Geschichte, brauchte ich die Klausuren zunächst nicht zu schreiben. Ich beteiligte mich nur mündlich am Unterricht so gut es eben ging."

Sprachunterricht rund um die Uhr

Damit Mukendi so schnell wie möglich Deutsch lernte, erhielt er in der Schule zusätzlich Förderunterricht. Eine Lehrerin kümmerte sich intensiv in Einzelstunden um ihn.

„Sie hat mir sehr geholfen, so konnte ich die Grammatik schnell lernen. Außerdem hat eine Freundin meiner Eltern einmal die Woche nachmittags mit meinen Schwestern und mir Deutsch geübt. Sie hat besonderen Wert auf unsere Aussprache gelegt. Immer wieder mussten wir einzelne Wörter und Sätze üben, bis wir sie akzentfrei nachsprechen konnten. Meine Klassenkameraden haben mir auch sehr geholfen. Sie haben mich keine Sekunde aus den Augen gelassen, mit mir geredet, mich aufgefordert, etwas zu sagen. Das war ein positiver Druck, schnell Deutsch zu lernen, damit ich mich mit ihnen verständigen konnte."

Seine Eltern konnten ihm kaum helfen, denn sie sprechen beide nicht perfekt Deutsch. Trotzdem haben sie ihn angespornt, fleißig zu üben. Der Vater besorgte ihm Hörbücher, damit er mit dem Klang der deutschen Sprache vertraut wurde. Jeden Tag hörte sich Mukendi stundenlang die CDs an.

„Ich konnte sehr schnell Deutsch sprechen. Das liegt vielleicht auch daran, dass ich zu Hause schon mehrere Sprachen gelernt hatte. Im Kongo bin ich zweisprachig groß geworden. In der Schule hatte ich als dritte Sprache Englisch gelernt. Da fiel es mir nicht so schwer, eine weitere Sprache zu lernen. Außerdem war meine Motivation hoch: Ich wollte in der Schule vorankommen, um studieren zu können.

Drei Monate nach meiner Einschulung konnte ich mich schon auf Deutsch verständigen. Die Lehrer und meine Klassenkameraden konnten mich inzwischen gut verstehen, und ich habe auch schon Klassenarbeiten mitgeschrieben in Deutsch, Geschichte und Politik. Das ging immer besser.

Zu Hause mischen wir inzwischen alle Sprachen. Mit meiner jüngsten Schwester, die hier aufgewachsen ist, rede ich überwiegend Deutsch. Mit meinem Vater meistens Französisch und Lingala. Mit meiner Mutter und meiner älteren Schwester spreche ich alle drei Sprachen durcheinander."

Der Wechsel aufs Gymnasium

Bereits nach einem Jahr auf der Realschule hatte Mukendi so gute Noten, dass er aufs Gymnasium hätte wechseln können. Aber der Schulleiter war dagegen.

„Ich hätte den Wechsel geschafft. Aber er hat mir abgeraten. Er meinte, mein Deutsch wäre noch nicht gut genug. So würde ich die Abiturprüfungen vielleicht nicht bestehen, oder wenn, nur mit einer schlechten Note. Deshalb riet er mir, in der Realschule zu bleiben und die Mittlere Reife zu machen. Dann hätte ich noch ein Jahr Zeit, ein anspruchsvolleres Deutsch zu lernen. Damit wären meine Chancen größer, ein gutes Abitur zu machen.

Ich habe mich damals seinem Rat gefügt, obwohl ich eigentlich viel lieber gleich aufs Gymnasium gegangen wäre. Im Nachhinein muss ich aber sagen, dass er recht hatte. Er war ein wirklich guter, engagierter Lehrer, der mich und meine Situation völlig richtig eingeschätzt hat. Ich habe ihm deshalb sehr viel zu verdanken."

Mukendi schloss die zehnte Klasse in der Realschule ab und wechselte dann aufs Gymnasium. 2015 bestand er die Abiturprüfungen mit einem Schnitt von 1,9.

Mukendi und seine Geschwister: Mukuna, Tshibola, Mukendi, Beya und Kamuabo (v. l.)

„Jetzt möchte ich Informatik studieren. Auch wenn ich durch die Wiederholung der drei Klassen schon einige Jahre verloren habe, will ich trotzdem viel Zeit in meine Ausbildung investieren."

„Kriegst du auch Sonnenbrand?"

Mukendis Familie lebt in einer Kleinstadt im Süden des Ruhrgebiets. Dort gibt es nicht viele Afrikaner.

„In der Schule waren Jugendliche, die hatten noch nie einen Afrikaner aus der Nähe gesehen. Trotzdem gab es keinen Rassismus. Die Klassenkameraden waren neugierig und wollten zum Beispiel wissen, ob ich auch einen Sonnenbrand kriege. Damit konnte ich gut umgehen, denn sie haben mit ihren Fragen Interesse gezeigt.

Außerhalb der Schule kommen manchmal Sprüche, die vielleicht witzig gemeint sind, aber es nicht sind. Wenn einer beim Händewaschen sagt: ‚Egal, wie lange du reibst, die werden nicht weiß', dann ist das nicht mehr komisch.

Das schlimmste Erlebnis hatte ich in einem Supermarkt. Dort habe ich in den Ferien Regale gefüllt, um mein Taschengeld aufzubessern. Plötzlich sagt ein älterer Mann im Vorübergehen zu mir: ‚Scheißbrauner'. Das war das erste Mal, dass ich offenen Rassismus erlebt habe. Das war ein Schock. Ich konnte den ganzen Tag an nichts anderes mehr denken. Ich wollte mich nur noch in meinem Zimmer verkriechen, nicht mehr auf die Straße gehen. Aber dann habe ich mir überlegt, dass ich damit nur mir selber schade. Diesem Typen geht es nicht schlechter, wenn ich traurig und verletzt bin. Aber mir tut es nicht gut, immer wieder daran zu denken. Ich versuche inzwischen, es mit Humor zu nehmen. Denn wenn ich darüber lachen kann, dann ist es weniger schmerzhaft für mich. Vielleicht ist er ja nur neidisch auf meine Hautfarbe.

Mukendi pendelt zur Uni.

Die Menschen vergessen gern, dass der Homo sapiens, und damit jeder von uns, ursprünglich aus Afrika stammt."

In Deutschland liegt mir die Welt zu Füßen

„Mein Leben ist inzwischen halb deutsch, halb afrikanisch. Ich bemühe mich, viel von der deutschen Kultur zu übernehmen. Das sind manchmal ganz alltägliche Dinge, zum Beispiel der Händedruck. In Afrika berührt man die Hand des anderen nur ganz leicht, fast flüchtig. In Deutschland wird erwartet, dass man kräftig drückt. Das musste ich am Anfang richtig üben. Inzwischen gelingt mir der deutsche Händedruck. Die deutsche Pünktlichkeit funktioniert noch nicht so gut bei mir. Obwohl ich mich bemühe, pünktlicher zu werden.

Wenn es um Leistung und Arbeit geht, kann ich mich dagegen völlig mit der deutschen Einstellung identifizieren. Disziplin, Fleiß, Ehrgeiz – was das betrifft, bin ich deutsch.

Obwohl ich mich an das Leben in Deutschland anpasse, will ich meine Identität und Wurzeln behalten. Bei der Freizeitgestaltung, meiner Art zu tanzen, der Musik, die ich gern höre, da bin ich eher afrikanisch. Ich habe auch unsere Art beibehalten, locker auf andere zuzugehen. Auch der enge Zusammenhalt in afrikanischen Familien ist mir wichtig. In Deutschland sind viele Eltern getrennt, die Familien zerstritten. Da gefällt mir unser Familienleben besser.

Meine Mutter kocht nach wie vor afrikanisch. Da sie nicht alle Zutaten in unserem Städtchen bekommt, fahren meine Eltern am Samstag zum Großeinkauf nach Dortmund oder Essen. Dort gibt es Supermärkte, wo sie frisches Obst und Gemüse aus Afrika kaufen können, wie Kochbananen. In der Familie habe ich das Kochen deutscher Gerichte übernommen, Krustenbraten zum Beispiel. Wir sind Katholiken. Deshalb ist es für uns kein Problem, Schweinefleisch zu essen. Ich will die deutsche Lebensart kennenlernen.

Ich mag an Deutschland, dass man hier alle Chancen hat. Man hat so viel Auswahl, kann beruflich alles werden. Jede Ausbildung steht einem offen. Das finde ich toll. In Afrika ist das nicht möglich. In Deutschland dagegen liegt mir die Welt zu Füßen. Nur an eines kann ich mich auch nach all den Jahren nicht gewöhnen: die Kälte!"

KRISTINA D. – ALS DEUTSCHE NACH DEUTSCHLAND

Über Jahrhunderte lebten Deutsche in Russland. Adlige Baltendeutsche bekleideten hohe Ämter am Zarenhof in Sankt Petersburg. In den Städten lebten deutsche Händler und Handwerker. Auf dem Land ließen sich Bauern nieder und gründeten deutsche Dörfer. Die Deutschen genossen unter den russischen Zaren große Privilegien. Als nach dem Ersten Weltkrieg die Sowjetunion gegründet wurde, änderte sich das. Sie gehörten nun zu einer diskriminierten Minderheit. Als sich Ende der 1980er Jahre die Möglichkeit ergab, ins Land der Vorfahren zurückzukehren, nutzten deshalb viele Russlanddeutsche die Gelegenheit. Auch Kristinas Familie wanderte nach Deutschland aus. Obwohl sie Deutsche waren, kamen sie in ein ihnen fremdes Land mit einer fremden Sprache.

Eine deutsche Familie in Zentralasien

Kristina wurde in der damaligen kirgisischen Sowjetrepublik als jüngste von fünf Geschwistern geboren. Seit dem Zerfall der Sowjetunion 1991 ist das zentralasiatische Land ein eigener Staat. Kirgisistan grenzt im Norden an Kasachstan und im Süden an China. Kristinas Familie lebte seit Generationen in einem Dorf in der Nähe von Talas, einer Stadt nicht weit von der Grenze zu Kasachstan.

„Meine deutschen Vorfahren stammen aus Franken. Aber ich weiß nicht, warum sie nach Russland ausgewandert sind oder wann sie sich in Kirgisistan niedergelassen haben. Sie haben auch während des Zweiten Weltkrieges dort gelebt. Sie wurden nicht nach

Sibirien deportiert wie die Wolgadeutschen. Vielleicht, weil sie sowieso abgelegen am Rand des sowjetischen Imperiums lebten.

Unser Dorf war ursprünglich eine deutsche Gründung. Aber als ich geboren wurde, war davon nichts mehr zu spüren. Niemand sprach mehr Deutsch, auch mein Vater nicht. Er war völlig assimiliert. Trotzdem war er als Deutscher registriert.

Im Dorf lebten außer Kirgisen auch einige Russen. Zu ihnen gehörte auch meine Mutter. Meine Großmutter war zunächst gar nicht begeistert, dass ihre Tochter einen Deutschen heiraten wollte. Aber meine Mutter wischte alle Einwände beiseite. Sie war unsterblich verliebt in meinen blonden Vater mit seinen strahlend blauen Augen.

Die habe ich von ihm geerbt. Die Kirgisen sind Asiaten und dunkelhaarig. Da fiel ich mit meiner blassen Haut und meinen hellblonden Haaren sehr auf. Keiner sah so aus wie ich. Mir war nicht klar, dass ich anders aussehe, weil ich Deutsche bin.

Denn zu Hause haben wir keine deutschen Bräuche gepflegt. Es gab auch keinen Weihnachtsbaum, sondern, wie in Russland üblich, zu Silvester eine geschmückte Tanne. Die Russen kennen keinen Fasching. Deshalb verkleiden sich die Kinder zu Silvester. Das haben wir auch so gemacht. Meine Mutter war eine Künstlerin mit der Nähmaschine. Sie hat uns die tollsten Kostüme genäht."

Ein Bett unterm Kirschbaum

Das Leben auf dem Dorf war beschaulich und sehr ländlich, auch wenn die Stadt nah war. Die Familie besaß ein Haus mit Hof und Garten. Um Platz für die fünf Kinder zu schaffen, begann der Vater, ein zweites Stockwerk auszubauen. Im Hof gab es ein Plumpsklo und außerdem Ställe für Schweine und Hühner.

Kristina als Fuchs zu Silvester

„Wir hatten auch einen Hund und drei Katzen, aber keinen Esel. Viele Nachbarn hatten Esel. Die trugen das Obst zum Verkauf auf den Markt. Ich erinnere noch, dass ein Esel beladen mit Körben voller Granatäpfel an unserem Haus vorbeikam.

Es war alles sehr einfach bei uns. Das Haus wurde mit einem Holzofen geheizt. Wir hatten keine Waschmaschine. Stattdessen stellte meine Mutter drei große Bottiche auf. In denen weichte sie die Wäsche ein und rubbelte sie anschließend.

Meine Eltern bauten Obst und Gemüse an. Im Garten wuchs ein großer Kirschbaum. Darunter stand ein Bett, in dem wir im Sommer schlafen konnten. Denn in Kirgisistan herrscht ein extremes, trockenes Kontinentalklima. Im Sommer wird es sehr heiß, im Winter klirrend kalt."

Die Freundin stiehlt den Puppenwagen

Kirgisistan war eine der ärmsten Sowjetrepubliken. Ende der 1980er Jahre brach die sowjetische Wirtschaft zusammen. Hatte es vorher nur wenig zu kaufen gegeben, so waren die Läden jetzt leer.

Kristina besaß kaum Spielzeug.

„Es gab nichts mehr zu kaufen. Meine Eltern wurden zu Selbstversorgern. Zum Glück hatten wir den Garten und die Tiere. Damit hatten wir etwas zu essen und konnten auch tauschen. Ein Nachbar hatte Mais. Dafür bekam er von uns Eier. So kamen wir halbwegs über die Runden, wir mussten nicht hungern.

Aber was man nicht selbst herstellen oder tauschen konnte, hatte man nicht. Denn selbst Alltagsgegenstände waren nicht zu bekommen. Es gab keine Schuhe zu kaufen, keine Zahnbürsten, keine Zahnpasta, nichts. Auch die Regale in den Kleiderläden waren leer. Meine Mutter hat für uns Kinder alles selbst genäht.

Wie alle Kinder mochte ich Süßigkeiten. Aber auch die waren nur sehr schwer zu kriegen. Auf dem Markt war ein Stand, der verkaufte aus gefärbtem Zucker geformte kleine Hähne. Das war die einzige Süßigkeit, die es gab. Einmal habe ich einen Lolli geschenkt bekommen, das war etwas ganz Besonderes. Er ist mir aus der Hand gerutscht und in den Dreck gefallen. Da war ich natürlich untröstlich und habe geweint.

Obwohl wir genauso wenig besaßen wie alle anderen, wurden wir mehrfach ausgeraubt. Ich erinnere eine bedrohliche Situation, als mehrere Männer von der Straße in unser Haus eindrangen. Wir sind über den Hof durch den Hinterausgang geflohen. Ich rannte in Panik durch die Brennnesseln.

Selbst meine Freundinnen haben bei mir geklaut. Ich hatte zwar nur eine kaputte Puppe, aber ich besaß einen alten Puppenwagen. Er war mein ganzer Stolz. Den hat ein Mädchen einfach mitgenommen. Ihre Eltern haben dann behauptet, sie hätten ihn gekauft. Dabei war in Talas nirgends ein Puppenwagen zu bekommen. Dieses Stehlen war erniedrigend und furchtbar."

Die Stimmung wird feindselig

Zu Sowjetzeiten wurden die Kirgisen im eigenen Land diskriminiert, ihre Republik russifiziert, kirgisische Kultur und Bräuche unterdrückt. Russisch war Amts- und Schulsprache. Viele hohe Positionen hatten Russen inne. Das rächte sich, als Kirgisistan 1991 unabhängig wurde.

„Die Kirgisen waren wütend auf die Russen. Sie fühlten sich jahrzehntelang besetzt und unterdrückt. Jetzt sollten die Russen das Land verlassen. Die feindselige Stimmung wurde von der Politik und den Medien sehr befördert. Das übertrug sich auch auf unser Dorf. Nachbarn, neben denen wir jahrelang friedlich gelebt hatten, wurden uns gegenüber feindselig.

Der Zorn richtete sich eigentlich gegen die Russen und nicht gegen die Deutschen. Aber es wurde kein Unterschied gemacht.

Alle, die keine Kirgisen waren, wurden bedroht. Wir gehörten zur falschen Gruppe, und deshalb haben sie ihre Wut an uns ausgelassen. Ich habe mich im Kindergarten nicht mehr wohlgefühlt. Meine Brüder wurden in der Schule verprügelt. Wir durften nachmittags auch nicht mehr auf den Sportplatz, um mit den anderen Kindern zu spielen."

Kristinas Eltern beschlossen deshalb, Kirgisistan zu verlassen. Da die wirtschaftlichen Zustände in Russland nicht viel besser waren und damals dort politisches Chaos herrschte, entschieden sie sich, nach Deutschland auszuwandern.

Vorbereitung der Ausreise

„Von dem Moment an habe ich meine Eltern nicht mehr oft gesehen. Sie haben Tage und Wochen mit den verschiedenen Behördengängen verbracht.

Der älteste Bruder meines Vaters war schon vor uns nach Deutschland ausgewandert. Er hat uns geholfen. Trotzdem war es schwierig, die Ausreiseanträge zu stellen. Meine Eltern wollten nach Nordrhein-Westfalen. Denn dort lebte jetzt mein Onkel, und in einer solchen Situation sucht man die Nähe von Verwandten. Außerdem hatte er erzählt, wie schön es dort sei.

Wir hatten kein Telefon. Wenn meine Eltern mit dem Onkel telefonieren wollten, mussten sie zu Nachbarn gehen und dafür bezahlen. Ferngespräche musste man damals mehrere Tage im Voraus anmelden. Bei jedem Gespräch haben sie sich mit dem Onkel für das nächste Telefonat verabredet, damit sie auch ja pünktlich bei den Nachbarn waren."

Um die Reise zu finanzieren, verkauften Kristinas Eltern alles, was sie nicht mitnehmen konnten: Haus und Hof, Tiere und Möbel.

„Ich war fünf Jahre alt, als wir die Heimat verließen. Ich habe das alles so hingenommen. Als kleines Kind macht man ja alles mit, was die Eltern sagen. Wenn es heißt, du musst deine Sachen packen, dann packst du eben deine Sachen."

Die Familie fuhr mit dem Zug nach Moskau und flog von dort nach Deutschland.

Das erste Kuscheltier

Sie kamen am 26. Oktober 1992 in ein Erstaufnahmelager in Nordrhein-Westfalen.

Kristina in Talas kurz vor der Ausreise

„Es gab mehrere große Gebäude. Ich glaube, es war eine alte Kaserne. Wir wurden mit mehreren anderen Familien in einem großen Zimmer untergebracht, das voller Hochbetten stand. Es gab eine Dusche für alle. Essen wurde in einer riesigen Kantine ausgegeben. Als Nachtisch gab es immer Mandarinen. Die anderen Bewohner im Lager hatten keinen Appetit mehr auf Mandarinen und haben sie liegengelassen. Wir Kinder haben sie eingesammelt und gegessen. Außerdem wurde Saft im Getränkekarton verteilt. Der hatte einen bestimmten Geruch. Wenn ich den heute rieche, sehe ich sofort wieder dieses Lager vor mir.

Nach unserer Ankunft gingen wir alle in eine Kirche. Dort gab es einen feierlichen Empfang für uns. Wir waren viele Kinder im Lager, deshalb wurde für uns eine Kiste mit Spielzeug an den Altar gestellt. Das hatte die Bevölkerung für uns gespendet. Die Kinder haben sich auf diese Kiste gestürzt.

Auch meine Geschwister bekamen Spielzeug. Aber ich war zu schüchtern und habe mich nicht getraut, nach vorn zu gehen. Mein Bruder hat dann für mich einen Affen ausgesucht. Das Äffchen war pink und blau und hatte nur ein Auge. Ich habe es geliebt. Das war das erste Kuscheltier meines Lebens. Zu Hause hatte ich ja nur die kaputte Puppe und den Puppenwagen gehabt.

Jetzt besaß ich den bunten Affen. Ich war beschäftigt und glücklich, denn ich hatte etwas, womit ich spielen konnte. Deshalb habe ich unsere schwierigen Lebensumstände in dem Lager nicht so wahrgenommen."

Ich war so klein, als wir nach Deutschland kamen, ich habe mich sofort integriert und Freunde gefunden.

KRISTINA D.

Deutsch lernen mit „Memory" und Kinderliedern

Die Quote an Russlanddeutschen, die Nordrhein-Westfalen aufnehmen konnte, war bereits erfüllt, als Kristinas Familie ankam. Deshalb wurden sie verlegt nach Neumünster in Schleswig-Holstein. Einen Monat lang lebten sie dort in einem Erstaufnahmelager. Da es in Neumünster keine freien Sozialwohnungen gab, wurden sie weitergeschickt nach Altenholz in der Nähe von Kiel.

„Ich ging dort erst ein halbes Jahr in den Kindergarten und dann noch in die Vorschule. So hatte ich die Chance, Deutsch zu lernen, bevor ich in die Schule kam. Wäre ich direkt in die erste Klasse gekommen, hätte ich dem Unterricht nicht folgen können und bestimmt Schwierigkeiten gehabt, denn als wir ankamen, sprach ich kein Wort Deutsch."

Im Kindergarten kümmerten sich die Erzieherinnen intensiv um Kristina.

„Sie haben sich sehr viel Zeit für mich genommen, mit mir Kinderlieder gesungen und mir die Texte so beigebracht, dass ich sie verstand. Sie haben auch viel *Memory* mit mir gespielt. Da lernte ich, wie die Gegenstände auf den Karten auf Deutsch heißen.

Auch in der Vorschule habe ich intensiv Deutsch gelernt. Eine Lehrerin hat mit mir separat geübt. So habe ich sehr schnell große Fortschritte gemacht.

Als ich eingeschult wurde, konnte ich schon fließend sprechen. In meiner Klasse war ein Mädchen aus Bosnien, das musste neben dem Unterricht noch in einen Förderkursus Deutsch. Ich bekam diese zusätzlichen Stunden nicht. Das heißt, mein Deutsch muss schon gut genug gewesen sein.

In der zweiten Klasse kam ein russischer Junge zu uns in die Schule, der konnte gar kein Deutsch. Da hat mich die Lehrerin bestimmt, ihm zu helfen. Offensichtlich sprach ich dann schon so gut, dass ich das konnte.

Für meine älteren Geschwister war es schwieriger. Sie haben nicht so schnell Deutsch gelernt wie ich. Sie hatten zuerst auch Heimweh und haben ihre Freunde in Talas vermisst. Meine Geschwister gingen in die Schule am Ort, das war eine Grund- und Hauptschule. Meine Eltern kannten das deutsche Schulsystem nicht, es ist ganz anders als in Russland. Sie wussten nicht, dass ihre Kinder besser aufs Gymnasium gegangen wären. Trotzdem haben alle Abitur gemacht und studiert."

Kristinas Eltern sprachen ebenfalls kein Deutsch. Sie besuchten deshalb jeden Morgen Kurse an der Volkshochschule.

„Mein Vater hat es besser gelernt als meine Mutter. Vielleicht hatte er es in den Genen. Zu Hause haben wir dann nur noch Deutsch miteinander geredet, um es schneller zu lernen. Das haben wir bis heute beibehalten. Dabei fände ich es schön, wenn wir auch mal Russisch reden würden, denn ich vergesse es allmählich."

Kristinas Vater war es wichtig, dass sich die Familie so schnell wie möglich in Deutschland integrierte.

Spielen und Malen statt Lernen

„Die Grundschule war zu Fuß erreichbar. Zur Einschulung bekam ich eine Schultüte, wie es in Deutschland üblich ist. Die konnte ich nur mit Mühe halten, weil ich einen Gipsarm hatte. Meine Mutter hatte mich im russischen Stil angezogen: Ich trug einen blauen Rock mit weißer Bluse und eine riesige Schleife im Haar. Die hatte meine Mutter mir gebunden, denn in Russland tragen alle kleinen Mädchen so große Schleifen zu festlichen Anlässen. Meine deutschen Klassenkameraden haben ziemlich komisch geguckt, als sie meine Frisur sahen.

Meine Eltern hatten mir eingeschärft, brav und fleißig zu sein und auf das zu hören, was die Lehrerin sagt. Ich sollte mich gut benehmen, denn Schule und gute Noten waren ihnen wichtig. Sie wollten, dass ich viel lerne. Deshalb waren sie auch sehr erstaunt, als sie mitbekamen, dass wir im Unterricht am Anfang nur gemalt haben, dass wir Schüler viel Freiheit hatten. Sie waren fassungslos. Denn in der Sowjetunion sind die Schulen viel strenger. Da wird von der ersten Stunde an Wissen vermittelt. Die Kinder sollen möglichst schon vor der Einschulung lesen und rechnen können. Auch ich konnte schon viel für mein Alter. Ich war gut im Rechnen und konnte schon etwas Kyrillisch lesen und schreiben.

Deshalb habe ich mich in der Schule am Anfang ziemlich gelangweilt. Wie viele kleine Mädchen war ich sehr ehrgeizig, ich wollte etwas lernen. Spielen und Malen hat zwar Spaß gemacht, aber es war mir nicht genug. Trotzdem habe ich in der Klasse keinen Quatsch gemacht wie andere unterforderte Schüler. Ich habe auf meine Eltern gehört und war im Unterricht ruhig."

Zu Kristinas Schulfreundinnen gehörten andere Migrantenkinder und Deutsche. Sie hatten alle eine Gemeinsamkeit: Sie lebten in Sozialwohnungen.

Kristina mit ihrem Bruder Igor bei ihrer Einschulung

Ich habe als Jahrgangsbeste Abitur gemacht, Kommunikationsdesign studiert und Karriere gemacht. Und das, obwohl ich nicht hier geboren bin. Darauf bin ich stolz.

KRISTINA D.

„In meine Klasse gingen auch Mädchen aus den Villenvierteln, aber mit denen konnte ich nicht spielen. Sie gingen nach der Schule zum Klavier- oder Ballettunterricht oder zum Reiten. Wir dagegen verbrachten die Nachmittage draußen auf dem Spielplatz oder auf dem Rodelberg. Denn teure Hobbys konnten unsere Eltern nicht bezahlen. Der unterschiedliche Lebensstandard machte sich in unserem Alter sehr deutlich bemerkbar."

Borschtsch, Blini und andere russische Köstlichkeiten

„Unsere Familie hatte schon seit Generationen im russischen Reich gelebt, deshalb war uns Deutschland völlig fremd. Wir wurden zwar sofort eingebürgert, aber das bedeutete nicht, dass wir uns gleich mit den deutschen Bräuchen heimisch gefühlt hätten. Mein Vater war immer stolz, Deutscher zu sein. Er hat sich sehr viel Mühe gegeben, sich so schnell wie möglich zu integrieren. Trotzdem hat er Heimweh gehabt. Als wir in ein eigenes Haus zogen, hat er gleich eine Liege in den Garten gestellt, um im Sommer draußen zu schlafen wie in Talas. Meine Mutter hatte weniger Heimweh als er. Ihr war es wichtiger, dass wir Kinder hier in die Schule gehen, studieren können und gute Chancen für die Zukunft haben. Sie ist eine sehr starke und tapfere Frau und hat die Familie zusammengehalten.

Wir haben die russischen Bräuche in Deutschland nicht mehr gepflegt. Wir haben uns nicht mehr zu Silvester verkleidet und sind um den Baum getanzt, sondern schmückten wie die Deutschen an Weihnachten die Tanne. Wir haben hier auch gelernt, zu Ostern Eier aufzuhängen. Das macht man in Russland nicht. Die Verwandten meiner Mutter sind aus Kirgisistan nach Russland gezogen. Als wir

ihnen Fotos von uns schickten, auf denen im Hintergrund ein ge-
schmückter Baum mit Ostereiern zu sehen war, kam die erstaunte
Frage: ‚Wieso hängt ihr bunte Plastikeier in Bäume?'"

Eines aber hat Kristinas Mutter beibehalten: Sie kocht nach wie
vor russische Spezialitäten wie Borschtsch, Rote-Bete-Suppe, Blini,
kleine Buchweizen-Pfannkuchen, oder Plow, ein mit Lamm, Karot-
ten, Aprikosen und Knoblauch gewürztes Reisgericht. Vor allem
macht sie verschiedene Teigtaschen: Vareniki, mit Obst oder Quark
gefüllte süße Teigtaschen oder die salzige Variante mit Kartoffeln
und Zwiebeln, und Manti, mit Kohl gefüllte Teigtaschen, die ge-
dämpft werden. Wenn sibirische Pelmeni auf dem Speiseplan standen, saß die ganze Familie um den Küchentisch und half. Denn Pelmeni, mit Hackfleisch gefüllte Teigtaschen, machen sehr viel Arbeit.

„Es hat uns viel Spaß gemacht. Einer rollt den Teig aus, der
nächste sticht ihn aus, der dritte formt kleine Fleischbällchen, der
vierte verschließt die Pelmeni. Wenn alle zusammensitzen und gemeinsam etwas produzieren, schmeckt es hinterher umso besser.
Auch meine Freundinnen kamen immer gern zum Essen zu uns, weil
meine Mutter so gut kocht."

Die Familie mit Kristina im Vordergrund: Maxim, Artom, Mutter und Vater,
Margareta und Igor (v. l.)

Was wäre in Kirgisistan aus mir geworden?

„Die russische Gastfreundschaft habe ich von meiner Mutter übernommen. Wenn Gäste zu mir kommen, gibt es nicht nur Chips und
Salzstangen. Für meine Freunde koche ich, alle setzen sich zum Essen an den Tisch, das gehört zu meiner Kultur.

Ich bin Deutsche, ich bin hier aufgewachsen und zu Hause. Trotzdem finde ich es schön, dass ich andere Wurzeln habe. Denn damit
können mich die Leute nicht so einfach in eine Schublade stecken:
blond, blauäugig, norddeutsch. Wenn andere das beim ersten Sehen
von mir denken, sage ich ganz bewusst: ‚Ich bin in Kirgisistan geboren.' Denn das ist für Deutsche völlig exotisch. Die wenigsten würden es auf der Landkarte finden. Ich merke jedes Mal, dass sie mich
dann mit anderen Augen sehen, sich interessieren, und zwar für
mich als Individuum, nicht für mich als Klischee-Norddeutsche.

Ich könnte mir auch vorstellen, für ein paar Jahre nach Russland
zu gehen, dort zu arbeiten und zu leben. So könnte ich meinem
mütterlichen Erbe gerecht werden. Noch einmal in Kirgisistan zu
leben, kann ich mir dagegen nicht vorstellen, auch wenn ich Talas,
unser Dorf und das Haus gern noch einmal sehen würde.

Ich habe generell kein Problem, ins Ausland zu gehen. Ich weiß
schließlich, wie es geht. Ich habe es schon einmal geschafft, da wird
es mir bestimmt wieder gelingen, in einem anderen Land zurechtzukommen. Das würde mir auch leichtfallen, weil ich mehrere
Sprachen spreche. Außerdem bin ich offen für andere Sitten und
Gebräuche, denn ich bin selbst in zwei Ländern mit zwei Kulturen
aufgewachsen. Da lernt man Toleranz und Respekt vor anderen und
ihrem Lebensstil.

Ich bin sehr dankbar, dass meine Eltern sich entschieden haben,
nach Deutschland zu gehen. Ich hatte eine total schöne Kindheit.
Meine älteren Geschwister sind auch froh, dass wir nach Deutschland gekommen sind. Keiner von uns hat es je bereut oder hat Heimweh.

Ich bin glücklich, dass ich hier lebe, denn Deutschland hat so viel
zu bieten, mir so viele Chancen gegeben und ein Studium ermöglicht. Was wäre denn auf dem Dorf in Kirgisistan aus mir geworden?
Vielleicht eine Ziegenmelkerin!"

INTEGRATION DURCH SPORT
DER TRAUM VON DER FUSSBALLKARRIERE

Sport ist international. Weltweit gelten in den verschiedenen Sportarten die gleichen Regeln. Ob Turnen, Eiskunstlauf oder Leichtathletik: Menschen aus den unterschiedlichsten Herkunftsländern können ohne Sprachbarrieren gemeinsam Sport treiben. Denn im Sport zählen allein Talent und Können. Im Zweifelsfall reicht es aus, einige Wörter und Fachbegriffe auf Deutsch zu beherrschen, um die Anweisungen des Trainers zu verstehen. Das gilt für sportbegeisterte Amateure genauso wie für Profis.

Auch für Flüchtlinge bietet ein Eintritt in einen Sportverein eine hervorragende Möglichkeit, Deutsche als Vereinskameraden näher kennenzulernen, Deutsch zu sprechen und sich zu integrieren.

Im Sport werden Werte vermittelt, die im Leben allgemein und bei der Integration im Besonderen helfen: Ehrgeiz, Einsatz, Disziplin, Fair Play und Respekt. Bei Mannschaftssportarten wie Basketball und Fußball kommt neben dem Kampfgeist noch das Zusammenspielen im Team dazu. Wer es im Sport schafft, sich zu integrieren, dem wird die Integration auch in anderen Lebensbereichen leichter gelingen.

Weil dem Sport bei der Integration eine so überragende Bedeutung zukommt, bemühen sich deutsche Vereine und Sportorganisationen intensiv darum, Menschen mit Migrationshintergrund an den sportlichen Aktivitäten teilhaben zu lassen. So trainieren die Berliner Handballklubs Flüchtlingskinder. „Denn Sport hat als Teil der Bildung einen wichtigen Stellenwert für die Integration", betont die Berliner Bildungssenatorin Sandra Scheeres. „Hier lernen die Kinder Teamgeist und tanken Selbstbewusstsein."

Flüchtlingskindern bietet der Sport eine Möglichkeit, ihre Ängste und Sorgen zu vergessen. Deshalb hat die DFB-Stiftung Egidius Braun mit der deutschen Nationalmannschaft und Aydan Özoguz, der Integrationsbeauftragten der Bundesregierung, das Projekt „1:0 für ein Willkommen" ins Leben gerufen. Vereine erhalten eine finanzielle Unterstützung für ihre Flüchtlingsarbeit. Ursprünglich für 600 Vereine geplant, beteiligen sich bereits 1750 Vereine.

Fußballstars als Vorbilder

Wie international Sport ist, zeigt sich besonders deutlich beim weltweit beliebtesten Mannschaftssport: Fußball. In allen Fußballvereinen kämpfen Profis aus den verschiedensten Herkunftsländern gemeinsam um den Sieg ihrer Mannschaft. Für Fußballspieler ist es normal, von Deutschland nach England, Italien oder Spanien zu wechseln und umgekehrt.

Wie gut die Integration beim Fußball funktioniert, zeigt sich auch bei der deutschen Nationalmannschaft, in der etliche Fußballer mit Migrationshintergrund spielen. Miroslav Klose wurde in Polen geboren und kam mit sieben Jahren nach Deutschland. Mesut Özils Großeltern zogen als Gastarbeiter aus der Türkei ins Ruhrgebiet. Sami Khedira hat einen tunesischen Vater.

Sie alle wurden spätestens mit dem Gewinn der Weltmeisterschaft 2014 in Brasilien zu Nationalhelden. Diese Fußballstars sind damit auch Vorbilder für sportbegeisterte Jugendliche mit Migrationshintergrund. Denn sie zeigen, dass es mit Talent, Können und Fleiß möglich ist, Karriere im Fußball zu machen und gesellschaftliche Anerkennung zu bekommen.

Gerade deshalb sorgt es immer wieder für Irritationen, wenn Fußballer mit Migrationshintergrund bei Länderspielen vor dem Anpfiff die deutsche Hymne nicht mitsingen. Der Deutsche Fußballbund (DFB) gibt sich bei dieser Frage tolerant: „Zwar ist es unser Wunsch, dass die Spieler mitsingen, und dies ist ihnen auch bekannt, aber wenn es nur ein Teil der Mannschaft tut, müssen wir das akzeptieren. Es gehört zu den Stärken eines freiheitlichen, demokratischen Staates, dass jeder selbst entscheiden kann, ob er die Hymne mitsingt oder nicht."

„No to Racism"

Seit 2007 verleiht der DFB einen Integrationspreis für vorbildliche Vereins-, Schul- und Projektarbeit, wobei vor allem Wert gelegt wird auf die Gewinnung Ehrenamtlicher verschiedener Herkunft, die Vernetzung von Vereinen, Schulen und Migranten-Organisationen sowie das Veranstalten von Turnieren und anderer interkultureller Aktivitäten zur Integrationsförderung.

Auch der Deutsche Olympische Sportbund (DOSB) bemüht sich mit dem Programm „Integration durch Sport" intensiv um Menschen mit Migrationshintergrund, indem er Vereine und Verbände bei ihrer Arbeit unterstützt.

Trotz aller offensichtlichen Erfolge bei der Integration durch Sport gibt es Menschen, die Sportler mit Migrationshintergrund nicht akzeptieren. So wurde der Fußballnationalspieler Jérôme Boateng, dessen Vater aus Ghana stammt, im Stadion rassistisch beschimpft. Der Kontrollausschuss des DFB leitet bei solchen Vorkommnissen ein Ermittlungsverfahren ein. Wenn der Täter ermittelt wird, drohen ihm Stadionverbot und ein Strafantrag. Der europäische Fußballverband UEFA bestraft Vereine, deren Fans rassistische Parolen brüllen. Sie müssen dann ohne Publikum spielen oder laufen Gefahr, von Turnieren ausgeschlossen zu werden.

Die Sportorganisationen verurteilen Rassismus und gehen entschieden dagegen vor. Die UEFA rief die „No to Racism"-Kampagne ins Leben. Denn nicht nur bei Olympischen Spielen gilt: Die Herkunft spielt keine Rolle. Dabei sein ist alles!

MASOOD H. – EIN FLÜCHTLING KANN ALLES ERREICHEN

Masood träumte wie viele fußballbegeisterte Jungen von einer Karriere als Profi. Aber eine schwere Knieverletzung machte seinen Traum zunichte. Fußballspielen ist seitdem für ihn ein Hobby. Außerdem trainiert er einmal die Woche ehrenamtlich jugendliche Flüchtlinge, die wie er aus Afghanistan stammen. „Ich weiß, was sie durchmachen, ich habe es selbst erlebt. Ich weiß auch, wie wichtig der Sport für sie ist. Denn beim Fußball können sie sich nicht nur austoben, sie lernen auch Teamarbeit und das Einhalten von Regeln." Die Jugendlichen sind ins Land des Weltmeisters gekommen. Viele träumen davon, Fußballstars zu werden. Masood gibt ihnen die Möglichkeit, ihren Lieblingssport in Deutschland auszuüben.

Eine emanzipierte Frau in Afghanistan

„Trägt deine Mutter Burka?" Die Frage wird Masood oft gestellt, wenn er erzählt, dass er Afghane ist.

„Wie kommen die darauf? Da sieht man, wie weitverbreitet Vorurteile sind. Meine Mutter ist eine starke, emanzipierte Frau, wieso sollte sie Burka tragen? In Afghanistan hatte sie so gute Schulnoten, dass sie ein Stipendium für das Studium in Russland bekam. Denn damals war Afghanistan von der Sowjetunion besetzt. Für junge Mädchen war es unüblich zu studieren, erst recht nicht im Ausland. Frauen sollten zu Hause bleiben, heiraten und Kinder kriegen. Viele haben damals getuschelt: ‚Was ist das für eine, die allein ins Ausland will?' Aber mein Großvater war ein fortschrittlicher Mann. Er hat ihr das Studium ermöglicht. Denn mit einer guten Ausbildung hatte sie größere Chancen auf einen qualifizierten Job. Allerdings verlangte er, dass sie gute Noten schrieb und ledig zurückkam."

Masoods Mutter erfüllte beide Bedingungen. Sie studierte fleißig, denn sie wollte das in sie gesetzte hohe Vertrauen ihrer Familie nicht enttäuschen. Zurück in Afghanistan begann sie, als Sprachlehrerin zu arbeiten.

Der Großvater wird ermordet

Als die Mudschaheddin 1992 an die Macht kamen, änderte sich das Leben von Masoods Familie dramatisch. Der Großvater, der Polizist war, wurde ermordet, ein Onkel von den Mudschaheddin verschleppt. Zwanzig Jahre gab es kein Lebenszeichen von ihm. Erst vor wenigen Jahren erfuhr die Familie, dass er ebenfalls von den Mudschaheddin ermordet worden war.

Die Mudschaheddin führten eine radikale Auslegung der Scharia, der islamischen Rechtssprechung, ein. Masoods Mutter durfte nur noch in Begleitung eines männlichen Verwandten aus dem Haus gehen. Auf der Straße musste sie die Burka tragen. In den ersten

Afghanische Frauen werden gezwungen, die Burka zu tragen.

Tagen fiel sie mehrfach hin. Denn bei der Burka hat auch der schmale Sehschlitz ein enges Gitter. Sie konnte kaum atmen und ihr wurde schwindelig, weil sich bei 40 Grad im Sommer die Hitze unter den Stoffmassen staute. Schon bald durfte sie nicht mehr arbeiten.

„Mein Land hat unter der sowjetischen Besatzung entsetzlich gelitten. Es war ein furchtbarer Krieg mit Hunderttausenden zivilen Opfern. Aber für die Frauen war es damals gut. Sie mussten sich nicht verschleiern, konnten arbeiten und genossen alle Freiheiten. Da zeigt sich, dass es in jeder Situation Vor- und Nachteile gibt. Unter den Mudschaheddin waren die Frauen dagegen völlig rechtlos. Sie hatten Angst, es gab keinerlei Sicherheit."

Afghanistan

Afghanistan liegt strategisch wichtig im Mittleren Osten. Erst 1921 wurde ein unabhängiger afghanischer Staat unter der Führung eines Schahs geschaffen. Aber das gebirgige Land ist bis heute politisch instabil. Eine Ursache dafür ist, dass sich die Bevölkerung aus verschiedenen Stämmen zusammensetzt. Sie pflegen ihre eigene Kultur und Sprache und sind miteinander verfeindet. Der letzte afghanische Schah wurde 1973 gestürzt. Fünf Jahre später kam die sozialistische Khalq-Partei an die Macht. Wegen fortwährender Unruhen rief sie die Sowjetunion um Hilfe. Die marschierte 1979 in Afghanistan ein. Die sowjetischen Truppen verloren gegen die von den USA und Saudi-Arabien unterstützten islamischen Kämpfer, die Mudschaheddin. Die Sowjetunion zog ihre Truppen 1989 aus Afghanistan zurück.

Die Mudschaheddin übernahmen 1992 die Macht und verwandelten Afghanistan in einen islamischen Staat. Dies ging einher mit einer radikalen Auslegung des Islam. Allerdings gab es keinen Frieden, weil sich die verschiedenen Mudschaheddin-Stämme bekämpften. Aus diesen Kämpfen gingen die islamistischen Taliban als starke Macht hervor und gründeten 1996 in dem von ihnen beherrschten Gebiet ein islamisches Kalifat, begingen Massaker an der Zivilbevölkerung und entrechteten die Frauen. Die Terrororganisation Al-Qaida unter ihrem Anführer Osama bin Laden unterstützte die islamistischen Taliban. Nach den von Al-Qaida verübten Anschlägen vom 11. September 2001 in den USA marschierten US-Truppen in Afghanistan ein und vertrieben die Taliban von der Macht. Wegen der schlechten Sicherheitslage sind bis heute US- und NATO-Truppen in Afghanistan stationiert.

Die Ermordung der Verwandten war für Masoods Familie das Warnsignal. Ihnen drohte weitere politische Verfolgung. Sie mussten Afghanistan noch im gleichen Jahr verlassen.

Barfuß über die Grenze

Die Eltern verkauften alles, Haus, Möbel und das Auto, um die Flucht zu finanzieren. Die Schlepper verlangten für eine Familie mit drei kleinen Kindern die doppelte Summe. Denn Kinder gehen langsam, weinen leicht und erhöhen so das Risiko, beim illegalen Überqueren der Grenzen erwischt zu werden.

Obwohl seine Mutter in Russland studiert hatte, wollte sie nicht in die Sowjetunion fliehen, denn dort waren Afghanen nicht willkommen. Schließlich waren während der sowjetischen Besatzung rund 15 000 russische Soldaten in Afghanistan gefallen und mehr als 50 000 verwundet worden.

„Es gab deshalb dort einen großen Hass auf Afghanen. In Russland hätten wir nicht in Frieden leben können. Zuerst sind wir mit dem Bus über die Gebirgspässe nach Pakistan gefahren. Das dauerte sehr lange, aber wir konnten ohne Visum dorthin."

Die Schlepper besorgten ihnen Visa und Flugtickets für die Tschechoslowakei.

„Wir sind nach Prag geflogen. Dann fuhren Schlepper uns mit einer Gruppe Flüchtlinge mit dem Auto in die Nähe der deutschen Grenze. Dort wurden wir ausgeladen und mussten zu Fuß weiter. Die Schlepper führten uns durchs Erzgebirge. Meine Mutter hatte Milch für uns Kinder dabei und eine Packung Kekse. Bald waren ihre Füße vom stundenlangen Laufen durch den Wald so wund, dass sie barfuß weiterging. Auf den Armen trug sie meine kleine Schwester, die noch ein Baby war. Wenn meine Schwester anfing zu weinen, gab ihr meine Mutter das Fläschchen, damit sie ruhig war und uns nicht verriet. Mein Bruder und ich liefen so lange wir konnten oder wurden von unserem Vater und anderen Flüchtlingen getragen. Ich war drei Jahre alt und weiß vieles nicht mehr von unserer Flucht. Aber an die Angst und Panik, die wir die ganze Zeit hatten, kann ich mich sehr gut erinnern."

Der Schlepper brachte sie mitten in der Nacht zu einem Autobahnparkplatz.

„Er sagte: ‚Ihr seid jetzt in Deutschland.' Wir sollten mit einem Lastwagen nach Berlin gebracht werden. Aber meine Eltern wollten nach Hamburg, weil sie dort Verwandte hatten. Deshalb haben sie sich von der Flüchtlingsgruppe getrennt. Mein Vater kann Usbekisch, eine Turksprache. Er sprach einen Türken auf dem Rastplatz an, der uns nach Hamburg zum Hauptbahnhof fuhr. Dort ist eine Polizeistation. Meine Eltern gingen sofort hinein und beantragten Asyl. Wir wurden sehr schnell als politische Flüchtlinge anerkannt."

Ein Siebenjähriger erklärt die Bürokratie

Die Familie war nur wenige Wochen in einem Asylbewerberheim in Hamburg untergebracht. Dann erhielten sie eine Sozialwohnung in Bremen.

„Verwandte von uns lebten lange in Asylunterkünften, weit abgelegen von irgendeinem Ort. Dort teilten sich ganze Familien ein Zimmer in einem Container. Es gab Gemeinschaftsduschen und eine Küche für alle. Wir hatten Glück, dass wir so schnell eine Wohnung bekamen."

Masood und seine Geschwister kamen in Bremen in den Kindergarten, ohne ein Wort Deutsch zu sprechen.

„Ich war so klein, ich habe es sehr schnell gelernt. Für meine Eltern war es viel schwieriger. Sie haben sich jahrelang sehr schwer getan. Das führte dazu, dass wir Kinder ihnen Deutsch beibrachten und für sie die Dolmetscher waren. Ich musste schon als kleines Kind meine Eltern auf Ämter begleiten, um

Masood als Kleinkind in Bremen

zu übersetzen. Eigentlich ist das eine komische Situation, wenn ein Siebenjähriger seiner Mutter erklärt, was sie tun, wo sie unterschreiben soll. Es wäre wichtig, dass die Behörden kostenlos Dolmetscher zur Verfügung stellen, damit das nicht die Kinder machen müssen. Ich konnte in vielen Aspekten kein Kind mehr sein, sondern musste schnell erwachsen werden.

Uns fehlte die Zeit, um draußen mit den anderen Kindern zu spielen. Wir konnten nach Schule und Mittagessen nicht einfach nur Hausaufgaben machen und uns dann mit Freunden treffen. Wir haben schnell gegessen und dann erst einmal unseren Eltern geholfen und für sie anstehende Behördengänge erledigt. Dann mussten wir unsere Hausaufgaben machen, wollten aber trotzdem auch noch spielen. Deshalb waren wir abends länger draußen als die deutschen Kinder."

Deutsches Familienleben am Wochenende

„Obwohl meine Mutter Lehrerin ist, konnte sie uns bei den Hausaufgaben nicht helfen, weil sie nicht gut genug Deutsch sprach. Sie hat darauf bestanden, dass wir fleißig waren in der Schule. Aber noch wichtiger war ihr unser Verhalten. Wenn wir mit einer schlechten Note nach Hause kamen, war das weniger schlimm, als wenn wir dem Lehrer gegenüber respektlos gewesen wären. Sie hat in ihrer Erziehung sehr darauf geachtet, dass wir uns gut benehmen, höflich und nett sind.

Die Lehrer haben uns sehr geholfen. In der Grundschule bekamen wir von ihnen Nachhilfe, um besser Deutsch zu sprechen. Außerdem haben sie uns am Wochenende zu sich eingeladen. Dort spielten wir mit ihren Kindern und lernten das deutsche Familienleben kennen.

Aber es gab auch Lehrer, die weniger Verständnis für uns hatten. Als ich Fachabitur machen wollte, hat ein Lehrer zu mir gesagt: ‚Wieso willst du weiter zur Schule gehen? Das schaffst du doch eh nicht.' Da habe ich gedacht: Vielen Dank für die Motivation, jetzt erst recht, dem zeige ich es. Man kann alles schaffen, man muss eben nur viel dafür tun."

Vom Religionsunterricht ausgeschlossen

„Fremdenfeindliche Sprüche habe ich in der Schule nie gehört. Seltsam war nur, dass ich als Muslim nicht am Religionsunterricht teilnehmen sollte. Die ganze Klasse hatte Unterricht, und ich wartete solange allein auf dem Schulhof oder wurde in einen anderen Raum gesetzt. Das habe ich damals nicht hinterfragt. Es war halt so.

Aber im Nachhinein finde ich es merkwürdig und nicht richtig. Der Religionslehrer hätte mich ja nicht missioniert. Aber ich lebe hier, da wäre es doch sinnvoll gewesen, etwas über den christlichen Glauben, die Normen und Werte zu erfahren. Es wäre besser, alle nähmen am Religionsunterricht teil und es würde über die verschiedenen Religionen gesprochen. Aber damals wurde ich einfach ausgeschlossen und habe mich als anders empfunden. Das war ein komisches Gefühl."

Irgendwie bin ich heimatlos

„Für mich ist Deutschland Heimat, auch wenn mich manche ausgrenzen. Ich sehe nicht typisch deutsch aus. Wenn ich sage, ich bin Deutscher, kommt oft die Frage: ‚Woher bist du eigentlich?'

Masoods Mutter bei einem Ausflug mit Mustafa, Masood und Sadaf (v.l.)

Aus Deutschland! Ich finde es nicht sehr angenehm, wenn das penetrant immer wieder hinterfragt wird.

Ich würde gern mal nach Afghanistan fahren, um mein Geburtsland kennenzulernen. Denn ich kann mich kaum daran erinnern, ich war zu klein, als wir flohen. Ich bin neugierig und will die Orte sehen, wo meine Familie gelebt hat, die Schule, an der meine Mutter unterrichtete. Aber ich bin mir sicher, dass die Afghanen mich als Ausländer bezeichnen werden. Ich spreche zwar Afghanisch, aber nicht so wie die Leute im Land. Ich kenne einige Bräuche, aber wie man sich dort verhält, weiß ich nicht. Ich bin zwar in Afghanistan geboren, gehöre aber auch nicht mehr dahin. Die Leute werden dann auch fragen: ‚Woher kommst du?' Irgendwie bin ich heimatlos."

Vorurteile sind hartnäckig

„Bei jemandem mit Migrationshintergrund wird bei Schwierigkeiten nicht gesagt, er habe sich dusselig benommen. Sondern dann heißt es: ‚Er ist Afghane, deshalb benimmt er sich so.' Das habe ich immer wieder erlebt. Wenn alles gut läuft, bin ich Masood, der Deutsche. Wenn etwas schiefgeht, bin ich Masood, der Afghane. Was soll so eine Unterscheidung? Es stimmt nicht, dass alles, was gut an mir ist, deutsch ist, und alles was schlecht ist, ist mein afghanisches Erbe.

Wenn Leute hören, dass ich aus Afghanistan stamme, gehen viele davon aus, dass ich Frauen als Menschen zweiter Klasse behandle. Meine Mutter ist eine emanzipierte und gebildete Frau. Sie hat uns Söhne nicht zu Machos erzogen. Manche fragen, wie sie sich mit meiner Mutter unterhalten sollen. Wie wohl? Auf Deutsch natürlich!

Nur der persönliche Kontakt baut Vorurteile und Ängste ab. Aber auch das nur bedingt. Denn wenn Leute uns näher kennen, heißt es, ‚Masood und seine Familie sind okay', aber sie haben trotzdem Vorurteile gegenüber Afghanen. Das kriegt man nicht aus den Köpfen."

Mit herablassenden Sätzen werden Menschen ausgegrenzt

„Mich hat schon als Kind bei Behördengängen geärgert, wenn wir Sprüche zu hören bekamen wie: ‚Wir in Deutschland haben Regeln und Gesetze.' Ich stamme zwar ursprünglich aus einem anderen Land, aber ich lebe hier, kenne die Regeln und Gesetze und befolge sie. Deshalb gehe ich bei solchen Sprüchen inzwischen an die Decke. Denn mit Sätzen wie diesen grenzt man Menschen aus. Ich spreche akzentfrei Deutsch und habe einen deutschen Pass. Aber ich sehe halt anders aus. Deshalb glauben manche, mich belehren zu müssen, mich von oben herab behandeln zu können. Wieso wird das an meinem Aussehen festgemacht?

Durch die Flüchtlingskrise ist es schlimmer geworden. Ich merke, dass ich komisch angeguckt werde, besonders von älteren Menschen. Die sind dann erstaunt, wenn ich ihnen auf Deutsch antworte. Dann werden sie höflicher und freundlicher."

Andere Wege gehen

„Wir haben in Bremen in einem Getto gewohnt. Dort lebten viele Migranten und sozial Schwache. Meine Eltern waren den ganzen Tag arbeiten. Meine Geschwister und ich blieben allein zu Hause. Da haben wir viel Blödsinn veranstaltet. Statt Hausaufgaben zu machen, haben wir Fußball gespielt. In dieser Umgebung kam ich mit anderen Normen und Werten in Berührung, als ich sie von zu Hause kannte. Fleiß, Disziplin, Arbeit zählten nicht. Meinungsverschiedenheiten wurden mit der Faust geregelt. Denn der Stärkste hatte das Sagen. Der Jugendliche mit den meisten Strafanzeigen war der Held im Viertel, der war cool. Das fand ich als Jugendlicher auch eine Zeit lang. Aber dann habe ich mir überlegt, dass das nicht in Ordnung ist. Dass man anders leben sollte. Dieses Leben kann nicht richtig sein."

Ein Vorbild sein

Masood spielte von Kind an Fußball. Er wollte Profi werden und trainierte bis zu seinem 21. Lebensjahr, aber dann beendete ein Innenbandabriss am Knie seinen Traum von der Profikarriere.

„Ich habe entschieden, dass mich Fußball nicht nur als Profi glücklich macht. Ich kann auch als Amateur spielen und Spaß haben.

Ich musste mir einen neuen Beruf suchen. Da ich immer einen guten Draht zu Jüngeren hatte, wollte ich einen Beruf ergreifen, um Jugendlichen zu helfen und sie genau aus solchen Situationen herauszuholen, wie ich sie erlebt hatte. Denn ich habe selbst gesehen, wie leicht man abrutschen kann. Deshalb entschied ich mich, Polizist zu werden und anderen zu helfen. Die Polizei leistet viel Präventionsarbeit mit Gesprächen und Veranstaltungen. Ich möchte Jugendlichen zeigen, dass man mit Disziplin und Respekt vor anderen weiterkommt. Ich möchte Jugendlichen nicht nur ein Freund und Helfer sein, sondern auch ein Vorbild. Obwohl manche komisch gucken, wenn sie mich in Uniform sehen. Sie sind es nicht gewohnt, dass es inzwischen deutsche Polizisten mit Migrationshintergrund gibt."

Ehrenamtliches Fußballtraining

Einmal die Woche trainiert Masood ehrenamtlich jugendliche unbegleitete Flüchtlinge aus Afghanistan.

„Ihre Situation ist schwer: Sie sind in einem fremden Land ohne Eltern, traumatisiert und verunsichert. Alles ist fremd und neu. Da ist es gut, dass ich auch Afghane bin. Wir haben keine Verständigungsprobleme.

Beim ersten Mal habe ich barfuß trainiert, weil ich einem Jungen meine Schuhe gegeben hatte. Sie sollten gleich mitmachen, nicht mit dem Training warten müssen, bis sie sich von ihrem Taschengeld Sportschuhe kaufen konnten. Inzwischen haben Sponsoren Stollenschuhe und Sportkleidung spendiert.

Sport motiviert. Sie kommen gern und würden am liebsten mehrfach in der Woche trainieren. Denn sie sind pubertäre Jungs, die sich körperlich betätigen und austoben müssen."

Respekt darf man nicht mit Angst verwechseln

„Diese Jugendlichen haben in ihren Ländern gelernt, dass Konflikte mit Gewalt gelöst werden. Sie müssen hier erst lernen, dass man Streit auch mit einem Gespräch regeln kann. Deshalb ist es falsch, bei Problemen gleich zu sagen: Der Junge ist aggressiv. Zuerst muss man sehen, was die Ursache für die Aggression ist. Ist es wirklich sein Charakter, ist sein Temperament mit ihm durchgegangen oder hat er einen kulturellen Hintergrund voller Gewalterfahrungen in seiner Familie oder in seinem Land? Dazu kommt noch, dass die Jungs ganz normale Teenager sind, die machen halt gelegentlich Blödsinn.

Ich möchte, dass sie in mir nicht den strengen Trainer sehen, sondern einen großen Bruder. Aber auch ein Bruder muss mal streng sein. In Afghanistan verwechselt man leicht Respekt mit Angst. Das ist der falsche Weg, das versuche ich ihnen beizubringen. Sie sollen mich respektieren, aber natürlich soll keiner Angst vor mir haben. Viele Eltern schlagen ihre Kinder, um ihnen Respekt beizubringen. Ich versuche den Jungs stattdessen zu zeigen: Ihr habt Respekt vor mir, aber ich respektiere euch auch. Und wenn ich mal lauter werde, weil einer Mist macht, dann heißt das nicht, dass er kuschen soll. Ich will ihn nicht als Person beleidigen. Ich will nur, dass er nicht weiter foult. Alle müssen die Grenzen kennen und respektieren.

Es ist nicht immer einfach, Fair Play zu vermitteln. Denn die Jungs haben Temperament. Da fällt auch die ein oder andere Beleidigung, wenn einer einen Pass vergeigt oder eine Torchance vergibt. Dann unterbreche ich das Spiel und sage ihnen: ‚Ich verstehe, dass ihr ehrgeizig seid, aber ihr müsst euch an Regeln halten und Respekt zeigen.' Wenn die Gemüter zu erhitzt sind, nehme ich den Ball, und sie laufen erst mal um den Platz. Dann ist die überschüssige Energie raus. Danach kann ich in Ruhe mit ihnen reden, und sie können weiterspielen."

Ein Fußballstar zu Besuch

„Ich möchte den Jungs vermitteln, dass sie hier in Sicherheit sind. Sie kommen aus einem jahrelangen Bürgerkrieg und kennen nichts anderes. Sie müssen noch begreifen, dass sie nicht beschossen werden, wenn sie zur Schule gehen, dass keine Bomben fallen.

Außerdem will ich ihnen beibringen, dass sie alles erreichen können: einen Schulabschluss, eine Ausbildung. Es ist eine große Herausforderung, die sie bewältigen müssen, aber sie können es schaffen. Fußball ist eine gute Möglichkeit, um ihnen das zu zeigen. Denn dabei geht es nicht nur um die sportliche Leistung, es zählen auch Werte, die mit dem Sport verbunden sind. Ehrgeizig zu sein und gleichzeitig im Team zu arbeiten. Ich will sie motivieren.

Deshalb habe ich Mansur Faqiryar zu unserem Training eingeladen. Er ist Spieler der afghanischen Nationalmannschaft. 40 Jungs waren gekommen. Sein Besuch war für sie ein Highlight, weil er für sie ein Held ist, ein

Masood trainiert ehrenamtlich junge Flüchtlinge.

großer Star. Sie waren begeistert. Jeder wollte ein Selfie mit ihm. Er ist für sie ein Vorbild und auch ein gutes Beispiel, dass man es schaffen kann. Wenn man sich ein Ziel setzt und fleißig ist, können Träume wahr werden."

Man kann alles schaffen im Leben

„Gerade weil ich selbst einen Migrationshintergrund habe, kann ich die Jungs verstehen. Sie sollen in mir nicht den strengen Polizisten sehen, sondern jemanden, der sie und ihre Lage versteht. Denn ich weiß, wie es ist, von ganz unten zu kommen.

Wir waren eine Zeit lang so arm, dass der Strom abgestellt wurde. Wir hockten im Dunkeln. Aber meine Mutter hat nie den Mut verloren. Sie hat Kerzen aufgestellt. Das wäre für viele der Tiefpunkt des Lebens gewesen. Für mich war es ein Höhepunkt, denn meine Mutter hat mir gezeigt, dass es immer einen Ausweg gibt, dass jedes Problem gelöst werden kann. Das habe ich von ihr gelernt: Wenn es Schwierigkeiten gibt, muss ich mich ihnen stellen. Weglaufen hilft nicht. Es ist manchmal hart, aber es geht. Außerdem gibt es Leute, die helfen. Man ist nicht allein. So kann man alles schaffen im Leben."

IM GESPRÄCH MIT PETER JUNGE:
EHRENAMTLICHES ENGAGEMENT FÜR
DIE VÖLKERFREUNDSCHAFT

Sie machen regelmäßig mit jugendlichen Asylbewerbern aus Eritrea Lauftraining in Ihrem Verein Goitzsche Sport e.V. in Bitterfeld. Wie kam es dazu?

Als Vorsitzender unseres Vereins hatte ich Anfang Januar 2015 bei einer Pressekonferenz gesagt, dass an unserem Halbmarathon Ende Mai um den Großen Goitzschesee jeder mitmachen kann, der Lust am Laufen hat. Ich hatte dazu ausdrücklich nicht nur die Bevölkerung von Bitterfeld eingeladen, sondern auch die Asylbewerber, die in unserem Landkreis untergebracht sind. Zum ersten Training erschienen drei Einheimische und zwölf Asylbewerber aus Eritrea. Die kamen in ihrer Straßenkleidung. Sie hatten nichts anderes. Wir haben sie dann erst mal so laufen lassen. Dann haben wir einen Spendenaufruf gestartet. Die Bitterfelder haben ihre Schränke geöffnet und uns viel gebracht. So konnten wir die Jungs mit Trainingsanzügen und Sportschuhen einkleiden.

Wie oft trainieren Sie mit den Asylbewerbern?

Training ist viermal die Woche, anderthalb bis zwei Stunden. Sie laufen am Goitzschesee. Ich fahre mit dem Fahrrad und scheuche sie ordentlich. Denn das sind junge Männer, die müssen sich körperlich betätigen, sich austoben. Die dürfen nicht den ganzen Tag in ihrer Unterkunft auf dem Sofa hocken. Da kommen sie nur auf dumme Gedanken. Bewegung ist alles.

Haben Sie bereits Erfolge durch Ihr Training erzielt?

Sie haben sehr schnell ihre Leistung verbessert und viele Läufe gewonnen. Bei unserem Halbmarathon Ende Mai haben sie richtig abgeräumt, alle vorderen Plätze belegt. Inzwischen gehören sie bei allen Läufen zu den Siegern.

Allerdings macht es uns die Bürokratie manchmal schwer. Ich wollte mit meinen besten Jungs zu einem Lauf nach Polen. Für die nötigen Papiere ging ich blauäugig zur Ausländerbehörde. Da habe ich dann erfahren, dass es eine Residenzpflicht gibt. Die Jungs dürften Sachsen-Anhalt nicht verlassen. Es war sehr mühsam, bis ich die Genehmigung hatte, sie unter Vorbehalt mit nach Polen zu nehmen. Aber der Einsatz hat sich gelohnt. Wir gingen als beste ausländische Mannschaft vom Platz.

Wie haben die Bitterfelder und Ihre Vereinskollegen auf die Erfolge reagiert?

Am Anfang haben sie sich von mir begeistern lassen. Aber als meine Jungs allen davongelaufen sind, war die Freude nicht mehr so groß, mit ihnen zu trainieren.

Wie erklären Sie die sportlichen Erfolge Ihrer Schützlinge?

Sie sind jung, schlank und sportlich. Ich habe intensiv und systematisch trainiert und sie auf die Wettbewerbe gut vorbereitet. Sie dürfen, während das Asylbewerbungsverfahren läuft, nicht arbeiten. Deshalb haben sie Zeit zu trainieren. Zuerst waren sie in großen Asylheimen untergebracht. Jetzt leben sie dezentral in Bitterfeld und den umliegenden Orten. Aber sie haben nach wie vor nichts zu tun. Da können sie mehrmals in der Woche trainieren. Sie haben Lust, weiterzumachen, weil wir sie im Verein vernünftig betreuen.

Gibt es auch Probleme?

Wenn man nichts zu tun hat, stellt sich bald der Schlendrian ein. Wer keine Pflichten hat, keinen Grund zum Aufstehen, der bleibt auf dem Sofa.

Peter Junge trainiert und betreut ehrenamtlich Flüchtlinge aus Eritrea.

Die Jungs sind zum Teil seit anderthalb Jahren hier ohne eine Aufgabe, denn so lange ihr Asylverfahren läuft, haben sie keine Arbeitserlaubnis. Das hält kein Mensch auf Dauer aus, egal ob Afrikaner oder Deutscher. Und wenn der Schlendrian erst mal da ist, wird es schwer, sich wieder an eine Regelmäßigkeit zu gewöhnen.

Sind Sie streng mit Ihren Schützlingen?

Inzwischen betreue ich 32 Jungs. Sie nennen mich Papa, weil ich mich um sie kümmere, mich für sie einsetze. Sie wissen, dass ich es gut mit ihnen meine.

Aber wie ein echter Vater muss ich auch mal streng sein. Es gibt von mir klare Ansagen, und an die müssen sie sich auch halten. Wer wiederholt zu spät kommt oder das Training schwänzt, wird nach Hause geschickt. Hier gibt es nichts umsonst. Sport verlangt Disziplin. Wer mitmachen will, muss sich anstrengen. Da gab es natürlich auch welche, die nach einem Training nicht mehr wiederkamen.

Unterstützen Sie Ihre Jungs auch außerhalb des Trainings?

Am Anfang ging es nur ums Lauftraining. Aber inzwischen sind sie mir ans Herz gewachsen. Deshalb helfe ich, denn es gibt genug Probleme, mit denen sie sich herumschlagen müssen.

In welchen Situationen konnten Sie schon helfen?

Einem der Eritreer drohte die Abschiebung. Er ist nicht nur mein bester Läufer, sondern auch ein anständiger Mensch, auf den man sich in jeder Situation absolut verlassen kann.

Er war aus Eritrea geflohen, weil von ihm als Soldat verlangt wurde, mit scharfer Munition in seinem eigenen Wohnviertel zu schießen. Er weigerte sich, desertierte und kam als Flüchtling nach Libyen. Dort haben ihn Schlepper auf einem völlig überfüllten Schlauchboot aufs Mittelmeer geschickt. Das Boot hatte ein Leck. Die Flüchtlinge haben zwei Tage lang unermüdlich Wasser geschöpft, um nicht zu ertrinken. Nachdem die italienische Marine sie aus der Seenot gerettet hatte, musste er ein Papier unterzeichnen, ohne zu wissen, was er unterschrieb. Es war die Registrierung. Nach dem Dublin-Verfahren werden Asylbewerber in das EU-Land abgeschoben, in dem sie zuerst registriert werden. Deswegen sollte er zurück nach Italien. Aber er hatte sich hier gut eingelebt. Warum sollte ausgerechnet er weggeschickt werden? Ich bin zur Ausländerbehörde und zu allen Ämtern gegangen, damit er bleiben kann. Das ist zum Glück auch gelungen.

Warum findet auch Deutschunterricht im Vereinsheim statt?

Einige Jungs hatten sich bei uns so gut integriert, da haben wir sie in unseren Verein aufgenommen. Wir haben schnell gemerkt, dass ihre Deutschkenntnisse zwar für einfache Trainingsanweisungen genügten, aber für eine Verständigung nicht ausreichten. Ohne Deutsch haben sie hier keine Chance.

Ich habe deshalb Kontakt zur Euro-Schule Bitterfeld-Wolfen aufgenommen. Das ist eine Schule für Weiterbildung, die im Auftrag des Landkreises Deutschunterricht gibt. Jetzt kommt dreimal die Woche eine Lehrerin zu uns ins Vereinsheim.

Geben Sie auch selbst Unterricht?

An zwei Tagen unterrichte ich die Jungs. Ich mache mit ihnen keine Grammatikübungen, sondern bespreche Probleme mit ihnen, bringe ihnen bei, wie das Leben in Deutschland organisiert ist. Das fällt vielen sehr schwer, weil sie kulturell anders geprägt sind. Es geht dann auch um Themen wie Pünktlichkeit und Zuverlässigkeit.

Sie investieren sehr viel Zeit und Kraft in Ihr ehrenamtliches Engagement. Wieso haben Sie es sich zur Aufgabe gemacht, den Jugendlichen aus Eritrea zu helfen?

Ich engagiere mich aus zwei Gründen: Ich weiß aus eigener Erfahrung, wie es ist, ein Flüchtling zu sein. Meine Mutter ist mit uns drei Kindern im Januar 1945, als die Rote Armee in Deutschland einmarschierte, aus Posen geflohen. Wir lebten dann in einem Vorort von Halle und waren dort bis in die 1950er Jahre als Flüchtlinge nicht gut angesehen. Außerdem haben wir in der DDR gelernt, was Völkerfreundschaft bedeutet. Das habe ich nicht vergessen.

Auch wenn es sehr viel Arbeit ist, solange ich fit bin, werde ich weitermachen. Denn ohne ehrenamtliche Helfer ginge es den Flüchtlingen nicht gut. Auf politische Entscheidungen und Hilfe können sie nicht warten. Wir Ehrenamtler sind der Politik weit voraus.

DREN F. – FUSSBALL IST INTERNATIONAL

Das ist der größte Wunsch vieler Jungen: ein Vertrag bei einem Bundesligaverein. Dren F. hat es geschafft. Er spielt in der U 23, der zweiten Herrenmannschaft des HSV. Dren ist in Norddeutschland geboren und aufgewachsen und sieht aus, wie man sich einen Norddeutschen vorstellt: blonde Haare, blaue Augen. Dabei stammt seine Familie aus dem Kosovo.

Da er schon als kleiner Junge ballverrückt war, kam für ihn nur ein Beruf in Frage: Fußballspieler. Sein Traum von der Fußballkarriere ist inzwischen wahr geworden. 2015 wurde er zum Nachwuchsspieler des Jahres in Hamburg gewählt.

Aus dem Kosovo nach Holstein geflohen

Drens Eltern flohen Anfang der 1990er Jahre während des Jugoslawienkriegs nach Holstein. Sein Vater kehrte noch einmal zurück, um unter Lebensgefahr die Großmutter zu holen. Viele Verwandte konnten nicht fliehen. Einige starben im Krieg.

Dren und seine Familie sind muslimische albanische Kosovaren. Sie gehören zur großen Bevölkerungsmehrheit im Kosovo. Diese Kosovaren setzten sich seit den 1990er Jahren für die Loslösung von Jugoslawien und einen eigenen Staat ein. Obwohl eine Minderheit im Kosovo, zählen die christlich-orthodoxen Serben seit der legendären Schlacht auf dem Amselfeld 1389 das Gebiet zu Serbien. Deshalb kam es 1998/1999 zum Krieg. Seit 2008 ist der Kosovo unabhängig.

„Es ist nicht schön zu sehen, dass dort immer noch NATO-Truppen stationiert sind. Denn leider herrscht bis heute kein Frieden im Kosovo, es kommt immer wieder zu Gewalt zwischen Serben und Albanern. Wir hören zu Hause albanische Nachrichten, wir bekommen mit, wie viel unser Volk durchmacht.

Da meine Oma bis heute kein Deutsch spricht, reden wir zu Hause Albanisch. Sie kocht für uns die typischen Lammgerichte. Denn als Muslime essen wir kein Schweinefleisch. Das war früher bei den Vereinen ein Problem. Da kam es vor, dass wir zum Mittagessen einen Teller mit Schweineschnitzel vorgesetzt bekamen. Aber inzwischen hat sich das geändert. Für Muslime gibt es immer eine Alternative beim Essen. Wir haben als Sportler auch genaue Ernährungspläne, denn Vitamine und Eiweiß für den Muskelaufbau sind wichtig. Die Betreuung durch den Verein ist vorbildlich."

Reise in ein zerstörtes Land

„Ich bin in Holstein geboren und aufgewachsen. Hier leben meine Freunde. Ich fühle mich als Deutscher, auch wenn ich immer ein bisschen Kosovare sein werde.

Wir fahren jedes Jahr im Urlaub in den Kosovo, um die Verwandten zu besuchen. Ich könnte dort nicht leben. Denn das Land ist durch den Krieg zerstört und die Wirtschaft am Boden. Wir unterstützen Verwandte und Bekannte, damit sie über die Runden kommen. Die Jugendlichen in meinem Alter können am Wochenende nicht weggehen, sie bleiben zu Hause, weil sie kein Geld haben. Alle sind fleißig in der Schule. Denn gute Noten und ein guter Abschluss sind die einzige Möglichkeit, um aus dem Elend rauszukommen."

Als kleines Kind schon ballverrückt

„Mein Vater hat begeistert Fußball gespielt. Das hat er mir offensichtlich vererbt, denn ich hatte schon als Kleinkind ein gutes Ballgefühl. Bereits mit vier Jahren bin ich in Bargteheide in den Verein eingetreten. Das war der Anfang meiner Karriere in der Pampers-Liga. Seitdem habe ich durchgängig trainiert und gespielt."

Mit neun Jahren fiel Dren bei einem Turnier einem Talentscout des HSV auf. Der vermittelte ihm ein halbjähriges Probetraining in der Jugendmannschaft U 13. Danach erhielt Dren einen Vertrag. Viermal die Woche war anderthalb Stunden Training.

„Für mich war es toll, bei so einem renommierten Verein zu sein." Dren spielte für alle Jugendmannschaften des HSV und von der U 15 bis zur U 19 auch in den deutschen Jugend-Nationalmannschaften. Nach der Mittleren Reife wollte er weiter zur Schule gehen, um Abitur zu machen. Aber Schule, Hausaufgaben und das intensive Training waren nicht zu schaffen.

„Ich habe in der 11. Klasse gemerkt, dass es nicht mehr ging. Wir hatten zweimal am Tag Training, da war keine Zeit mehr für Hausaufgaben. Wenn ich mit der Nationalmannschaft bei Turnieren war, fehlte ich mehrere Tage in der Schule. Ich konnte den versäumten Unterrichtsstoff nicht nachholen."

Er spielt in der Abwehr oder im Mittelfeld bei der U 23, der zweiten Herrenmannschaft des HSV, und hat einen Traum: „Ich will in die Bundesliga-Mannschaft!"

Unterschiedliche Temperamente prallen aufeinander

„Wir sprechen im Verein Deutsch, obwohl in der Mannschaft mehr Ausländer sind als Deutsche. Wir sind eine coole Mischung. Jeder ist ein bisschen anders. Das gefällt mir.

Wenn ein neuer Spieler kommt, redet der Trainer mit uns: ‚Der kommt aus Südkorea und kennt unsere Kultur nicht.' Wir helfen ihm und erklären vieles, damit er klarkommt. Er soll sich hier wohlfühlen, denn wenn man Sorgen hat, dann kommt man im Fußball auch nicht voran. Dafür braucht man einen klaren Kopf. Obwohl wir

Dren war schon als kleines Kind ballverrückt.

uns untereinander gut verstehen, bilden sich in der Mannschaft Gruppen. Daran sieht man, dass es natürlich Unterschiede gibt. Nicht jeder will mit jedem chillen. Trotzdem gehen wir aufeinander zu und grenzen keinen aus, ganz egal, woher er kommt. Ich versuche, mit allen zu reden.

Es gibt selten Stress, trotzdem merkt man manchmal deutlich, wie unterschiedlich die Spieler sind. Ich als Kosovare bin viel emotionaler als die Deutschen. Ich habe mehr Temperament und rege mich schneller auf, wenn mal ein Pass daneben geht. Die Deutschen sind da viel lässiger. ,Alter, bleib locker, beim nächsten Mal klappt es.' Das regt mich dann noch mehr auf. Wie kann der so entspannt sein, wenn wir gerade das Tor verfehlt haben? Da muss man sich doch aufregen!"

Die Mannschaft geht vor

„Jugendliche Migranten, die hierher kommen, träumen von der Fußballkarriere im Land des Weltmeisters. Das können sie auch, denn überall auf der Welt gelten die gleichen Regeln. Damit ist Fußball perfekt für die Integration. Ich sehe das auch bei uns in der Mannschaft. Wir kommen aus vielen verschiedenen Ländern, da lernt man die Welt kennen. Türken und Koreaner erzählen, wie es bei ihnen zu Hause ist. Iraner und Iraker, die Schlimmes durchgemacht haben, sind dagegen froh, wenn sie über Fußball reden können und für einen Moment ihre Sorgen und Probleme vergessen.

Dabei haben wir alle ein gemeinsames Gesprächsthema und ein gemeinsames Ziel: dass die Mannschaft gut spielt und gewinnt. Das schweißt zusammen. Auch wenn man in der Kabine mal Streit mit einem Spieler hat. Dann schießt der ein Tor und man umarmt sich, jubelt zusammen und gönnt dem anderen den Erfolg. Der Streit ist vergessen. Im Spiel müssen alle zusammenhalten. Wenn einer frei steht, schieße ich den Ball zu ihm, egal ob ich ihn mag oder nicht. Da denke ich nur: Super, wenn der ein Tor schießen kann und wir gewinnen. Fußball ist ein Mannschaftssport und die Mannschaft ist wichtiger als die eigene Befindlichkeit.

Fußball führt zusammen. Fußball ist international."

IM GESPRÄCH MIT JOCHEN LANGBEIN:
BEIM FUSSBALL SPIELT DIE HERKUNFT KEINE ROLLE

Wie gehen Sie als Teamchef der U 23 beim HSV mit den verschiedenen Nationalitäten in der Mannschaft um?

Wir haben Spieler aus acht verschiedenen Ländern in unserer Mannschaft. Die kommen gut miteinander klar. Denn alle wissen, dass Fußball ein Mannschaftssport ist. Auch wenn ein einzelner Spieler besonders talentiert ist, am Ende können sie nur gemeinsam erfolgreich sein. Die verschiedenen Nationalitäten machen sich eher beim Temperament bemerkbar. Auch wenn es klischeehaft klingen mag, Südeuropäer reagieren emotionaler als Norddeutsche. Bei manchen spielt der Stolz in ihrer Kultur eine größere Rolle. Aber eins ist klar, das Zusammenspiel klappt nur, wenn die Mannschaft als Team auftritt. Daher werden alle gleich behandelt. Da darf keiner aus der Reihe tanzen, egal aus welchem Land er kommt. Es gibt Regeln, die der Trainer und die Mannschaft aufstellen. Wer sich nicht daran hält, muss mit Konsequenzen rechnen.

Welche Rolle spielt der Fußball als Integrationsfaktor?

Fußball ist für die Integration sehr wichtig, denn beim Fußball sieht man ganz deutlich, dass es keinen Unterschied macht, woher jemand kommt. Alle können miteinander spielen. Die Regeln sind weltweit die gleichen. Wenn Spieler aus dem Ausland zu uns kommen, müssen sie nur wenige deutsche Begriffe lernen, wie rechts, links, Abseits oder Hintermann. Das reicht fürs Erste. Ansonsten genügen auch Gesten. Das ist toll, denn sie können sofort mitspielen. In anderen Berufen können mangelnde Sprachkenntnisse ein Hindernis für Zuwanderer sein. Im Fußball gibt es keine Sprachbarriere.

Es kommt vor, dass Spieler mit dunkler Hautfarbe von Fans rassistisch beschimpft werden. Was macht der HSV dagegen?

Wir als Verein lehnen Rassismus in jeder Form ganz strikt ab. Rassistische Äußerungen sind kein Kavaliersdelikt. Die gehören nirgendwo hin, schon gar nicht auf den Fußballplatz, daher wird dies vom HSV auch nicht toleriert.

Wie jeder Verein hat auch der HSV Fanbeauftragte. Sie sind das Binde-
glied zu den Fangruppierungen. Sie sprechen mit den Fanclubs, wenn es
Vorfälle gibt. Wir setzen darauf, dass die Fans aufeinander achten und das
unter sich klären. Ich habe selbst schon erlebt, dass sie auf einen ein-
geredet haben: „Hör auf, wir wollen diese Sprüche nicht."

**Auf dem Platz ist eine Fußballmannschaft eine perfekte internationale Truppe.
Gilt das auch in der Kabine?**

Fußball ist ein Mannschaftssport. Aber wenn jemand höflich sagt „Ach,
bitte nach Ihnen", kommt er nicht weit, und die Mannschaft auch nicht.
Ein Spieler kann nur bestehen, wenn er sich auch gegen andere durch-
setzt. Er muss großen Ehrgeiz haben und darf den Zweikampf auf dem
Platz nicht scheuen.

Bei solchen Persönlichkeiten kann es nicht ausbleiben, dass es auf dem
Platz, im Training oder in der Kabine zu Auseinandersetzungen kommt.
Aber Streitpunkt sind dabei nicht die unterschiedlichen Nationalitäten,
Religionen oder Hautfarben, sondern das Verhalten als Fußballer, zum
Beispiel bei einer unnötig vergebenen Torchance.

Jochen Langbein betreut als Teamchef der U 23 beim HSV eine internationale
Mannschaft.

MUSLIMISCHES LEBEN BEI UNS

KULTURELLE UND RELIGIÖSE VIELFALT

Kein Thema wird so kontrovers diskutiert wie die Zuwanderung von Muslimen. Dabei ist eines der Probleme im Umgang mit dem Islam, dass es **den** Islam nicht gibt. Er unterteilt sich grob in Sunniten und Schiiten, die sich wiederum in unterschiedliche Glaubensrichtungen aufspalten. Darüber hinaus gibt es Religionsgemeinschaften, die zum Islam gezählt werden, aber den beiden Hauptrichtungen nicht zuzuordnen sind. Deshalb gibt es weder eine einzige verbindliche Auslegung des Koran noch den einen Ansprechpartner, der alle Muslime vertreten kann oder darf. In Deutschland beispielsweise wurden deshalb inzwischen verschiedene Dachverbände gegründet, die sowohl den Muslimen eine Stimme geben als auch Ansprechpartner für die Politik sind. Dazu gehören unter anderem der Islamrat, der Zentralrat der Muslime oder die türkisch-islamische Union DITIB.

Die überwältigend große Mehrheit der Muslime lebt bei uns integriert und friedlich. Nur eine kleine Minderheit identifiziert sich mit einer radikalen Interpretation des Islam, wie ihn beispielsweise die Salafisten vertreten. Inwieweit sich das durch den Zustrom von Flüchtlingen aus Ländern mit einer sehr streng konservativen Auslegung des Islam, wie Afghanistan und Pakistan, verändern wird, bleibt abzuwarten.

Die Türken in Deutschland

Die größte Gruppe der Muslime speziell in Deutschland bilden die Türken mit rund 1,6 Millionen. Die ersten Türken kamen in den 1960er Jahren als Gastarbeiter nach Deutschland. Sie wurden als dringend benötigte Arbeitskräfte angeworben. Viele von ihnen holten im Laufe der Jahre ihre Familien nach.

Sie konnten sich nur schwer an die deutsche Einheitskost mit Fleisch, Kartoffeln und Sauce gewöhnen. Deshalb eröffneten etliche von ihnen Gemüse- und Lebensmittelläden, um ihre Landsleute in der kulinarischen „Wüste" Deutschlands zu versorgen. Döner-Buden gibt es seit Anfang der 1970er Jahre. Der Döner wurde schnell zu einem neuen Lieblingsgericht.

Der Großteil der Türken ist inzwischen in Deutschland völlig integriert. Die Enkel der Gastarbeiter sprechen im Zweifelsfall besser Deutsch als Türkisch, empfinden Deutschland als Heimat und sehen die Türkei als Urlaubsland. Ein türkischer Taxifahrer ist inzwischen ebenso selbstverständlich wie erfolgreiche türkische Unternehmer und Politiker. Türkischstämmige Fußballer in der deutschen Mannschaft sind umjubelte Helden der Nation.

Aber nicht allen ist die Integration gelungen. Viele Familien leben weiter nach ihren überlieferten Traditionen und Wertvorstellungen und schotten sich weitgehend ab. Sie haben wenig Kontakt zur Mehrheitsgesellschaft, weil sie das freie, selbstbestimmte Leben ablehnen. Um unter sich zu sein, ziehen sie in eine Nachbarschaft, in der bereits viele Migranten aus ihrem Kulturkreis leben. Deshalb kommt es in vielen Großstädten, etwa in Berlin-Neukölln, zur Gettobildung.

In diesen Stadtteilen kann man problemlos leben, ohne ein Wort Deutsch zu sprechen. Parallelgesellschaften entwickeln sich, die nach eigenen Regeln funktionieren und die deutschen Gesetze nicht anerkennen. Dort löst kein deutsches Gericht Probleme und Streit untereinander, sondern ein privater islamischer Scharia-Richter.

Die Tendenz zur Gettobildung verstärkt sich, wenn deutsche Familien vermehrt aus diesen Vierteln wegziehen, weil ihre Kinder dort in Klassen mit hohem Ausländeranteil ihrer Meinung nach nicht genug lernen.

Jeder Gastarbeiter hat Anspruch auf ein Bett, einen Hocker, ein Stück Tischplatte, drei Quadratmeter Boden zum Wohnen und zehn Kubikmeter Luft zum Atmen.

Richtlinien des Bundesministeriums
für Arbeit und Sozialordnung | 1964

Kurse für eine schnelle Integration

Parallelgesellschaften entstehen, wenn Menschen ausgegrenzt werden oder sich von der Mehrheitsgesellschaft ausgegrenzt fühlen. Der Fehler aus den 1960er Jahren, die Gastarbeiter nicht zu integrieren, soll sich bei den jetzt neu einwandernden Muslimen nicht wiederholen. Darin sind sich alle politischen Parteien einig. Deshalb werden vermehrt Integrationskurse für Neuankommende angeboten. Denn neben dem schnellen Spracherwerb, der für die Integration unerlässlich ist, geht es auch um die Vermittlung von politischem oder geografischem Wissen und die demokratischen Werte, die hierzulande gelten. Dazu gehören neben der Gewaltenteilung, freien und fairen Wahlen, der Gleichberechtigung von Mann und Frau auch Presse- und Meinungsfreiheit. Selbstverständlich gehört auch die Religionsfreiheit zu den Grundrechten. Jeder darf seine Religion leben und sich nach ihren Vorschriften richten. Allerdings nur so weit, dass dadurch nicht andere Grundrechte eingeschränkt oder völlig abgelehnt werden.

Denn ohne diese Werte kann eine freie Demokratie mit einer offenen Gesellschaft nicht funktionieren. Deshalb müssen sie von allen hier lebenden Menschen akzeptiert und verinnerlicht werden.

MAHSUNI I. – POLITIKER HABEN JAHRZEHNTE GELEUGNET, DASS DEUTSCHLAND EIN EINWANDERUNGSLAND IST

Etliche junge Männer mit Migrationshintergrund, die in Deutschland geboren und aufgewachsen sind, schließen sich in Syrien den Kämpfern des fundamentalistischen Islamischen Staates an. Integration bzw. die Vermittlung demokratischer Werte haben bei ihrer Erziehung offensichtlich nicht funktioniert.

Aber war die Integration von Zuwanderern in Deutschland je wirklich erfolgreich? Für die Millionen Gastarbeiter, die in den 1950er und 1960er Jahren hierher kamen, gab es keine Integrations- und Sprachkurse. Denn ihre Integration war ausdrücklich unerwünscht.

Bis die deutsche Politik offiziell zur Kenntnis nahm, dass ein Großteil der sogenannten Gastarbeiter mit ihren Familien hier längst sesshaft geworden war, waren bereits Jahrzehnte ins Land gegangen. Für staatliche Maßnahmen, etwa Sprachkurse, und Hilfen zur Integration war es inzwischen zu spät. Die Menschen mussten sich selbst behelfen. Mahsunis Vater ist einer von ihnen.

Ein typisches Gastarbeiterschicksal

„Meine Familie stammt aus einem kleinen Dorf in Anatolien. Wir sind Aleviten und gehören damit zu einer in der Türkei unterdrückten religiösen Minderheit. Auf dem Dorf gab es nicht viele Verdienstmöglichkeiten, um die Familie zu ernähren.

Mein Vater ist deshalb 1963 als Gastarbeiter nach Duisburg gegangen. Er wollte ein paar Tausend D-Mark verdienen und dann zurückkehren."

Der Vater arbeitete zunächst in einer Fabrik, war dann bei der Stadtreinigung beschäftigt und später als Gärtner angestellt. Wie die meisten türkischen Gastarbeiter wollte er zunächst nur für ein paar Jahre in Deutschland arbeiten. Seine Frau blieb deshalb mit der stetig wachsenden Kinderschar in ihrem Dorf in Anatolien. Über 20 Jahre lang führten die Eltern eine Fernbeziehung zwischen Deutschland und der Türkei. Der Vater konnte nur in den Sommerferien nach Hause kommen.

„Meine Mutter ist mit den Kindern nicht nachgekommen, weil mein Vater die Idee hatte, dass er zurückkehrt. Dieser Gedanke hat ihn nicht losgelassen. Bis er festgestellt hat, dass es kein Zurück gibt. Er hat sein Leben in Deutschland verbracht. Denn er ist mit 25 Jahren ins Ruhrgebiet gekommen. Jetzt ist er seit 20 Jahren im Ruhestand und lebt immer noch hier. Leider spricht er nicht fließend Deutsch, obwohl er hier Jahrzehnte gearbeitet hat. Aber die Integration der Gastarbeiter war damals nicht gewünscht. Das war ein schwerer Fehler. Politiker haben immer geleugnet, dass Deutschland ein Einwanderungsland ist."

Viele Gastarbeiter waren isoliert von der deutschen Bevölkerung in Baracken untergebracht, getrennt nach Herkunftsländern. Türken, Portugiesen, Italiener blieben unter sich. Deshalb war es für sie auch nicht notwendig, mehr Deutsch zu lernen, als das, was sie für ihre Arbeit in den Fabriken benötigten.

„Es gab kaum Sprachkurse. Die Gastarbeiter hätten sich um alles selbst kümmern müssen. Aber sie waren abends einfach zu müde nach der Arbeit. Da haben sie sich nicht aufgerafft, um einen Kursus zu besuchen. Das Geld dafür haben sie lieber gespart und nach Hause zu ihren Familien geschickt. So hat es mein Vater auch gemacht.

Hätte der Staat ihnen damals Deutschkurse angeboten, hätten sie sich besser integrieren und qualifiziertere Jobs annehmen können. Dann hätten sie sich auch in der Gesellschaft besser akzeptiert gefühlt. So blieben sie immer Außenseiter."

Mit 14 Jahren nach Deutschland

Mahsuni hatte 1985 mit 14 Jahren die Dorfschule in der Türkei beendet. Eine höhere Schulbildung gab es nur in den Städten.

„Viele Aleviten in der Türkei lebten in Dörfern, in denen sie ihren Glauben frei leben konnten. Wäre ich in einer Stadt zur Schule gegangen, hätte ich mich an die sunnitischen Glaubensgebote halten müssen, zum Beispiel fünfmal am Tag beten. Ich hätte mein Alevitentum leugnen müssen, um nicht diskriminiert zu werden. Mein Vater wollte mir das nicht antun, deshalb hat er mich nach Deutschland geholt, damit ich hier eine Ausbildung machen kann."

Die Gastarbeiter

In Westdeutschland herrschte Anfang der 1950er Jahre ein Mangel an Arbeitskräften. In Südeuropa dagegen war die Arbeitslosigkeit groß. Die Bundesrepublik schloss deshalb 1955 ein erstes Anwerbeabkommen mit Italien. Es folgten weitere Abkommen mit südeuropäischen und nordafrikanischen Ländern sowie 1961 mit der Türkei. 1964 war der Portugiese Armando Rodrigues de Sá der Millionste Gastarbeiter.

Wie der Begriff Gastarbeiter besagt, sollten die Arbeiter nach getaner Arbeit wieder in ihre Heimat zurück. Es gab deshalb für sie keine Angebote zur Integration und kaum Sprachkurse. Es genügten die Deutschkenntnisse, die sie für ihre Arbeit benötigten. Untergebracht waren sie in Baracken, oft auf dem Firmengelände, oder in Wohnheimen. Aber auch die Gastarbeiter waren davon ausgegangen, einige Jahre in Deutschland Geld zu verdienen und dann zurückzukehren. Sie schickten ihren Verdienst an ihre Familien oder sparten für ein späteres Leben in der Heimat.

Bis zum Anwerbestopp 1973 kamen rund 14 Millionen Gastarbeiter nach Deutschland, von denen elf Millionen zurück in ihre Heimatländer gingen.

Viele aber blieben und holten ihre Familien nach. Die größte Gruppe bilden die Türken mit 1,6 Millionen. Inzwischen leben die ehemaligen Gastarbeiterfamilien in dritter Generation in Deutschland. Obwohl die große Mehrheit inzwischen hier ihre Heimat gefunden hat, ist es vielen bis heute nicht gelungen, sich zu integrieren.

In der DDR gab es ebenfalls Gastarbeiter, die sogenannten Vertragsarbeiter. Sie stammten aus befreundeten sozialistischen Staaten wie Kuba, Mosambik, Polen und Angola. Die meisten kamen aus Vietnam. Sie lebten getrennt von der Bevölkerung in Wohnheimen. 1989 waren 94 000 Vertragsarbeiter in der DDR beschäftigt.

Für Mahsuni war es in mehrfacher Hinsicht schwierig, sich in Deutschland einzuleben. Er musste seine Mutter und die Geschwister, seine Freunde und die vertraute Umgebung zurücklassen und hatte deshalb am Anfang oft Heimweh.

„Es ist mir sehr schwer gefallen, von meiner Mutter getrennt zu sein, auch wenn sie in der Erziehung viel strenger war als mein Vater. Sie war für uns Mutter und Vater in einem. Sie hatte alles unter Kontrolle. Da mein Vater kaum da war, hat uns im Grunde das ganze Dorf erzogen. Es war ein kleiner Ort, da haben sich alle gegenseitig unterstützt. Es war für mich ein Schock, plötzlich diese Gemeinschaft, Mutter, Geschwister und Freunde verloren zu haben. Ich musste alles neu lernen, neue Freunde finden.

Aber einiges war nicht so schlimm. An das andere Klima hatte ich mich schnell gewöhnt. Mein Vater hatte mir schon erzählt, dass es in Deutschland ständig regnet. Kälte und Schnee kannte ich. Denn bei uns in Anatolien sind die Winter hart. Einmal hat es über Nacht so viel geschneit, dass wir die Haustür nicht aufbekamen. Das Zusammenleben mit meinem Vater war von Anfang an harmonisch, obwohl ich ihn eigentlich kaum kannte. Er war ja all die Jahre nur im Sommer bei uns gewesen."

Ein Kulturschock

Mahsuni kam aus einem kleinen Dorf in die Großstadt. „Das war für mich ein Kulturschock. Ich kannte so etwas nicht. Ich hatte Mühe, mich zurechtzufinden. Mein Vater konnte mir nicht viel helfen, er musste ja arbeiten. Ich musste von einem Tag zum anderen selber klar kommen in einem Land mit völlig anderer Kultur, Lebensweise und Sprache. Das war nicht einfach, aber ich habe es gemeistert.

Wirklich schlimm war, dass ich kein Wort Deutsch konnte, als ich herkam. Das war das Schrecklichste, was mir je passiert ist. Ich konnte nicht gleich zur Schule gehen, ich verstand ja nichts. Deshalb bekam ich erst ein Jahr lang einen Sprachkursus. Danach bin ich zur Schule gegangen. In meiner Klasse waren nur wenige Türken. So war ich im positiven Sinne gezwungen, schnell Deutsch zu lernen, um Freunde zu finden. Das hat mir geholfen.

Trotzdem hatte ich lange Scheu, zu sprechen. Ich habe mich ge-
schämt, weil ich Fehler machte. Einmal habe ich mit Klassenkameraden in der Bahn geredet. Da konnte ich noch nicht gut Deutsch.
Die Leute haben uns angeguckt. Ich habe gedacht, die gucken, weil
ich so schlecht Deutsch spreche, dabei war es denen bestimmt völlig
egal.

Wenn man eine Sprache lernt, muss man immerzu sprechen, egal
wie falsch. Denn nur durch viel Übung lernt man sie. Wenn man mit
dem Reden wartet, bis man fehlerfrei spricht, wird man die Sprache
nie beherrschen."

Die Familie ist nach 24 Jahren wieder vereint

„Als ich nach Deutschland kam, hieß es bei der Ausländerbehörde,
ich würde nur eine unbefristete Aufenthaltsgenehmigung bekommen, wenn meine Mutter auch hier lebt."

Deshalb holte der Vater 1987 Frau und Kinder aus Anatolien nach
Deutschland. Nach 24 Jahren war die Familie zum ersten Mal endlich wieder vereint.

„Es war herrlich! Endlich waren wir wieder zusammen. Ich bin
morgens vor der Schule extra früh aufgestanden und habe für meine
Mutter und die Geschwister Tee gekocht.

Weil mein Vater arbeiten musste, habe ich ihnen nach der Schule
die neue Heimat gezeigt und erklärt. Meine Geschwister kannten
zum Beispiel keine Bananen, die gab es in unserem kleinen Dorf
nicht.

Deutsch haben sie schnell gelernt, sie waren ja noch klein. Sie
kamen gleich in die Schule und konnten in wenigen Monaten fließend sprechen. Bei den Hausaufgaben habe ich ihnen geholfen.
Meine Mutter konnte das nicht, sie sprach kein Deutsch. Trotzdem
hat es gut funktioniert. Meine Geschwister haben alle einen Schulabschluss und eine Ausbildung gemacht."

Die Familie zog in eine große Wohnung. „Mein Vater hat als An-
gestellter einer Behörde gut verdient. Wir hatten kein Luxusleben,
aber es fehlte nichts. In unserem Dorf war das Leben auch nicht
üppig gewesen."

Damit Integration gelingt, müssen sich beide Seiten anstrengen und aufeinander zugehen: das Einwanderungsland und die Zuwanderer. Das geht nicht ohne harte Arbeit, viel Toleranz und noch mehr Geduld miteinander.

MAHSUNI I.

Sprachengewirr in der Familie

Mahsunis Mutter lernte nach ihrer Ankunft nicht Deutsch. „Meine Eltern bereuen heute, dass sie keinen Sprachkursus besucht hat. Sie kann zwar das meiste verstehen, aber traut sich nicht zu sprechen."

Solange die Familie in ihrem Dorf lebte, sprach sie Zaza miteinander. Diese Sprache gehört zu den iranischen Sprachen und ist in der Osttürkei verbreitet. In der Schule wurde dagegen nur auf Türkisch unterrichtet.

„Als meine Mutter und die Geschwister nach Deutschland kamen, haben wir zu Hause alles durcheinander gesprochen. Mit meiner Mutter habe ich Zaza geredet, mit meinem Vater Türkisch und mit den Geschwistern Deutsch. Da ging dann schon mal etwas daneben. Es ist mir passiert, dass ich einen Kollegen im Betrieb auf Zaza angesprochen habe. Ich habe erst gemerkt, dass etwas nicht stimmte, als der mich groß ansah und sagte: ‚Was redest du denn da?'"

Mit seinen Kindern spricht Mahsuni Deutsch. „Sie sind hier geboren und aufgewachsen. Sie sprechen natürlich akzentfrei. Ihr Deutsch ist besser als ihr Türkisch. Obwohl wir jedes Jahr mit ihnen in die Türkei fahren, damit der Kontakt zu unseren Verwandten nicht abbricht. Für meine Kinder ist die Türkei keine Heimat, sondern ein Urlaubsland."

Hochzeit mit der Jugendliebe

Mahsuni war von klein auf mit Songül befreundet. Sie war seine Jugendliebe. Als er mit 14 Jahren nach Deutschland ging, versprach er ihr, sie zu heiraten, wenn sie erwachsen sind. Beide vergaßen sich trotz der Trennung nicht und hielten sich jahrelang die Treue. 1989 heirateten sie. Aber seine Frau musste noch fünf Jahre in der Türkei bleiben, bis sie zu ihm nach Deutschland kommen konnte.

„Es gab viele bürokratische Hindernisse. Um meine Frau zu holen, brauchte ich ein Einkommen, mit dem ich uns beide ernähren konnte, und eine Wohnung. Ich hatte aber gerade erst meine Ausbildung zum Elektro-Installateur begonnen und verdiente 360 D-Mark. Damit kann man keine Familie unterhalten, und eine eigene Wohnung hatte ich auch noch nicht. Das war eine schlimme Zeit. Songül konnte erst 1994 zu mir ziehen."

Der Glaube der Aleviten

Das Alevitentum ist eine eigenständige Religion, die vor allem im Nahen und Mittleren Osten praktiziert wird. Weil ihre Religion nicht überall anerkannt wird, wandern viele Aleviten aus, um der Unterdrückung zu entkommen. In Deutschland gibt es mit rund 800 000 bekennenden Aleviten eine große Glaubensgemeinschaft.

Das Alevitentum ist eine synkretistische Religion, was bedeutet, dass es Elemente verschiedener Religionen und mystischer Bewegungen beinhaltet. Die Aleviten verehren neben dem Koran auch die jüdische Thora und die christliche Bibel als heilige Bücher. Sie erkennen die Zehn Gebote ebenso an wie die jüdischen Propheten. Die Aleviten sehen wie die Schiiten den Kalifen Ali als Nachfolger des Propheten Mohammed. Die Sunniten dagegen akzeptieren Ali nicht als ersten Kalifen.

Im Gegensatz zu den Schiiten und Sunniten gelten die fünf Glaubenssäulen des Islams für die Aleviten nicht: Sie beten nicht fünfmal am Tag zu vorgeschriebenen Zeiten und gehen auch nicht in die Moschee. Sie pilgern nicht nach Mekka und fasten nur 12 statt 30 Tage. Die Anzahl an Fastentagen entspricht den zwölf Imamen. Das Alevitentum kennt keine Geschlechtertrennung. Männer und Frauen sind gleichberechtigt. Die Aleviten lehnen außerdem die islamischen Gesetze der Scharia ab. Sie bekennen sich zu den Regeln eines demokratischen Staates.

Mahsunis Ehefrau trägt bis heute Kopftuch. „Das hat bei uns Aleviten nichts mit Religion zu tun, sondern stammt aus der Tradition in Anatolien. Es ist wie hier in Bayern. Da tragen die Frauen auf dem Lande auch oft ein Kopftuch bei der Arbeit. Als meine Frau nach Deutschland kam, habe ich ihr gesagt, dass sie das Kopftuch ablegen kann. Aber sie hat geantwortet: „Du hast mich so kennengelernt, du hast mich so geheiratet, ich werde mein Kopftuch weiter tragen." Meine Schwestern und meine Kinder tragen dagegen kein Kopftuch, denn sie sind hier aufgewachsen.

Bei uns Aleviten sind die Frauen gleichberechtigt. Damit unterscheiden wir uns von vielen islamischen Gruppen. Unsere Frauen geben Männern die Hand. Wenn Gäste kommen, feiern Frauen und Männer nicht in getrennten Zimmern, sondern zusammen. Mädchen nehmen am Schwimmunterricht teil. Wenn sie dazu einen Bikini tragen wollen, warum nicht?"

Ehrenamtlicher Dede

„Die Aleviten sind in der Türkei nicht als eigenständige Religionsgemeinschaft anerkannt. Wir wurden schon zu Zeiten des Osmanischen Reiches unterdrückt. Das hat sich bis heute nicht geändert. Offiziell heißt es, es gebe keine Aleviten in der Türkei. Deshalb weiß man auch nicht, wie viele Aleviten dort leben. Die Schätzungen gehen weit auseinander. Denn die Aleviten tauchen in keiner Statistik auf."

Am 2. Juli 1993 protestierte eine Menschenmenge im türkischen Sivas gegen eine Tagung von alevitischen Schriftstellern, Dichtern und Malern, die sich zu Ehren von Pir Sultan Abdal trafen, einem alevitischen Gelehrten und Dichter aus dem 16. Jahrhundert. Das Hotel, in dem sie tagten, ging in Flammen auf, 37 Menschen kamen um, darunter auch zwei Attentäter.

„Dieses Massaker war für mich, wie für viele Aleviten in Europa, das Zeichen aufzustehen und mich mehr für meinen Glauben zu engagieren. In vielen Orten in Deutschland wurden damals alevitische Kulturvereine und Gemeinden gegründet. Denn in Deutschland herrscht Religionsfreiheit, wir können hier frei unseren Glauben

Das Gemälde zeigt den alevitischen Gelehrten Pir Sultan Abdal.

leben. In Deutschland sind wir als eigenständige Religionsgemeinschaft anerkannt. Dafür bin ich sehr dankbar.

Ich habe dann viele Seminare besucht, um Dede zu werden. Ein Dede ist der geistliche Führer einer alevitischen Gemeinde, der auch das gemeinsame Gebet leitet. Es ist ein Ehrenamt, das viel Zeit verschlingt. Ohne die Unterstützung meiner Frau und meiner Kinder könnte ich das nicht machen."

Viele Gründe, Deutschland zu mögen

„In meiner Generation hat die Integration schon besser funktioniert als bei den Gastarbeitern oder bei meinem Vater. Ich hatte die Möglichkeit, hier in die Schule zu gehen, eine Ausbildung zu machen, Deutsch zu lernen. Aber es wäre gut gewesen, wenn es damals schon Integrationskurse gegeben hätte, noch mehr passiert wäre. Von den Deutschen, aber auch von mir. Man muss selber etwas dafür tun, ständig lernen, wenn man etwas erreichen will.

Ich liebe Deutschland, weil hier mit den Menschen vernünftig umgegangen wird, Männer und Frauen gleichberechtigt sind. Menschen können hier frei leben, ihre Meinung sagen, ihre Religion ausüben. Ich bin von Kollegen immer sehr herzlich aufgenommen worden, da gab es nie Probleme. Ich persönlich habe keine Fremdenfeindlichkeit erlebt. Ich schätze auch, wie gut die Krankenversorgung funktioniert. Wenn du operiert werden musst, wirst du gut operiert. Das ist nicht selbstverständlich. In anderen Ländern werden Kranke nur gut behandelt, wenn sie Beziehungen und viel Geld haben. Mir gefällt außerdem, dass die Menschen hier diszipliniert leben und auf die Umwelt achten."

Warum werden wir nach Jahrzehnten noch Migranten genannt?

„Nur eines stört mich in Deutschland: Warum werden Menschen wie ich als Migranten bezeichnet? Wer hier aufgewachsen und zur Schule gegangen ist, Deutsch spricht, hier lebt, arbeitet, Steuern zahlt und die deutsche Staatsangehörigkeit besitzt, der ist für mich ein Deutscher. Stattdessen werden wir auch nach Jahrzehnten in Deutschland immer noch Migranten genannt, nur weil unsere familiären Wurzeln in anderen Ländern sind. Dadurch werden Menschen ausgegrenzt. Das ist nicht gut.

Manchmal werde ich gefragt, ob ich mich inzwischen als Deutscher fühle. Die Antwort hängt davon ab, wie man das interpretiert. Wenn man sagt, ein Deutscher hat blaue Augen und blonde Haare, dann bin ich kein Deutscher. Wenn man sagt, ein Deutscher ist korrekt und pünktlich, fleißig, zuverlässig und arbeitet viel, dann bin ich einer."

Mahsuni I. im Gebetsraum der Aleviten. Auf den großen Gemälden ist links Haci Bektaş Veli und rechts Kalif Ali zu sehen.

IM GESPRÄCH MIT SAMIR EL-RAJAB:
WENN MAN SICH KENNENLERNT, VERSCHWINDEN DIE VORURTEILE

Als Imam der sunnitischen Al-Nour Moschee in Hamburg betreuen Sie auch Flüchtlinge. Viele Deutsche haben momentan Sorge, weil wegen des Syrienkrieges Muslime zuwandern. Sind diese Ängste berechtigt?

Deutschland hat seine Kultur, seine Tradition und Religion. Wenn so viele Menschen mit einer anderen Religion kommen, kann ich gut verstehen, dass Menschen Ängste haben. Bisher lebten rund vier Millionen Muslime hier. Trotz der vielen Flüchtlinge sind die Muslime in einem Land mit über 80 Millionen Einwohnern eine kleine Minderheit.

Wenn sie kommen, um hier zu leben, zu arbeiten, sich für das Wohl dieses Landes einzusetzen, dann ist das fruchtbar und positiv. Unterschiedliche Kulturen sind eine Bereicherung. Eine heterogene Gesellschaft ist vielfältig, lebendig und bunt.

Was hat sich durch die Flüchtlinge verändert?

Die Flüchtlingssituation hat dazu geführt, dass islamische, christliche und staatliche Institutionen und Vereine zusammenarbeiten. Die Vernetzung der vielen Organisationen funktioniert sehr gut. Was Deutschland macht, ist vorbildlich. Es gibt viele Angebote für Bildung und Sprachkurse, denn Sprache ist das Fundament der Integration.

Überwältigend viele Deutsche zeigen eine unglaubliche Hilfsbereitschaft. Das finde ich großartig. Dass sich so viele Menschen ehrenamtlich engagieren, macht mich stolz, in Deutschland zu leben.

Der Islam spaltet sich auf in Sunniten, Schiiten und viele weitere Gruppierungen. Deshalb gibt es kein geistliches Oberhaupt, das für alle zuständig wäre. Wer ist der Ansprechpartner für Gesellschaft und Politik?

Es ist schwierig, denn es gibt nicht nur in Deutschland, sondern weltweit keine Institution, die für alle Muslime spricht. Stattdessen gibt es viele verschiedene muslimische Vertreter. Die haben nicht immer etwas mit dem Islam zu tun, was das Problem verschärft. Wenn die deutsche Regierung mit Muslimen sprechen oder mit ihnen Verträge erarbeiten will, mit wem soll sie verhandeln? Deshalb gibt es inzwischen Dachverbände. Das funktioniert, auch wenn es Gruppen gibt, die dort nicht mitmachen wollen oder sich ausgeschlossen fühlen. In Hamburg wurde vor einigen Jahren der Schura-Rat der islamischen Gemeinden gegründet. Die Schura ist sehr vielfältig, in ihr sind 43 verschiedene Moschee-Gemeinden vertreten. Die Schura ist der offizielle Ansprechpartner für Politik und Behörden. Sie hat 2012 auch den Staatsvertrag mit dem Hamburger Senat verhandelt.

Es gibt große Konflikte zwischen Sunniten und Schiiten. In Syrien oder im Jemen beispielsweise unterstützen sunnitische und schiitische Länder verschiedene Gruppen und kämpfen gegeneinander. Haben Sie Sorgen, dass die Flüchtlinge diese Konflikte nach Deutschland tragen?
Ich stamme aus dem Libanon, wo Sunniten, Schiiten, Aleviten, Drusen und Christen seit Jahrhunderten zusammenleben, gemeinsam arbeiten, miteinander verheiratet sind. Das Problem ist, dass die religiösen Unterschiede politisiert wurden. Es geht bei diesen Konflikten um politische Macht, die durch Kriege durchgesetzt werden soll. Religion wird als Grund vorgeschoben und missbraucht.

Imam Samir El-Rajab betont, wie wichtig es ist, zwischen Religion und Tradition zu unterscheiden.

Aber in Hamburg leben wir friedlich. Wir besuchen uns gegenseitig in den Moscheen. Wir arbeiten zusammen in einem Dachverband. Wir verstehen uns in erster Linie als Hamburger Muslime. Wir sollten uns von den politischen Konflikten in unseren Heimatstaaten nicht beeinflussen lassen. Die Menschen, die nach Deutschland kommen, sind die vielen Kriege, das politische Chaos satt. Sie wollen in Frieden leben. Ich mache mir deshalb keine Sorgen.

Deutschland hat ein enges Verhältnis zu Israel, bedingt durch seine Geschichte. Das Existenzrecht Israels gehört zur Staatsräson. Jetzt kommen Hunderttausende Araber, die damit aufgewachsen sind, dass Israel der Todfeind ist. Befürchten Sie deshalb eine Zunahme des Antisemitismus in Deutschland?
Die Juden haben in Deutschland entsetzlich gelitten. Das stellt niemand in Frage. Vor diesem furchtbaren Leid muss man großen Respekt haben.
Wir Araber können keine Antisemiten sein, denn wir sind selber Semiten. Abraham ist der gemeinsame Stammvater von Juden und Arabern. Damit sind die Juden unsere Cousins. Warum sollten wir etwas gegen sie haben? Außerdem haben Juden, Christen und Muslime die gleichen theologischen Wurzeln.
Aber das heißt nicht, dass wir die Politik Israels gutheißen. Der Konflikt zwischen Israel und seinen arabischen Nachbarn ist ein vorrangig politisches Problem.

Wenn man in ein anderes Land zieht, muss man sich anpassen. Wie weit darf Ihrer Meinung nach die Anpassung gehen?
Integration muss sein, sonst funktioniert das Zusammenleben nicht. Die meisten passen sich automatisch der Umgebung an, in der sie leben. Wer das nicht tut, lebt in einer Parallelgesellschaft, abgeschnitten vom gesellschaftlichen Leben. Menschen, die sich der Integration total verweigern, haben meist ein persönliches Problem.
Aber sich anzupassen dauert eine Zeit, wenn man in ein anderes Land kommt mit einer anderen Kultur, anderen Bräuchen und anderer Sprache. Dabei tun sich ältere Menschen schwerer als Kinder. Meine Tochter ist fünf Jahre alt, sie spricht bereits akzentfrei Deutsch. Als ich einen Deutschkursus besuchte, waren da auch Ältere, die geweint haben, weil sie Schwierigkeiten hatten, Deutsch zu lernen. Erwachsene brauchen mehr

Zeit, da sie in ihrer Heimat und Kultur stärker verwurzelt sind. Das gilt besonders, wenn sie nicht gekommen sind, weil sie in Deutschland ein verlockendes Jobangebot haben, sondern durch Krieg und Not gezwungen waren, ihre Heimat zu verlassen. Das ist ein großer Unterschied. Manche können sich unter diesen Umständen nicht integrieren. Sie wurden aus ihrer Heimat vertrieben, sind traumatisiert und psychisch nicht in der Lage, die neue Umgebung wirklich wahrzunehmen.

Es kommt aber auch auf das Gastland an, wie es mit den Neuankömmlingen umgeht. Wie tolerant es ist, wie viele Möglichkeiten zur Integration angeboten werden. Deutschland spielt dabei eine sehr gute Rolle.

Wie viel Entgegenkommen kann man vom Gastland erwarten?

Das Gastland muss den Zuwanderern mit Respekt begegnen, das ist das Wichtigste. Sie dürfen sich nicht ausgegrenzt und als Menschen zweiter Klasse fühlen. Wenn der gegenseitige Respekt vorhanden ist, ergibt sich alles andere von alleine. Die Menschen verschmelzen dann mit der Gesellschaft. Das gilt nicht nur für die Flüchtlinge, die jetzt kommen. Es gibt auch Menschen, die seit 30 Jahren hier leben und sich immer noch unerwünscht fühlen, die zu spüren bekommen, dass sie Fremde sind. Das ist nicht nur für sie persönlich schwierig, sondern schadet auch der Gesellschaft insgesamt.

Verständnis für die andere Kultur ist auch im Alltag gefordert. Deutsche essen gern Schweinefleisch, Muslimen ist es verboten. Gibt es da Probleme?

Es wird viel Rücksicht auf unsere Speisevorschriften genommen. Als ich meine Kinder einschulte, wurde gleich gefragt, was sie essen dürfen. Solche Gesten bewirken, dass ich das Gefühl habe, dazuzugehören. Denn mein Glaube, mein kultureller Hintergrund, werden respektiert, und damit auch ich.

In einer Schule, die selbstverständlich mittags Geflügel und vegetarische Gerichte anbietet, protestierten muslimische Mütter, weil es auch Bratwürste gibt. Ihren Kindern seien der Anblick und der Geruch von Schweinefleisch nicht zuzumuten.

Auch unter Muslimen gibt es viele Verrückte, mit denen man sich leider herumärgern muss.

Sind Männer und Frauen im Islam gleichgestellt?

Warum wird immer darauf gepocht, dass sich Muslime zur Gleichstellung von Mann und Frau bekennen sollen? Eine Frau mit Kopftuch ist nicht automatisch eine unterdrückte Frau. Wenn Männer Frauen unterdrücken, ist es meist ein kulturelles, traditionelles Problem, kein religiöses. Da muss man differenzieren.

Im Islam hat die Frau eine hohe Stellung. Schließlich würde die Menschheit ohne Frauen nicht existieren. Ein Mann kann nur durch seine Mutter, seine Ehefrau oder seine Tochter ins Paradies gelangen.

Dürfen Mädchen gemeinsam mit Jungen zum Schwimmunterricht?

Es ist gewünscht, dass Mädchen schwimmen. Sie sollen nicht diskriminiert werden. Aber der Bikini ist ein theologisches Problem. Denn der Islam verbietet Mädchen ab einem gewissen Alter, sich nackt zu zeigen gegenüber Fremden. Sich nicht im Bikini zu zeigen, gehört zur Religionsfreiheit und sollte respektiert werden. Meine Frau schwimmt sehr gern. Sie zieht einen Burkini an und damit befolgt sie das religiöse Gebot, sich zu bedecken.

Generell gilt: Deutschland ist ein freies Land. Deutsche Frauen können sich anziehen, wie sie möchten. Das muss man als hier lebender Muslim respektieren.

Das extremste Beispiel für die Unterdrückung von Frauen ist der Ehrenmord. In Hamburg wurde eine junge muslimische Frau von ihrem Bruder ermordet wegen ihres westlichen Lebensstils. Die Mutter reagierte wütend, als das Gericht den Sohn dafür verurteilte.

Mord ist eine Todsünde und durch nichts gerechtfertigt. Solche Morde geschehen angeblich im Namen der Ehre. Aber welche Ehre soll das sein? Gott hat niemandem das Recht gegeben, eine Frau zu töten. Weder dem Vater noch dem Bruder oder Onkel. Im Gegenteil, wer eine Frau schlägt oder tötet, hat keine Ehre mehr.

Leider kommt es immer wieder vor, dass Menschen ihr Fehlverhalten mit dem Islam begründen. Dabei handeln sie nach alten Traditionen, die mit dem Islam nichts zu tun haben. Aber für sie geht in einem solchen Konflikt die Tradition vor. Dabei wird leider oft mit zweierlei Maß gemessen. Junge Muslime begehen Sünden, sie trinken Alkohol, haben eine Freundin. Aber wenn die Schwester einen Freund hat, geht es um die Familienehre, und sie wird dafür bestraft. Nur weil sie eine Frau ist, darf sie nicht, was der Bruder darf? Was für ein Verständnis von Ehre und Religion ist das?

Bei diesen Konflikten zeigt sich der Unterschied zwischen Kultur und Religion. Es ist aber auch eine Frage von Bildung und Erziehung. Viele Eltern reden nicht genug mit ihren Kindern. Die Kommunikation in den Familien ist gestört.

Zu mir kommen junge Menschen, die heiraten wollen, aber die Eltern verbieten es, zum Beispiel weil die Braut eine andere Nationalität hat. Das hat mit dem Islam nichts zu tun. Die Religion erlaubt ausdrücklich solche Ehen. Aber es gibt leider Menschen, die sehr engstirnig sind, an ihren Traditionen festhalten und ihre Kinder unterdrücken.

Wie kann Integration erleichtert werden?

Integration ist keine Einbahnstraße. Gegenseitige Toleranz und Respekt sind das Wichtigste. Es kommt aber auch auf persönliche Kontakte an. Dialog schafft Vertrauen. Wenn man sich kennenlernt, verschwinden die Vorurteile.

In vielen deutschen Städten gehören Moscheen inzwischen zum Stadtbild, wie die persische Imam Ali Moschee an der Außenalster in Hamburg.

HEROES – EIN BERLINER PROJEKT GEGEN UNTER-DRÜCKUNG IM NAMEN DER EHRE

Ein Schüler weigert sich, neben Mädchen zu sitzen. Schülerinnen werden gemobbt, weil sie einen Minirock tragen. Schüler lassen sich von einer Lehrerin nichts sagen. Wenn es in Klassen zu Problemen wegen unterschiedlicher Kulturen kommt oder das Verhalten von Schülern mit den in Deutschland geltenden demokratischen Werten nicht vereinbar ist, können sich Berliner Lehrer an *Heroes* wenden.

Das Projekt wurde 2007 in Berlin gegründet. Es setzt sich für das gleichberechtigte Zusammenleben von Mädchen und Jungen ein. Kinder und Jugendliche sollen dieselben Rechte und Chancen haben, unabhängig von ihrem Geschlecht und kulturellen Hintergrund. Um darüber offen und ohne Tabus zu sprechen, bedarf es Mut. Heldenmut. Deshalb nennt sich das Projekt *Heroes*.

30 Helden gibt es inzwischen in Berlin. Die Jugendlichen, die sich ehrenamtlich engagieren, stammen selbst aus Gesellschaften, in denen Ehre eine große Rolle spielt. Damit sind sie glaubwürdige Ansprechpartner für die Schüler. Sie haben selbst erfahren, wie es ist, als Kind mit traditionellen Normen und Wertvorstellungen in Deutschland aufzuwachsen. Deshalb können sie kompetent mit Schulklassen über die unterschiedlichen Vorstellungen von Familienleben, Ehre, Sexualität, Gewalt und Gleichberechtigung diskutieren. Mit ihren Workshops wollen die Heroes präventiv wirken. Denn am besten werden sie gerufen, bevor es zu schwerwiegenden Problemen in einer Klasse kommt.

Rollenspiele zeigen eingefahrene Verhaltensmuster auf

Die Heroes bereiten sich auf einen Workshop vor. Im Vorgespräch mit dem Lehrer erfahren sie, welche Schwierigkeiten es in der Klasse gibt. Auch wenn sich beim Workshop manchmal herausstellt, dass die Probleme der Schüler andere sind, als der Lehrer gedacht hatte.

Jeweils ein Gruppenleiter und zwei Heroes leiten den Workshop. Um eine schulische Atmosphäre zu vermeiden, bilden sie mit den

Schülern einen Stuhlkreis. Wenn sich Mädchen und Jungen dann strikt getrennt setzen, wird darüber geredet.

Die Lehrer nehmen an dem dreistündigen Workshop teil, aber nur als Beobachter. Sie sollen die Probleme ihrer Schüler kennenlernen, aber sich nicht einmischen, damit die Schüler frei reden können und nicht das Gefühl haben, bewertet oder benotet zu werden. Das Gleiche gilt auch für die Klassenkameraden und die Heroes. Es gibt kein Richtig oder Falsch in der Diskussion. Keiner darf kritisiert werden, wenn er seine Meinung sagt – und sei sie noch so radikal oder provozierend.

Schließlich geht es um schwierige Themen, die das Selbstverständnis der Jugendlichen berühren. Was darf ein Junge, was darf ein Mädchen? In ausführlichen Diskussionen hinterfragen die Heroes die Meinungen der Schüler. Durch Rollenspiele werden Verhaltensmuster deutlich: Ein Junge spielt die Tochter, die allein mit Freundinnen ausgehen will. Ein Mädchen übernimmt die Rolle des strengen Vaters. Bei einer Umfrage bewerteten 84 Prozent der Schüler die Arbeit von *Heroes* mit gut bis sehr gut. 56 Prozent gaben an, etwas gelernt zu haben. Die Berliner Helden leisten einen wichtigen Beitrag zur Integration von Jugendlichen und bei der Vermittlung demokratischer Werte.

Die Heroes Ali Ahmad, Eldem Turan, Asmen Ilhan und Erwin Srdanovic (v.l.) in ihrem Berliner Büro.

IM GESPRÄCH MIT ALI AHMAD:
OFFEN UND EHRLICH MITEINANDER UMGEHEN IST DAS WICHTIGSTE

Wie sind Sie zu den Heroes gekommen?

Ich bin gut befreundet mit Deniz, dem ersten Hero in Berlin. Er hat mir erzählt, dass eine neue Gruppe aufmacht, und gefragt, ob ich nicht mitmachen möchte.

Ich war erst vorsichtig, denn ich hatte gehört, dass es um die Themen Ehre, Sexualität, Gleichberechtigung in Familie und Gesellschaft geht. Aber ich bin trotzdem zu einem Treffen gegangen. Dort habe ich eine schöne und harmonische Atmosphäre erlebt. Wir haben sehr offen und intensiv diskutiert, jeder konnte seine Meinung sagen. Ich habe gemerkt, dass auch mir diese Themen wichtig sind und wollte mit anderen darüber sprechen. Und das nicht nur mit den anderen Heroes, sondern auch mit meinem Vater, meinen Brüdern und Freunden.

Was hat sich durch Ihr Engagement bei den „Heroes" verändert?

Meiner Familie gefällt, dass ich mich ehrenamtlich betätige. Dabei hat mein Engagement auch zu Veränderungen in der Familie geführt. Ich bin der Älteste und habe zwei Brüder und drei Schwestern. Früher war es bei uns so: Die Mädchen helfen im Haushalt, die Jungs aber nicht. Das ist ein Klassiker. Es ist ja nicht lange her, dass das in Deutschland auch so war. Meine Mutter hat ganz traditionell den Haushalt gemacht. Das hat sich in meiner Familie geändert. Jetzt sagt mein Vater zu mir und meinen Brüdern: „Jungs, wäre nicht schlecht, wenn ihr auch was tut." Inzwischen hilft auch mein Vater selbstverständlich in der Küche.

Kann man mit zwei Identitäten leben?

Es wird verlangt, dass sich die Zuwanderer entwickeln, aber wohin? Sollen sie ihre Identität, ihre Kultur und familiären Wurzeln aufgeben? Meine Familie stammt aus dem Libanon. Ich lebe in zweiter Generation in Berlin. Ich fühle mich als beides, ich bin arabisch und deutsch. Wenn es um meine Kultur geht oder um religiöse Feste wie das Zuckerfest, dann fühle ich mich als Araber. Trotzdem begleitet mich immer das Deutsche. Wenn ich zum Beispiel arabische Freunde treffe, muss ich mehr Zeit einplanen, weil sie immer zu spät kommen. Das nervt. Denn ich mag es, wenn alles gut organisiert ist, alle pünktlich sind. Vor allem, wenn es um mein Studium in Business-Administration geht, halte ich meinen Zeitplan strikt ein. Da bin ich total deutsch.

Einmal im Jahr fährt meine Familie in den Libanon, um Verwandte zu besuchen. Aber auch, damit wir nicht vergessen, woher die Familie stammt, wo unsere Wurzeln sind. Ich fühle mich im Libanon nicht fremd, aber eben auch nicht zu Hause. Deshalb könnte ich dort auf Dauer nicht leben. Im Libanon bin ich der Deutsche. Hier bin ich Deutscher mit libanesischen Wurzeln.

Welche Rolle spielen Religion und Tradition?

Meine Eltern haben uns Geschwister sehr offen erzogen. Aber ich hatte als Junge mehr Freiheiten als meine Schwestern. Das hat nichts mit Religion zu tun, sondern mit Tradition. Sie spielt eine wichtige Rolle. Trotzdem sind auch meine Schwestern nicht unterdrückt aufgewachsen. Sie konnten sich ihre Freunde selbst wählen, mein Vater hat ihnen nichts vorgeschrieben. Das Leben in einem Land mit einer anderen Kultur ist nicht immer einfach. Da muss man unterscheiden: Wann geht es um religiöse Vorschriften, wann handelt es sich um kulturelle Tradition? Ich erlebe oft in Workshops, dass Schüler den Unterschied nicht kennen. Meist stellen sie unbewusst die Tradition über die Religion.

Wann kommt es deshalb zu Konflikten?

Die Religion verbietet Mädchen nicht, abends ins Kino zu gehen. Wenn Vater oder Bruder es untersagen, dann aus traditionellen Zwängen. Denn falls Verwandte oder Freunde das Mädchen spät abends draußen sehen, wird darüber schlecht geredet in der Nachbarschaft und in der Familie.

Das Schlimmste, was geschehen kann, ist ein Ehrenmord. Das passiert nicht oft, doch es kommt vor. Der Islam verbietet Selbstjustiz. Dennoch gibt es Familien, die in patriarchalischen Strukturen gefangen sind und ihre Mädchen umbringen, um die Ehre der Familie wiederherzustellen. Über dieses Thema wird in unseren Workshops sehr heftig diskutiert.

Was bedeutet es, wenn eine Frau Kopftuch trägt?

In den Workshops der *Heroes* ist das Kopftuch immer wieder Thema. Denn in Deutschland wird viel darüber geredet. Manche fordern ein Verbot. Ich verstehe diese Kopftuchdebatten nicht. Denn das Problem ist nicht die Kleidung an sich, sondern die Einstellung dahinter. Wie kommt eine Frau dazu, ein Kopftuch zu tragen? Ist es Zwang oder eine freie Entscheidung?

Wenn es freiwillig ist, gibt es kein Problem. Das sollte man akzeptieren. Kopftuch tragen sollte jede selbst entscheiden. Manche kommen nicht auf die Idee, es abzulegen, weil sie sich damit nicht unfrei fühlen. Ich kenne viele Muslime, die die religiösen Gebote genau befolgen, und sich frei und selbstbestimmt fühlen.

Wichtig ist, darüber offen zu diskutieren und die unterschiedlichen Gründe zu sehen, warum das Kopftuch getragen wird oder nicht. Viele Diskussionen sind stattdessen sehr dogmatisch. Wenn sich eine Frau verhüllt, ist sie aus Sicht der Kopftuchgegner entweder unterdrückt oder fanatisch islamistisch oder beides, wenn sie ihr Haar offen trägt, ist sie eine freie, emanzipierte Frau. Die eine wird abgelehnt, die andere gelobt. Aber so schwarz-weiß ist die Wirklichkeit nicht. Man muss genau hinschauen und miteinander reden.

Warum geben Brüder ihren Schwestern gegenüber den Macho?

Viele Probleme im Alltag, sei es das Kopftuch oder der neue Freund der Schwester, erledigen sich von selbst, wenn man dem anderen mit Respekt begegnet. Das gilt für alle: in der Nachbarschaft, in der Schule, im Freundeskreis, aber auch in den Familien.

Viele Lehrer berichten im Vorgespräch zu einem *Heroes*-Workshop, dass ein Mädchen Schwierigkeiten mit besonders strengen Eltern hat. Dabei sind es oft gar nicht die Eltern, sondern die Brüder. Mädchen leiden oft unter dem Machogehabe ihrer Brüder.

Denn die Jugendlichen sind großem Druck in ihrer Gruppe ausgesetzt. Wer sich nicht wie alle anderen machohaft aufführt, wird gehänselt, nach dem Motto: Du bist kein richtiger Mann, wenn du deine Schwester nicht unter Kontrolle hast.

Aber benehmen sich die Jungen selbst immer korrekt? Wenn wir nachfragen, heißt es: „Ich darf das, aber meine Schwester nicht." Und warum ist dir erlaubt, was ihr verboten ist? Die Antwort ist meist: „Das ist eben so." Wahrscheinlich sind sie so streng mit ihren Schwestern, weil sie ihr eigenes Benehmen kompensieren wollen.

Eine große Rolle spielt aber auch die Wahrung der eigenen Identität. Die Eltern fühlen sich noch als Türken oder Araber. Die Jugendlichen wissen nicht, wohin sie gehören. Um sich ihrer Identität zu vergewissern, treten manche radikaler auf als ihre Eltern.

Wird in den Workshops auch über Gewalt in der Familie geredet?

Wir reden bei den Workshops auch viel über die Ängste und Probleme der Eltern, machen Rollenspiele. Kinder übernehmen dann die Rolle des Vaters, des älteren Bruders. Dann fragen wir: „Was meint ihr, warum reagieren die so?" So können sie sie besser verstehen. Die Eltern reagieren ja nicht aus Boshaftigkeit so streng. Sie wollen das Beste für ihre Kinder, wollen sie gut erziehen.

Wir reden aber auch über Gewalt in der Familie. Manche sagen dann: „Das hat mir nicht geschadet, es hat mich hart gemacht." Dieses Denken wollen wir aufbrechen, den Jugendlichen den Spiegel vorhalten.

Was kann man gegen diese Gewalt tun?

Wenn wir hören, dass es eine Zwangsverheiratung oder einen Ehrenmord gab, sitzen wir Heroes entsetzt zusammen und diskutieren: Wie kann so etwas passieren? Wie können Eltern so etwas tun? Dagegen hilft nur, sich gegenseitig mit Respekt zu begegnen, in der Familie ehrlich und offen miteinander umzugehen. Denn in einer Familie haben auch die Kinder Rechte.

IM GESPRÄCH MIT ELDEM TURAN:
SELBSTBEWUSSTSEIN IST FÜR MÄDCHEN DAS BESTE MITTEL GEGEN BLÖDE ANMACHE

Sie sind Gruppenleiterin bei „Heroes". Was bedeutet es für Sie, in der dritten Generation in Deutschland zu leben?
Seit fünf Jahren bin ich ehrenamtliche Gruppenleiterin bei *Heroes* in Berlin. In den Workshops, im Freundeskreis und in meinem Beruf als Projektmanagerin in einer Marketingagentur habe ich mich intensiv damit auseinandergesetzt, was es heißt, in der dritten Generation in Deutschland zu leben. Es ist nicht immer ein Kompliment, wenn jemand sagt: „Du bist Deutsche für mich." Es ist nett gemeint, aber unbewusst degradiert derjenige mein Türkisch-Sein. Warum werden Menschen in Schubladen gestopft? Man hat eine innere Identität, aber man bekommt auch von außen eine Identität zugeschrieben. Muss ich das hinnehmen? Muss ich erklären, wer ich bin?

Wie würden Sie Ihre Identität beschreiben?
Ich bin Deutschtürkin. Den Begriff benutze ich gern, denn ich habe eben etwas von beidem.
Mir passiert es immer wieder, dass ich bei politischen Themen zur Türkei angesprochen werde: „Du bist doch Türkin, erklär mal." Woher soll ich es wissen? Ich lebe hier und weiß auch nicht mehr als andere. Weshalb muss ich Position beziehen? Warum muss ich mich rechtfertigen für das, was in der Türkei passiert?
Das Gleiche, nur umgekehrt, passiert mir in der Türkei: Da muss ich mich dann für die Verhältnisse in Deutschland rechtfertigen. Was habe ich denn

damit zu tun? Meine Generation hat es noch schwer. Die nächste Generation hat es schon leichter. Die sagen selbstbewusst: Wir sind Deutsche.

Wann sollte man Zuwanderern demokratische Werte vermitteln?

In Deutschland herrschen Extreme: In der Gastarbeiterzeit sollten alle zurück, auch nach Jahrzehnten. Die blieben unter sich, da war es egal, wie sie tickten. Aus diesem Fehler hat man gelernt und fällt nun ins andere Extrem. Jetzt sollen alle sofort die deutschen Werte annehmen.

Es ist wichtig, mit den Zuwanderern von Anfang an über die Werte in einer demokratischen Gesellschaft zu reden. Dabei die Balance zu halten, ist allerdings schwer. Denn wenn man mit der Einstellung kommt: Ich diktiere dir jetzt mal die Benimmregeln, und du hältst dich gefälligst daran, damit alles schön harmonisch bleibt, dann wirkt das sehr von oben herab und führt zu Ablehnung. Man darf aber auch nicht ins Gegenteil verfallen und sagen: Die Flüchtlinge sind traumatisiert, die lassen wir erst mal in Ruhe. Wenn man zu lange wartet, verpassen sie den Anschluss.

Wie kann man Vorurteile entkräften?

Man sollte miteinander reden, wenn es Probleme gibt. Viele erleben Unangenehmes, werden diskriminiert, hören blöde Sprüche und stecken das weg. Sie denken: Das passiert mir eben als Migrant, damit muss ich leben. Bei den *Heroes* merken sie, dass sie darüber reden können. Deshalb ist es so wichtig, dass in den *Heroes*-Workshops nicht nur die Schüler sitzen, die Probleme haben oder machen, sondern die ganze Klasse zusammenkommt und offen diskutiert. So können in unseren Diskussionen und Rollenspielen Vorurteile entkräftet und festgefahrene Ansichten deutlich gemacht werden. Die Schüler beginnen nachzudenken, aber auch die Lehrer. Die Lehrer verstehen hinterher Probleme und Zerrissenheit ihrer Schüler besser, und die Schüler merken, dass die Lehrer nicht nur Noten geben, sondern auch verständnisvoll helfen können.

Kann es eine offene Diskussion unter Schülern geben, wenn der Lehrer beim Workshop anwesend ist?

Die Schüler wissen genau, was sie preisgeben dürfen, was erlaubt ist zu sagen, auch vor dem Lehrer, und worüber sie untereinander sprechen, wenn der Lehrer nicht da ist. Trotzdem ist es wichtig, dass die Lehrer bei

174

unseren Workshops dabei sind, denn sie müssen mit dieser Klasse weiterarbeiten. Aber sie müssen sich während des Workshops zurückhalten. Sie sollen keine Fragen stellen oder Aussagen bewerten, weder positiv noch negativ, denn das schafft sofort wieder die Hierarchie wie in der Klasse. Selbst wenn im Extremfall ein Junge sagt: „Ich schlage meine Schwester tot, wenn sie einen Freund hat."

Das ist schlimm, darüber muss geredet werden. Auf der anderen Seite ist es gut, dass Schüler uns gegenüber so frei sind, das zu sagen. Wer weiß, wie der Schüler das gemeint hat? War es ihm ernst, oder wollte er nur die Klassenkameraden und den Lehrer schocken und provozieren? Wir bewerten solche Aussagen deshalb nicht, sondern fragen: „Warum denkst du so?" Die Antwort ist dann oft: „Das ist eben so."

Es ist manchmal schwer, sie dazu zu bringen, ehrlich und offen zu reden. Denn die Schüler sind es müde, sich immer für ihre Kultur rechtfertigen zu müssen. Durch unsere Fragen merken die Jugendlichen aber schnell, wie unreflektiert ihre Antwort ist, und dass es wichtig ist, miteinander zu sprechen.

Sollen Schüler die Meinung der Heroes übernehmen?

Wir gehen nicht mit dem Ziel in eine Klasse, dass sie nach drei Stunden die *Heroes*-Meinung annimmt. Das ist nicht machbar und auch nicht zu verantworten. Für uns ist ein Erfolg, dass sich Jugendliche getraut haben, vor anderen über Themen zu sprechen, die in der Familie, dem Freundeskreis, der Klasse tabuisiert sind. Bisher haben sie Regeln als selbstverständlich hingenommen, sie sind nie auf die Idee gekommen, dass es unterschiedliche Sichtweisen gibt. Wir sagen ihnen nicht: „Was zu Hause geschieht, ist falsch, deine Kultur ist nicht gut, du musst dich ändern." Da müssen wir auch vorsichtig sein. Den Schülern ist nicht geholfen, wenn wir sie ermuntern, gegen die Eltern zu rebellieren, und dann kommen sie zu Hause in Schwierigkeiten, bei denen wir ihnen nicht helfen können.

Müssen Mädchen beschützt werden?

Jedes Mädchen hat schon mal dumme Sprüche auf der Straße gehört. Aber müssen ihre Brüder sie deshalb auf Schritt und Tritt überwachen? Wir reden in jeder Klasse über den Verhaltenskodex von Mädchen: Wie kleidet und benimmt sich ein Mädchen auf der Straße?

Es fängt schon beim Lachen an. Jungs sagen: „Wenn sie laut lacht, will sie Aufmerksamkeit erregen. Das bedeutet für Männer, sie ist leicht zu kriegen." Dann frage ich: „Hat einer von euch schon mal ein Mädchen angequatscht, nur weil es gelacht hat? Nein? Na also!"

Einige sagen: „Meine Schwester darf ins Einkaufszentrum zum Shoppen, aber sie darf sich nicht auf die Bank setzen, dann wird sie angemacht, das ist eine Einladung für Jungs." Wir diskutieren dann: Ist es wirklich ein Drama, wenn sie ein Junge anquatscht? Vielleicht ist er nett und will ihr ein Kompliment machen. Vielleicht gefällt er ihr auch. Wäre es nicht besser, einem Mädchen beizubringen mit der Situation selbst fertig zu werden, nicht das kleine Mäuschen zu sein, sondern selbstbewusst Nein zu sagen, wenn ihr einer blöd kommt?

Stattdessen hat sie sich und die Ehre der Familie beschmutzt, weil sie sich auf eine Bank setzt, wo sie eventuell angesprochen werden könnte. Dann frage ich: „Würdest du ein Mädchen angrapschen, nur weil es auf einer Bank sitzt? Natürlich nicht! Warum denkst du dann, dass es andere Jungs machen?"

Wir hören immer wieder, ein Mädchen sollte sich angemessen kleiden, nicht abends allein unterwegs sein. Sonst wird sie angemacht. Wir fragen dann nach: „Passiert das wirklich so häufig? Sollte man dann nicht alle Männer wegsperren, damit die Frauen auf der Straße sicher sind?" Darüber denken die Jungen dann nach.

Reden Sie auch über sexuelle Gewalt in den Workshops?

Wenn es zu einer Vergewaltigung in der Nachbarschaft kommt, sehen Jugendliche jedes Vorurteil bestätigt, dass ihre Schwestern nicht allein raus dürfen. Aber Vergewaltigungen durch Fremde sind die Ausnahme. Die meisten sexuellen Übergriffe passieren im familiären Umfeld. Darüber reden wir in den Workshops.

Wir sind auch schon in eine Schule gerufen worden, weil eine Gruppe Jungs ein Mädchen auf dem Spielplatz vergewaltigt hatte. Aber da muss die Polizei eingreifen. Wir können nicht mit der Klasse reden, wenn in ihr der Täter sitzt. Wir sind ein Präventionsprojekt.

IM GESPRÄCH MIT ASMEN ILHAN:
DER TRADITIONELLE EHRBEGRIFF
UNTERDRÜCKT FRAUEN UND MÄNNER

Warum sind Sie ein Hero geworden?

Ich war in einem großen Freundschaftskreis, die alle zu *Heroes* gegangen sind. Da habe ich mich vor sechs Jahren auch gemeldet. Ich war sofort fasziniert von den *Heroes* und ihrer Arbeit in den Schulen, denn ich habe auch vorher schon hart über Themen wie Gleichberechtigung und Kulturunterschiede diskutiert. Deshalb hat es für mich bei den *Heroes* gleich gestimmt. Die Tätigkeit als Gruppenleiter ist für mich eine große Bereicherung neben meinem Psychologie-Studium.

Welches Vorbild haben Ihnen Ihre Eltern vorgelebt?

Die Gleichstellung von Mann und Frau war für mich immer etwas Selbstverständliches. Meine Mutter ist seit über 30 Jahren in der Frauenbewegung aktiv. Mein Vater hat sie darin immer unterstützt. Mit dummen Machosprüchen brauchten mein Bruder und ich zu Hause nicht kommen.

Wie beschreiben Sie Ihre Identität?

Meine Großeltern stammen aus der Türkei. Sie sind als Gastarbeiter nach Deutschland gekommen. Meine Eltern haben sich während des Studiums hier kennengelernt. Mein Vater ist ein Zaza. Das ist eine persische Volksgruppe, von der ein Teil in der Türkei lebt. Meine Mutter ist Türkin. Ich mag die Mischung, denn damit kann man mich nicht so einfach der Herkunft nach einordnen.

Wer ist deutsch? Nur wer deutsche Vorfahren hat? Oder auch jemand, der hier lebt und arbeitet, die Werte in dieser Gesellschaft verinnerlicht hat, sich hier wohlfühlt und zu Hause ist?

Als Kind hatte ich immer das Gefühl, entscheiden zu müssen, ob ich deutsch oder türkisch bin. Erst später habe ich gelernt, dass ich beides bin. Eines steht auf jeden Fall fest: Ich bin ein Berliner.

Warum rufen Lehrer die Heroes in ihre Klasse?

Die Heroes werden oft von Lehrerinnen gerufen, die täglich das Machogehabe ihrer Schüler erleben. Die verweigern den Handschlag, halten sich nicht an Anweisungen, zeigen keinerlei Respekt. Es melden sich aber auch Lehrer, die ein problematisches Verhalten bei ihren Schülern entdecken, zum Beispiel, dass Mädchen ohne Kopftuch gemobbt werden oder Mädchen und Jungen immer streng getrennt sitzen, sich auch in den Pausen nicht mischen.

Die Lehrer können das Problem aber nicht ansprechen. Der Lehrer ist schließlich eine Autoritätsperson, die Noten vergibt. Wenn er etwas sagt, wird das schnell als Angriff oder Beleidigung verstanden. Wenn wir aber darüber reden, sind die Schüler nicht gleich in Abwehrhaltung. Denn wir sind nicht viel älter als sie und kommen aus dem gleichen Kulturkreis. Sie wissen, dass wir das nicht beleidigend oder herabsetzend meinen. Sie können mit uns reden, ihr Verhalten erklären. Damit haben wir einen Zugang zu den Schülern, den die Lehrer nicht haben.

Die Schüler werden nach einem Workshop ihre Einstellungen nicht komplett ändern. Aber mich freut, wenn ich merke, dass sie Gesprächsbedarf haben, den Kontakt suchen. Sie haben Rede- und Aufklärungsbedarf. Die Themen berühren sie. Sie sind offen, wenn sie merken, dass wir sie und ihre Probleme ernst nehmen.

Sind manche Sprüche damit zu erklären, dass pubertäre Jugendliche einfach nur provozieren wollen?

„Ich bringe meine Schwester um, wenn sie einen Minirock anzieht." Wenn Schüler so schlimme Aussagen im Workshop machen, muss man genau schauen, warum sie das tun. Meinen sie das ernst? Wollen sie provozieren und schocken? Dabei spielt auch die Dynamik in der Klasse eine Rolle. Denn Jungs in dem Alter ist die Anerkennung der anderen Jungs sehr wichtig. Mit so einer Aussage wollen sie der Prototyp eines harten Mannes sein. Sie spielen vor den anderen das Alphatier. Vielleicht sind sie auch der Anführer in der Klasse und meinen, ihre Position mit solchen Sprüchen verteidigen zu müssen.

Schließlich sind die Schüler in der Pubertät. Das ist eine schwierige Zeit. Die Jugendlichen sind emotional instabil und versuchen, das durch ihr Machogehabe zu kompensieren. Außerdem wollen sie gegen die Autoritäten rebellieren, gegen die Eltern, gegen die Lehrer, gegen die Gesellschaft. Das ist normal, das machen alle Teenager.

Ist ein Lehrer Rassist, wenn er eine schlechte Note gibt?

Der Vorwurf des Rassismus kommt schnell, wenn ein farbiger Schüler eine schlechte Note kriegt. Aber hat er die Fünf in Mathe wirklich bekommen, weil der Lehrer ein Rassist ist? Oder ist der Schüler einfach schlecht in Mathe? Dem Lehrer Rassismus vorzuwerfen, kann eine bequeme Ausrede sein.

Wie äußert sich Rassismus in der Schule?

Es gibt aber auch den umgekehrten Fall, dass ein Lehrer meint, er sei nicht rassistisch, es aber doch ist. Eine Lehrerin erzählte uns zum Beispiel: „Es sind immer die ausländischen Schüler, die die Probleme machen." Beim Workshop haben wir dann gesehen, dass diese Schüler alle hier geboren und aufgewachsen waren. Das sind keine ausländischen Schüler. Die Schwierigkeiten wurden von der Lehrerin auf die Herkunft geschoben. Wegen ihres Aussehens hat sie die Schüler in eine Schublade gesteckt. Die Lehrerin hatte ihnen gegenüber eine bestimmte Erwartungshaltung, und so benahm sie sich dann auch. Das sah man deutlich an ihrer Ausdrucksweise und Körperhaltung. Ich habe die Schüler verstanden, warum sie in eine Trotzreaktion verfallen sind. Wir haben der Lehrerin erklärt, wo wir das Problem sehen. Es gibt eben auf beiden Seiten viel zu tun.

Können die Heroes helfen, dass Jugendliche sich von den Vorstellungen ihrer Eltern emanzipieren?

Die Sozialisation spielt eine große Rolle beim Verhalten in der Klasse. Wenn wir in eine Schule kommen, sehen wir schnell, aus welchen familiären Strukturen ein Schüler kommt. Wenn Mädchen westlich leben wollen, bekommen sie in autoritären Familien Schwierigkeiten. Denn ihr Verhalten wird nicht akzeptiert. Das Hauptproblem dabei ist dieses zwanghafte, traditionelle Kulturverständnis. Es ist völlig dogmatisch und ideologisch und es schürt Ängste und Feindbilder. Ein Jugendlicher sagt im Workshop: „Meine Schwester darf keinen Freund haben. Ich würde sie schlagen." Wenn ich dann nachhake, merke ich, dass das die Einstellung in seiner Familie ist. Das kann ich mit einem Gespräch nicht auflösen. Es ist auch schwierig, denn wenn er zu Hause eine liberale Meinung vertritt, bekäme er Probleme. Die Verbindung zur Familie würde gestört.

Kinder haben Verlustängste, sie wollen Anerkennung und Liebe von ihren Eltern. Dafür nehmen sie viel in Kauf. Der Emanzipationsprozess ist deshalb sehr langwierig, da gibt es keine schnellen Erfolge. Die Mädchen wollen keinen Bruch mit ihrer Familie. Deshalb wehrt sich auch nur eine Minderheit gegen ihre Eltern. Aber allein die Tatsache, dass es in Berlin Frauenhäuser für Mädchen bis 21 Jahre gibt, zeigt, wie ernst dieses Problem ist.

Was bedeutet der Ehrbegriff?

Für Ehre gibt es im Deutschen nur ein Wort. Im Türkischen gibt es dagegen zwei Begriffe: *Onur* bedeutet Würde und Stolz. Das ist kein Problem. Aber *Namus* steht für die Ehre, die die Sexualität der Frau betrifft, für die Ehre eines Kollektivs.

Damit sind große Probleme verbunden, denn das unterdrückt nicht nur die Frauen, sondern auch die Männer, die ebenfalls in diesem System gefangen sind. Denn die Ehre der Frau wird auf die ganze Familie übertragen. Wenn etwas passiert, haben alle ihre Ehre verloren. Um das zu verhindern, soll eine Frau möglichst nicht in Kontakt mit fremden Männern kommen. Sie muss deshalb ständig beschützt und überwacht werden. Im Extremfall durch das Tragen einer Burka.

Wenn ein Mann mir sagt, alle Frauen müssten sich voll verschleiern, sonst würden sie vergewaltigt, dann denke ich: Der hat ein ernstes Problem mit seiner Sexualität. Denn wieso sonst geht er davon aus, dass jeder Mann ein potenzieller Vergewaltiger ist?

ESRA D. – IN DER MITTE DER GESELLSCHAFT ANGEKOMMEN

Weihnachtsbaum und Zucker-fest, Nikolaus und Ramadan, deutsche Effizienz und orientali-sche Gastfreundschaft, europäi-scher Arbeitsalltag und türki-sches Familienleben. Für die Enkel der türkischen Gastarbei-ter, die jetzt in der dritten Gene-ration in Deutschland leben, ver-mischt sich vieles. Im Alltag und den gelebten Bräuchen, aber auch bei der Frage der Identität. Sind sie Türken oder Deutsche oder Deutschtürken oder tür-kischstämmige Deutsche?

„Ich bin eine echte Hambur-ger Deern", sagt Esra. „Denn ich bin in Hamburg geboren und aufgewachsen. Aber ich sehe nicht wie eine Norddeutsche aus. Deshalb werde ich manchmal gefragt, wo-her ich komme. Was soll ich da sagen? Inzwischen antworte ich: ‚Ich bin Deutsche, meine Eltern stammen aus der Türkei.' Damit hat sich meist eine lange Diskussion erledigt, wer und was ich bin."

Aus Anatolien nach Hamburg

Esras Familie stammt aus Anatolien. Der Großvater mütterlicherseits kam als Gastarbeiter nach Deutschland, denn das Leben auf dem anatolischen Dorf bot ihm keine Perspektive. Ein Onkel lebte bereits in Deutschland und schwärmte, wie gut es hier sei. Darauf beschloss Esras Großvater, ebenfalls sein Glück als Gastarbeiter zu versuchen. Er hoffte auf ein schöneres Leben und eine bessere Zukunft für sich und seine Familie.

„Aber zuerst war es für ihn sehr schwierig. Das erste Jahr war hart. Er hatte keine Wohnung. Arbeitskollegen haben ihn aufgenommen. Immer abwechselnd hat er mal bei dem einen, mal bei einem anderen übernachtet. Dann hat er mit dem Onkel, der auch noch ohne Familie hier war, eine Wohnung geteilt. Es war schwer für meinen Opa, ohne seine Familie zu leben. Deshalb hat er nach einem Jahr, als er endlich eine eigene Wohnung hatte, die Familie nachgeholt: Oma, meine Mutter, sie war damals 15 Jahre alt, und den jüngsten Sohn. Zwei weitere Söhne blieben zunächst in der Türkei. Die kamen dann ein halbes Jahr später nach."

Wie alle Gastarbeiter, kam Esras Großvater mit der Vorstellung nach Deutschland, hier ein paar Jahre zu arbeiten und dann mit seinen Ersparnissen in die Türkei zurückzukehren.

„Das ist ihm nicht gelungen. Denn nach drei Jahren hatten sich meine Großeltern an das Leben in Deutschland gewöhnt. Mein Opa war bei der Stadtreinigung angestellt. Meine Oma begann als Reinigungskraft in Firmen zu arbeiten. Es war eine tolle Sache, dass sie hier ihr eigenes Geld verdienen konnte. In ihrem Heimatort wäre ihr das als Frau unmöglich gewesen.

Nach ein paar Jahren alles wieder aufzugeben, was sie sich hier aufgebaut hatten, war ihnen nicht möglich. So sind meine Großeltern in Deutschland geblieben und erst als Rentner wieder in die Türkei gezogen."

Hochzeit in der Türkei

Während eines Urlaubs in der alten Heimat verliebte sich Esras Mutter. Die Hochzeit wurde in der Türkei gefeiert, weil dort die meisten Verwandten lebten. Aber es war klar, dass das junge Ehepaar zusammen in Deutschland leben wollte. Der Bräutigam konnte allerdings nicht sofort nach Hamburg ziehen. Er hatte in der Türkei studiert, war Lehrer für Naturwissenschaften und Technik und konnte nicht gleich kündigen. So dauerte es über ein Jahr, bis er seiner Frau folgen konnte.

„Mein Vater ist der einzige aus seiner Familie, der nach Deutschland gegangen ist. Das hat er aus Liebe zu meiner Mutter getan. Er wollte auch hier als Lehrer arbeiten, aber er konnte kein Wort Deutsch. Deshalb hat er einen Sprachkursus besucht. Das war die Voraussetzung, um seine Studienabschlüsse anerkannt zu bekommen. Aber es kam anders. Denn ich war schon geboren und als Baby sehr oft krank. Jemand musste zu Hause bleiben und sich um mich kümmern. Meine Großeltern und meine Mutter waren festangestellt und verdienten das Geld für die Familie. Also blieb mein Vater zu Hause und hat mich gepflegt. Er brach den Kursus ab und verpasste damit den Anschluss an den Unterricht. Als es mir besser ging, ist er arbeiten gegangen, damit meine Mutter nicht länger die Alleinverdienerin sein musste."

Esras Vater verdingte sich zunächst als Fabrikarbeiter. Dann machte er sich mit einem Lebensmittelladen selbstständig.

Ein Leben in zwei Welten

Esra absolvierte nach dem Abitur eine Ausbildung zur Finanzwirtin. Sie arbeitet und macht gleichzeitig ein Abendstudium in Wirtschaftsrecht.

„Das ist interessant und manchmal auch anstrengend. Besonders, wenn ich mich neben der Arbeit auf Klausuren für die Uni vorbereite. Aber meine Eltern haben mir beigebracht, dass man im Leben viel arbeiten muss. Das haben sie mir auch vorgelebt, und so habe ich es von ihnen übernommen."

Während der Ausbildung war Esra zum ersten Mal in ihrem Leben in einer Umgebung, wo sie die einzige mit einem ausländischen Familienhintergrund war.

„Das hatte ich vorher nicht gekannt. In der Klasse, in der Nachbarschaft lebten auch andere Kinder, deren Eltern nicht aus Deutschland stammten. Während der Ausbildung habe ich mich trotzdem nicht ausgegrenzt gefühlt. Meine Kollegen waren sehr nett und herzlich. Aber es kamen Fragen, woher ich stamme. Wäre ich blond, hätten sie sicherlich nicht gefragt.

Da habe ich gemerkt, dass ich in zwei Welten lebe, und habe angefangen, intensiv darüber nachzudenken, wohin ich gehöre. Ich habe Dialoge mit mir selbst geführt: Wer bin ich? Wie möchte ich leben? Ich habe mir überlegt, dass ich mich nicht für eine Seite entscheiden muss. Ich bin eine Mischung und kann mich beiden Seiten gut anpassen. Ich kann beides sein, deutsch und türkisch, halbe-halbe. Die beiden Hälften teilen sich bei mir genau auf: Das Leben in der Familie ist zu 100 Prozent türkisch. Das Leben außerhalb, früher die Schule, jetzt die Arbeit, ist zu 100 Prozent deutsch.

Denn die türkische Kultur erlebe ich nur in der Familie. Die meiste Zeit des Tages verbringe ich in meinem deutschen Leben, bei der Arbeit und mit meinen Freunden, von denen ein Großteil Deutsche sind. Mit dieser Aufteilung fühle ich mich wohl."

Unterschiede im Alltag

Der Unterschied zwischen einem deutschen und einem türkischen Lebensstil macht sich auch im Alltag bemerkbar. In der Türkei werden beispielsweise Geburtstage traditionell nicht gefeiert. Esra weiß nicht, wann ihre Großeltern geboren sind, es spielt keine Rolle. Den Brauch, Geburtstage groß zu feiern, hat die Familie erst in Deutschland kennengelernt.

„Meine Eltern haben das übernommen. Als meine Schwester und ich in den Kindergarten kamen, haben sie für uns zu Hause auch Kindergeburtstage mit unseren Freunden organisiert. Meine Großeltern fanden das alles sehr seltsam."

Auch die Gesprächsthemen sind unterschiedlich, je nachdem, ob sich Esra mit ihren deutschen oder türkischen Freundinnen trifft.

„Meine türkischen Freundinnen und Cousinen reden gern übers Heiraten, auch wenn sie erst Anfang 20 sind. Mit meinen

Esra bei ihrem ersten Geburtstag mit ihrer Mutter

184

deutschen Freundinnen ist das kein Thema. Die wollen erst eine Ausbildung machen und studieren. Hochzeitspläne sind für sie noch in weiter Ferne. Mir gefällt beides. Ich mag ein intensives, enges Familienleben. Ich finde es aber auch sehr wichtig, dass Frauen erst eine Ausbildung machen, bevor sie heiraten und eine Familie gründen. Meine Eltern haben immer darauf gedrungen, dass wir Töchter Erfolg in der Schule haben, eine Berufsausbildung abschließen und Karriere machen können. Auch wenn sie sich auf Enkel freuen."

Ein großer Unterschied zwischen den Kulturen zeigt sich vor allem bei der Gastfreundschaft.

„Deutsche Gastgeber bieten einem natürlich etwas zu trinken und zu essen an. Aber das ist nichts im Vergleich zu Besuchen bei türkischen Familien. Denn da werden Speisen aufgetürmt, bis sich der Tisch biegt. Der Gast muss ununterbrochen essen. Denn er soll sich wohlfühlen. Und wohlfühlen heißt: sehr viel essen! Das stresst den Gastgeber, der kochen muss, aber auch den Gast, der irgendwann stöhnt, weil es zu viel ist. Aber das gehört dazu. Es ist Ausdruck der Gastfreundschaft."

Esra bei ihrer Einschulung

Fließend in zwei Sprachen

Esras Familie spricht zu Hause überwiegend Türkisch. Deutsch hat sie im Kindergarten und in der Schule gelernt.

„Um schnell Deutsch zu lernen, wäre es besser gewesen, wenn wir es zu Hause auch gesprochen hätten. Dann hätte ich mehr Übung gehabt. So konnte ich rasch alles verstehen, aber beim Sprechen habe ich noch lange Fehler gemacht. Nach einiger Zeit kam ich mit meinen Deutschkenntnissen im Alltag zurecht. Durch die Schule und die Freundschaften mit deutschen Mädchen wurde es besser. Aber mein Deutsch hatte nicht das Niveau wie mein Türkisch. Ich sprach zwar fließend, aber ich konnte nicht immer präzise genau das ausdrücken, was ich sagen wollte. Das hat sich erst in der neunten Klasse geändert.

Inzwischen ist es umgekehrt. Deutsch zu sprechen fällt mir leichter als Türkisch. Denn mein deutsches Vokabular ist größer. Das fällt mir immer auf, wenn ich im Urlaub in der Türkei bin. Ich kann mich dort zwar fließend über Alltagsthemen unterhalten, aber wenn es um anspruchsvolle Themen geht, fehlen mir Begriffe.

Am einfachsten ist, wenn ich beide Sprachen mischen kann, je nachdem, welches Wort mir zuerst einfällt, das türkische oder das deutsche. Aber das funktioniert nur mit einem Gesprächspartner, der auch beide Sprachen fließend beherrscht."

Geflügelwurst statt Schweinebraten

Als Muslimin isst Esra kein Schweinefleisch. In Hamburg muss sie das nur selten erklären.

„Hamburg ist eine weltoffene Stadt, in der viele Ausländer und Migranten leben. Da ist das kein Thema. Auch meine Arbeitskollegen berücksichtigen ganz selbstverständlich die Speisevorschriften. Als eine Kollegin zu einem Frühstück einlud, hatte sie für mich Geflügelwurst besorgt. Ich hatte ihr nichts gesagt, sie hat das ganz selbstverständlich gemacht. Das fand ich toll.

Denn ich mag es nicht, wenn ich mich in großer Runde erklären muss. Wenn man sich zu zweit unterhält, ist das etwas anderes. Wenn da Fragen kommen, finde ich das nicht schlimm. Ich bin ja auch neugierig und will über den anderen viel wissen. Aber in einer Gruppe finde ich diese ständigen Fragen nach den Regeln des Islam unangenehm. Alle starren mich an und erwarten eine überzeugende Antwort.

Ich will niemanden überreden, dass meine Meinung richtig ist. Es ist eben meine Religion. Das ist generell ein sehr schwieriges, heikles Thema. Deshalb rede ich über Religion nicht gern. Jeder hat seinen Glauben. Dafür will ich mich nicht rechtfertigen."

Woher kommst du? Aus Hamburg!
Und wo bist du geboren? In Hamburg!!
Aber woher stammst du eigentlich?
Aus Hamburg!!!

ESRA D.

Fasten und Feiern

Im Monat Ramadan fasten Muslime 30 Tage lang. Sie dürfen zwischen Sonnenaufgang und -untergang weder essen noch trinken. Kranke, Schwangere und Kinder sind vom Fasten ausgenommen.

„Ich faste im Ramadan so weit es geht. Aber als ich neben der Arbeit Klausuren an der Uni schrieb, konnte ich es nicht. Da zwinge ich mich auch nicht. Denn Religion sollte kein Zwang sein. Vor allem nichts zu trinken, ist hart. Umso schöner ist es, sich abends hungrig mit den anderen an einen Tisch zu setzen, die alle auch Hunger haben. Dann teilt man das Glück des Essens.

Das Zuckerfest am Ende des Ramadans ist herrlich. Wenn man einen Monat gefastet hat, schmecken all die Köstlichkeiten besonders gut.

Das Opferfest ist das zweite große Fest für Muslime. Ich mag es nicht so wie das Zuckerfest. Denn zum Opferfest wird traditionell sehr viel Fleisch gegessen, und ich esse nicht so gern Fleisch.

Das Beste am Opferfest ist für mich, dass die ganze Familie zusammenkommt. Vier Tage lang wird gefeiert. Früher war es selbstverständlich, dass sich alle am ersten Tag bei meinen Großeltern trafen. Sie waren die zentrale Anlaufstelle bei allen Festen. Seit sie wieder in der Türkei leben, trifft sich zwar auch die Familie, aber die einen kommen am ersten Tag, die anderen an einem späteren. Es war schöner, als alle gemeinsam bei Oma und Opa gefeiert haben."

Der Nikolaus beschenkt auch muslimische Kinder

Esra erlebte im Kindergarten und in der Grundschule, wie in Deutschland Weihnachten gefeiert wird. Eine Freundin lud sie nach

Hause ein, da sah sie einen üppig geschmückten Weihnachtsbaum und schwärmte ihren Eltern vor, wie schön das sei.

„Ich wollte unbedingt auch einen geschmückten Baum."

Im nächsten Jahr stellten die Eltern eine Tanne in der Wohnung auf. Der Weihnachtsmann brachte Geschenke. Denn die Eltern wollten nicht, dass sich ihre Töchter ausgegrenzt oder benachteiligt fühlten, wenn ihre Freundinnen nach Weihnachten stolz erzählten, was sie alles geschenkt bekommen hatten.

„Ich liebe das Weihnachtsfest! Die vielen Lichter und Kerzen. Das ist eine wunderschöne Atmosphäre, deshalb feiere ich es bis heute gern."

Der Heilige Nikolaus stammt aus Myra. Der Ort liegt in der heutigen Türkei.

„Der Nikolaus ist ebenfalls supernett und beschenkt auch muslimische Kinder. Den Stiefel gefüllt zu bekommen, war kein Wunsch von uns Kindern, so wie der Weihnachtsbaum. Wir haben zu Hause nicht gesagt: ‚Der Nikolaus kommt zu unseren Freundinnen, wir wollen, dass er auch zu uns kommt.' Aber meine Großeltern haben von dem Brauch gehört und uns am 6. Dezember etwas in die Schuhe gesteckt.

Ich habe das große Glück, mir aussuchen zu können, was ich schön finde, denn ich lebe in zwei Kulturen."

Leben mit den Eltern

Mit Mitte 20 lebt Esra ebenso wie ihre Schwester noch zu Hause bei den Eltern.

„Ich genieße unser Familienleben. Ich finde es schön, abends von der Arbeit nach Hause zu kommen und mit meinen Eltern reden zu können. Hätte ich eine eigene Wohnung, wäre ich sicherlich einsam, wenn alles um mich herum still ist und ich niemandem erzählen kann, was ich erlebt habe. Deutsche sind immer ganz erstaunt, wenn ich erzähle, dass ich noch zu Hause wohne. Sie können das nicht verstehen und fragen nach. Ich muss es immer wieder erklären, das ist nervig. Wieso stellen sie meine Lebensweise in Frage? Ich tue es bei ihnen ja auch nicht.

Unsere Wohnung ist klein. Zum Lernen für die Uni brauche ich Platz. Wir haben deshalb überlegt, ob ich mit meiner Schwester zusammen eine Wohnung miete. Aber das hat sich dann nicht ergeben.

Meine Eltern sind sehr modern und aufgeschlossen. Trotzdem kommt eines für sie und auch für mich nicht in Frage: mit einem Freund zusammenzuziehen, wie es meine deutschen Freundinnen machen. Das möchte ich nicht. Eine gemeinsame Wohnung gibt es erst nach der Hochzeit."

Die ideale Hochzeit: 400 Gäste oder nur die engsten Freunde?

Türkische Hochzeiten werden groß gefeiert. Mehrere Hundert Gäste sind normal. 800 keine Seltenheit. Denn es müssen alle eingeladen werden: Verwandte, Freunde, Bekannte, Arbeitskollegen, Geschäftspartner, Nachbarn.

„Eine türkische Hochzeit ist standardisiert. Die islamische Hochzeit und die standesamtliche Trauung finden vorher statt. Die eigentliche Feier ist eine riesige Angelegenheit. Das finde ich nicht schön. Wieso soll ich meine Hochzeit mit Leuten feiern, die vor zehn Jahren meine Nachbarn waren? Ich habe deshalb mit meiner Mutter geredet. Sollte ich irgendwann heiraten, möchte ich eine deutsche Hochzeit. Da kommen nur meine Liebsten, enge Verwandte und die besten Freunde. Mit denen kann ich das Fest ganz individuell gestalten, so wie es mir gefällt. Das finde ich sinnvoller und macht bestimmt mehr Spaß.

Aber meine Mama hat geantwortet: ,Wir waren auf so vielen Hochzeiten eingeladen. Sie erwarten eine Gegeneinladung. Es wäre unhöflich, im kleinen Kreis zu heiraten.'

Da zeigt sich die Zerrissenheit, als Türkin in Deutschland zu leben. Ich werde eine türkische Hochzeit haben, weil sich das so gehört. Dabei hätte ich persönlich lieber eine deutsche Hochzeit. Aber das kann ich meinen Eltern nicht antun. Auch bei der Wahl des Bräutigams ist die ganze Familie involviert. Ich kann mir vorstellen, einen Deutschen zu heiraten. Mit meinen Eltern wäre das sicherlich kein Problem. Eine Freundin von mir hat einen Deutschen geheiratet. Wir waren zur Hochzeit eingeladen.

Meine Eltern haben immer darauf gedrungen, dass ich fleißig bin und viel arbeite. Dabei gilt diese Einstellung doch als typisch deutsch!

ESRA D.

Meine Mutter war begeistert von dem Bräutigam. Deshalb könnte ich sie bestimmt überzeugen, wenn ich einen netten deutschen Mann kennenlerne.

Aber bei den Türken zählt die Meinung der ganzen Familie. Die setzen sich alle zusammen und diskutieren, egal ob er ein Deutscher oder ein Türke ist. Es könnte sogar sein, dass sie einen Deutschen besser fänden als einen Türken, der aus einer ihrer Meinung nach falschen Provinz oder unpassenden Familie stammt. Aber wahrscheinlich wird es sowieso schwierig, meine Eltern zu überzeugen, dass irgendein Mann gut genug ist für ihre Tochter. Das ist in deutschen Familien bestimmt ähnlich."

Integration muss sein

„Ich gerate schnell in hitzige Diskussionen, wenn türkische Freunde oder Bekannte Deutschland ablehnen. Ich finde, jeder soll so leben und denken, wie er möchte. Aber wenn jemand auf die Deutschen schimpft, die Deutschen beleidigt, dann gehe ich gleich dazwischen. Wenn ein Deutscher vielleicht etwas Blödes gesagt hat, heißt das nicht, alle Deutschen sind blöd oder das ganze Land ist mies. Ich mag keine Verallgemeinerungen. Denn wer verallgemeinert, wird dem Einzelnen nicht gerecht. Deshalb mag ich auch kein nationalistisches Denken. Jeder soll seine Heimat lieben, natürlich, aber wenn das dazu führt, dass man andere Länder und Völker ablehnt oder sich ausgrenzt, dann ist das gefährlich.

Denn wir sind verpflichtet, uns in Deutschland zu integrieren. Das muss sein, weil wir hier leben. Punkt. Ich lebe und arbeite hier, verdiene Geld und habe ein gutes Leben. Ich fühle mich wohl und akzeptiert und ich fühle mich sicher. Deshalb lebe ich gern hier und mag es nicht hören, wenn andere Deutschland schlechtmachen."

„Ich bin ein bisschen norddeutsch"

Deutschland, besonders Hamburg, ist für Esra ihre Heimat, die Türkei ein Urlaubsland. Auch wenn sie die Türkei vermisst, sobald sie aus den Ferien zurück ist und deshalb gleich die nächste Reise plant.

„Ich liebe die Türkei! Ich freue mich schon Wochen im Voraus darauf. Dort steige ich aus dem Flugzeug und atme tief durch. Wunderbar! Auch mit geschlossenen Augen merke ich sofort, dass ich in der Türkei bin. Ich fühle mich dort gut. Aber damit das so bleibt, ist es wahrscheinlich besser, wenn ich hier lebe und dort nur Urlaub mache. Wenn ich nämlich länger dort bin, verliert sich das Gefühl. Dann beginnt mich das ein oder andere zu stören. Denn der Alltag ist anders. Ich finde ihn schwierig und gelegentlich sehr stressig. In Deutschland ist alles strukturierter und organisierter.

Das beste Beispiel ist der Verkehr. Ich habe meinen Führerschein in Hamburg gemacht, ich bin an die deutschen Regeln gewöhnt. Hier ist es das Schlimmste, über eine rote Ampel zu fahren. In der Türkei dagegen werde ich sofort angehupt, wenn ich an einer roten Ampel halte. Deshalb bin ich dort im Auto total gestresst.

Auch das Einkaufen ist im Urlaub nicht entspannend. Zwar handle ich natürlich auf Türkisch. Ich lasse mir nicht anmerken, dass ich aus Deutschland komme. Sonst müsste ich höhere Preise zahlen.

Aber schwierig finde ich in kleinen Boutiquen, dass gleich Verkäufer kommen und beraten wollen. Das ist für mich keine angenehme Beratung, sondern ich empfinde das als aufdringlich. ‚Das müssen Sie nehmen, das steht Ihnen gut!' Dabei sehe ich doch, dass es das nicht tut. Ich fühle mich bedrängt und gestresst. Dann kaufe ich etwas, was ich gar nicht wollte, nur um der Situation zu entgehen. Hamburg hat eben auf mich abgefärbt. Ich bin ein bisschen norddeutsch, ich brauche mehr Abstand."

„Cool, der Türke hat ein Tor für Deutschland geschossen!"

„Bei der Weltmeisterschaft in Brasilien war ich für Deutschland. Die Türkei war nicht dabei. Wenn Deutschland gegen die Türkei spielt, bin ich eher für die Türkei, aber ich bin nicht traurig, wenn Deutschland gewinnt. Auf jeden Fall gibt es hinterher eine große Party. Als

Esra (links) mit ihrem Vater und ihrer jüngeren Schwester Sema

die Türkei bei der Weltmeisterschaft 2002 Dritte wurde, ging es richtig ab. Es war ein tolles Fest im ganzen Stadtteil. Als Deutschland 2014 Weltmeister wurde, war hier auch eine Wahnsinnsparty auf den Straßen. Es spielen ja auch Fußballer aus ursprünglich türkischen Familien in der deutschen Nationalmannschaft. Da hat jeder einen Grund zu feiern, Deutsche wie Türken.

Es ist nicht einfach, zwischen zwei Welten zu leben, trotzdem haben es sehr viele Türken geschafft. Das ist großartig. Deshalb freue ich mich mehr, wenn Mesut Özil ein Tor schießt statt Mario Götze. Denn dann denke ich: Cool, der Türke hat ein Tor geschossen, und gleichzeitig ist es ein Tor für Deutschland! Da passt alles zusammen, und alle freuen sich.

Ich bin immer wieder begeistert, wenn ich höre, dass Türken hier Karriere machen, etwas erreichen. Darauf bin ich stolz. Denn das zeigt, dass wir dazugehören. Die Türken in Deutschland sind nicht mehr nur Fabrikarbeiter, die wieder gehen sollen. Sie sind in der Mitte der Gesellschaft angekommen."

5

WER BIN ICH?
DIE SCHWIERIGE FRAGE NACH DER EIGENEN IDENTITÄT

„Was und wer bin ich? Ist das Land, in dem ich lebe, meine Heimat?" Wer in eine Familie geboren wird, die seit Generationen in einem Land lebt, stellt sich diese Fragen nicht. Er weiß, woher er stammt und wohin er gehört. Er identifiziert sich mit dem Land, in dem er lebt; seine Identität ist klar.

Dabei sind Nationalität und Staatszugehörigkeit nicht immer identisch. In vielen Ländern leben mehrere Völker. In Deutschland zum Beispiel sind Sorben und Dänen anerkannte Minderheiten mit deutschem Pass. Die Frage, wer Deutscher ist, wurde erschwert, weil es von 1949 bis 1990 zwei deutsche Staaten gab – die Bundesrepublik und die DDR. Auf beiden Seiten der Grenze lebten Deutsche mit gemeinsamer Geschichte, Kultur und Sprache, aber sie definierten sich als Westdeutsche oder als DDR-Bürger. Nach dem Fall der Mauer im Herbst 1989 hatten viele Ostdeutsche das Gefühl, *deutsch* werde mit *westdeutsch* gleichgesetzt. Ihre ostdeutsche Identität würde ignoriert. Entsprechend lange dauerte es, bis „zusammenwuchs, was zusammengehört", wie es der ehemalige Bundeskanzler Willy Brandt formulierte.

Wie viel schwerer ist es dann für Menschen mit Migrationshintergrund, ihre Identität zu finden? Wohin gehören sie? Ins Herkunftsland ihrer Familie oder in die neue Heimat? Was macht ihre Identität aus? Selbst wenn sie die deutsche Staatsbürgerschaft besitzen, heißt das noch nicht, dass sie auch als Deutsche akzeptiert werden.

Jugendliche mit Migrationshintergrund können hier geboren und aufgewachsen sein, fehlerfrei Deutsch sprechen, einen deutschen Pass besitzen und sich als Deutsche fühlen. Trotzdem werden sie aufgrund ihres Äußeren wieder und wieder gefragt, woher sie denn kommen. Ein Grund dafür kann die Art und Weise sein, nach welchem Prinzip ein Staat die Zugehörigkeit regelt.

Wann ist man Deutscher?

Für die Staatsbürgerschaft eines Landes gibt es zwei unterschiedliche Verfahren. Zum einen das Territorialprinzip, wie es die USA als klassisches Einwanderungsland praktizieren. Wer auf amerikanischem Boden geboren wird, ist automatisch Amerikaner. Dagegen steht das Abstammungsprinzip, wie es in Deutschland üblich ist. Wer mindestens einen deutschen Elternteil hat, ist von Geburt an Deutscher. Deshalb gelten auch Russlanddeutsche, deren Ahnen vor 250 Jahren ausgewandert sind, nach wie vor als Deutsche. Dieses Denken ist in Deutschland fest verwurzelt. Während es für US-Amerikaner selbstverständlich ist, dass ihre Mitbürger eine unterschiedliche Herkunft, Aussehen oder Religion haben, tun sich viele Deutsche schwerer, Mitbürger mit Migrationshintergrund als Deutsche zu akzeptieren.

Unsere Identität wird nicht nur durch den Pass geprägt, sondern vor allem durch das Umfeld, in dem wir aufwachsen, durch Familie, Schule, Arbeit, Religion und Kultur. Menschen mit Migrationshintergrund erleben mit der Übersiedlung in ein anderes Land einen Bruch in ihrer persönlichen Geschichte. Sie müssen sich in einer fremden Umgebung mit anderer Kultur und Sprache zurechtfinden. Der Spagat zwischen der alten und der neuen Heimat kann bei ihnen zu inneren Konflikten führen.

Dies betrifft vor allem die zweite Generation der Migranten, die hier geboren wurde. Denn sie wächst im Grunde mit zwei Identitäten auf – zum einen der des Herkunftslandes ihrer Eltern und zum anderen der ihrer neuen Heimat. Innerhalb der Familie werden häufig noch Werte, Kultur und Sprache des Herkunftslandes gelebt, in der Schule und im Beruf müssen sich die Kinder dagegen an die neue Heimat anpassen. In zwei oft sehr unterschiedlichen Welten zu leben, ist für viele junge Menschen eine echte Herausforderung.

Viele arrangieren sich und leben dauerhaft mit einer Mischung beider Kulturen. Andere passen sich der neuen Heimat völlig an; nur ihr Name erinnert noch daran, dass die Familie ursprünglich aus einem anderen Land stammt.

Aber es gibt auch die umgekehrte Tendenz bei Migranten. Sie fühlen sich ausgegrenzt und mit ihren Wertvorstellungen nicht akzeptiert. Oder sie wollen sich gar nicht integrieren, weil sie keine emotionale Verbundenheit mit dem neuen Land haben, in dem sie leben. Umso stärker identifizieren sie sich mit dem Herkunftsland ihrer Familie, schotten sich ab und bleiben unter sich.

Zwei Identitäten

Das Leben in zwei Kulturen kann zu innerer Zerrissenheit führen, besonders wenn es unterschiedliche Vorstellungen von Familienleben, Gleichberechtigung und sexueller Selbstbestimmung gibt. Traditionell eingestellte Eltern wollen nicht, dass ihre Kinder die alten Werte missachten, die Gesellschaft verlangt von ihnen wiederum, sich dem westlichen Lebensstil anzupassen.

Dabei wollen sich viele Menschen mit Migrationshintergund nicht festlegen. Sie fühlen sich zwei Kulturen verbunden und wollen das auch leben. Sie reden mit Verwandten in ihrer Muttersprache und pflegen traditionelle Feste, aber in der Schule und im Beruf unterscheiden sie sich nicht von ihren Mitschülern oder Kollegen.

Sie haben den Vorteil, mehrsprachig aufzuwachsen, aufgeschlossen und sehr flexibel zu sein, was ihnen in unserer globalisierten Welt hilft. Das Aufwachsen mit zwei Kulturen kann eine große Bereicherung sein.

TOMASZ T. – PENDLER ZWISCHEN ZWEI LÄNDERN

Wer seine Heimat freiwillig für immer verlässt, hat meist Zeit, vorher über die Entscheidung nachzudenken, sich zu verabschieden, das Wichtigste einzupacken und Andenken mitzunehmen. Der Pole Tomasz T. hatte dazu keine Gelegenheit. Er wurde als Student in Peking vom politischen Umsturz in seiner Heimat überrascht. 7 000 Kilometer von Warschau entfernt, wurde er über Nacht zum politischen Flüchtling.

Da er für die damals verbotene Gewerkschaft Solidarność gestreikt hatte, musste er befürchten, nicht mehr studieren zu dürfen und verhaftet zu werden. Er konnte nicht zurück. Es sollte ein halbes Jahr dauern, bis er auf abenteuerlichen Wegen die Bundesrepublik Deutschland erreichte.

Streiken für die Solidarność

Tomasz wuchs in Warschau auf. Als er fünf Jahre alt war, ließen sich seine Eltern scheiden. Nach dem Abitur begann er ein Studium der Kunstgeschichte an der Warschauer Universität. Tomasz studierte in turbulenten Zeiten. Denn 1980 begann die neu gegründete Gewerkschaft Solidarność gegen das repressive politische System der kommunistischen Partei in Polen zu streiken. Im Herbst 1981 spitzte sich die politische Lage zu. Studenten, darunter auch Tomasz, besetzten aus Solidarität mit der Gewerkschaft fünf Wochen lang die Warschauer Universität.

Während des Streiks verabredete sich Tomasz mit einigen Studenten zu einer Reise nach China.

„Ich wollte als angehender Kunsthistoriker viel von der Welt sehen. Obwohl Polen zum Ostblock gehörte, wurden Reisegenehmigungen dort nicht so strikt gehandhabt wie in der DDR. Für eine Reise konnte man einen Pass beantragen, man wurde genau befragt, wohin man fahren wollte und weshalb. Bei diesen Gesprächen wurde gelegentlich auch eine Zusammenarbeit mit dem polnischen Geheimdienst vorgeschlagen, aber auch wenn man das ablehnte, hatte man Chancen, den Pass zu bekommen. Polen war ein autoritärer Staat. Trotzdem durften auch Menschen, von denen bekannt war, dass sie mit der Opposition zu tun hatten, ins Ausland reisen. Ireneusz Gugulski, mein Polnischlehrer, der ein sehr bekannter Dissident war, konnte einmal nach Schweden fahren. Nach der Rückkehr musste man den Pass gegen den während der Reise von der Volkspolizei einbehaltenen Personalausweis zurückgeben."

Schreckensnachricht auf dem Platz des Himmlischen Friedens

„Am 10. Dezember 1981 fuhren wir zu siebt los. Weil damals in Polen Inflation herrschte, war die Reise spottbillig. Die Fahrt mit dem Flugzeug nach Moskau und von dort weiter mit der transsibirischen Eisenbahn kostete umgerechnet nur 27 Dollar.

Tomasz am 14. Dezember 1981 auf dem Platz des Himmlischen Friedens in Peking

Am Montag, den 14. Dezember, kamen wir in Peking an und gingen gleich auf den Tian'anmen Platz. Dort kamen wir ins Gespräch mit einem amerikanischen Touristen, der fragte, ob wir wüssten, dass seit Sonntag in Polen das *martial law* gelte? Ich war im ersten Moment begeistert. Denn ich dachte, wegen der schweren Wirtschaftskrise bekäme Polen nun einen Marshall-Plan wie Deutschland nach dem Zweiten Weltkrieg. Ich dachte, jetzt würden in Warschau Rosinenbomber landen mit Hilfspaketen und Lebensmitteln, wie damals in Berlin. Aber dann erklärte uns der Amerikaner, dass *martial law* Kriegsrecht bedeutet und in Warschau Panzer durch die Straßen führen. Ausgerechnet auf dem Platz des Himmlischen Friedens ereilte uns diese furchtbare Nachricht! Panzer hielten das Zentrum von Warschau besetzt. Menschen waren umgekommen, Tausende wurden verhaftet und kamen in Internierungslager. Und wir waren 7000 Kilometer von der Heimat entfernt."

Die Solidarność

Das von der kommunistischen Partei regierte Polen geriet Ende der 1970er Jahre in eine schwere Wirtschaftskrise. Als im Sommer 1980 die Lebensmittelpreise drastisch erhöht wurden, kam es zu Streiks. Arbeiter besetzten im August die Lenin-Werft in Danzig. Ihr Anführer war der Elektriker Lech Wałęsa. Die Streikenden verlangten Rede- und Streikfreiheit sowie die Zulassung freier Gewerkschaften. Im September wurde die Gewerkschaft Solidarność (Solidarität) gegründet mit Wałęsa als Vorsitzendem. Die Gewerkschaft hatte schnell zehn Millionen Mitglieder. Am 13. Dezember 1981 verhängte Regierungschef Wojciech Jaruzelski das Kriegsrecht. Die Solidarność wurde verboten und Wałęsa wie viele andere verhaftet. 1983 bekam er für sein politisches Engagement den Friedensnobelpreis verliehen, den seine Frau entgegennahm, da er Angst hatte, ausgebürgert zu werden, wenn er nach Oslo führe. Die Solidarność war weiter als Untergrundorganisation tätig. Es kam immer wieder zu Streiks und Demonstrationen. Im Januar 1989 wurde die Gewerkschaft wieder zugelassen. Danach verhandelten Regierung und Solidarność am Runden Tisch über politische Reformen. Bei den ersten annähernd freien Wahlen im Juni 1989 gewann die Solidarność. Tadeusz Mazowiecki wurde der erste nicht kommunistische Regierungschef. Lech Wałęsa wurde 1990 zum Staatspräsidenten gewählt. Polen trat am 1. Mai 2004 der EU bei.

Flucht aus China

Die Telefonverbindungen nach Polen waren gekappt. Sie konnten ihre Familien nicht anrufen. Einer der Kommilitonen fuhr zurück nach Polen. Für die anderen kam eine Rückkehr nach Polen nicht in Frage, solange dort das Kriegsrecht herrschte. Einige wollten nach Australien weiterreisen. Tomasz beschloss, sich allein nach Westeuropa durchzuschlagen.

„Ich wollte auf keinen Fall länger in China bleiben. Ich hatte Sorge, dass sie uns nach Polen abschieben würden. Denn unsere rechtliche Situation war schwierig. Wir besaßen nur ein Touristenvisum für China, das wenige Tage gültig war. Den anderen, die dablieben, weil sie ohne Geld und Visum nicht nach Australien fahren konnten, ist genau das passiert, was ich befürchtet hatte. Die chinesischen Behörden haben versucht, sie an Polen auszuliefern. Meine Kameraden haben sich dann an die Vereinten Nationen gewandt und erhielten den Flüchtlingsstatus und entsprechende Papiere. Damit hat Australien sie schließlich aufgenommen.

Ich hatte dagegen von meinem restlichen Geld einen Flug nach Bangkok gebucht. Am 18. Dezember landete ich dort mit fünf Dollar in der Tasche. Ich ahnte nicht, dass ich insgesamt ein halbes Jahr unterwegs sein würde."

Tausende Polen demonstrierten 1981 für die Gewerkschaft Solidarność.

Die vatikanische Botschaft zahlt den Weiterflug

„Am Flughafen Bangkok tauschte ich meine fünf Dollar um. Die Fahrt mit dem Airport-Bus ins Stadtzentrum sollte die Hälfte meiner Barschaft kosten. Das konnte ich mir unter den gegebenen Umständen nicht leisten. Also blieb ich am Flughafen sitzen. Nach Stunden sprach mich ein Schwede an. Ich erzählte ihm von meiner Notlage. Daraufhin nahm er mich mit in die Stadt und lieh mir außerdem Geld, das ich ihm einige Monate später zurückzahlte. Er war der erste von vielen hilfsbereiten Menschen, die ich während meiner Odyssee kennenlernte. Damals waren viele Rucksacktouristen unterwegs. Einer hat dem anderen geholfen. Immer wieder hat mir ein Tourist oder ein Einheimischer etwas zu essen spendiert, eine Flasche Thai-Bier oder eine Übernachtungsmöglichkeit angeboten. Ich habe von einem Tag auf den anderen gelebt. Ich war 20 Jahre alt und abenteuerlustig. Es hat mir nichts ausgemacht, bei jemandem auf dem Fußboden zu schlafen.

Dann traf ich zwei polnische Brüder, die wie ich auf Reisen vom Kriegsrecht überrascht worden waren. Sie wollten in die USA emigrieren, konnten aber kein Englisch. Ich begleitete sie mehrfach als ihr Dolmetscher in die Botschaft. Zum Dank spendierten sie mir das Mittagessen und einen Schlafplatz. Das Ende vom Lied war allerdings, dass es in der amerikanischen Botschaft hieß, mir würden sie die Emigration in die USA erlauben, aber den beiden nicht. Aber ich wollte nicht in die USA, ich wollte in Europa leben.

So habe ich bis zum 7. Januar 1982 mein Leben in Bangkok bestritten. Ich wollte weiter nach Indien, denn in Bombay hatte meine Familie einen Bekannten. Ich hoffte, über ihn Kontakt zu meiner Mutter aufnehmen zu können, denn sie war zu dieser Zeit in Indien bei einem Kongress.

Da ich kein Geld für den Flug hatte, bin ich zur Botschaft des Vatikans gegangen. Ich schilderte meine Notlage, und sie bezahlten mir den Flug nach Kalkutta.

Dort verkaufte ich meine sowjetische Fotokamera, eine *Zenit*. Ich bekam dafür 60 Dollar. Jetzt war ich so reich wie seit Wochen nicht mehr. Das habe ich sofort ausgenutzt und bin nach Sikkim gefahren. Als angehender Kunsthistoriker wollte ich unbedingt die tibetische

Kunst sehen. Denn ich wusste nicht, ob ich je wieder die Gelegenheit hätte, diese Region zu besuchen. Ich war reiselustig und völlig sorglos. In dem Alter macht man sich keine Gedanken."

Gestrandet in Bombay

Tomasz reiste weiter nach Bombay. Dort konnte er buchstäblich in letzter Minute seine Mutter erreichen. Denn außer sich vor Sorge um ihren Sohn wollte sie gerade zurück nach Polen. Die beiden beschlossen, nicht in die Heimat zurückzukehren, sondern zu versuchen, nach Westdeutschland zu gelangen. Seine Mutter besaß ein deutsches Visum, weil sie einen Auftrag als Bühnen- und Kostümbildnerin für eine Theaterproduktion hatte. Mit dem restlichen Geld kauften sie ein Flugticket für die Mutter. Tomasz wollte so schnell wie möglich auf dem Landweg folgen.

„Mein Vater war in Warschau. Er bekam erst im März eine Nachricht über das Rote Kreuz, dass ich am Leben war. Es war eine verrückte, chaotische Zeit. In Bombay traf ich viele Polen, die wie ich dort gestrandet waren. Wer ein Visum für ein westeuropäisches Land hatte, war ein Glückspilz. Der musste nur noch das Geld für die Reise zusammenbekommen. Für kurze Zeit war es noch möglich, ohne Visum nach Prag zu fliegen und von dort weiter nach Wien. Aber das merkten die Tschechen schnell und holten die Polen aus der Transitzone des Prager Flughafens. Damit war auch dieser Ausweg verschlossen.

Ich hockte ohne gültige Papiere in Indien. Wie sollte es weitergehen? Nach Polen konnte und wollte ich nicht zurück. Denn meine bescheidenen Aktivitäten in einem antisozialistischen Studentenverein verhießen nichts Gutes im Falle meiner Rückkehr. Ich steckte fest."

Tomasz in Bangkok

Studienverbot in Polen

Eine Möglichkeit blieb Tomasz noch: Er konnte einen Flüchtlingsstatus bei den Vereinten Nationen beantragen. Dann hätte er zwar
Papiere, wäre aber staatenlos.

„Ich hatte Sorge, mir damit die Heimkehr nach Polen für immer
zu verbauen. Dann hätte ich meinen Vater und das Mädchen, in das
ich verliebt war, nie wiedergesehen. Ich schrieb an die Universität
in Warschau, dass ich nicht imstande sei, von meiner Reise rechtzeitig zurückzukehren. Ich bat darum, ein Semester freigestellt zu werden, um meinen Studienplatz nicht zu verlieren. Es gab in Warschau
die übelsten Gerüchte, dass unsere Gruppe gewarnt worden sei, weil
wir unmittelbar vor der Verhängung des Kriegsrechts weggefahren
waren. Das war alles Blödsinn, aber diese Gerüchte haben mir geschadet.

Ich erhielt Ende März ein Antwortschreiben vom Prorektor, dass
mir das Recht, in der Volksrepublik Polen zu studieren, aberkannt
worden sei. Angeblich hätten sich polnische Geheimagenten und
Vertreter der Sowjetunion beim Institutsdirektor, dem berühmten
Kunsthistoriker Jan Białostocki, beschwert, weil die Geschichte von
seinen sieben Studenten in China in der westlichen Presse erschienen war. Tatsächlich hatten sich in Peking die Journalisten auf uns
gestürzt. Wir boten eine menschlich rührende Geschichte, wie sie
die Presse liebt. Es erschienen Schlagzeilen nach dem Motto: Polnische Studenten gelangen über China in die Freiheit."

Über Pakistan nach Deutschland

Tomasz beantragte beim deutschen Konsulat in Bombay ein west-
deutsches Visum und erhielt es nach drei Wochen.

Einen Direktflug konnte er sich nicht leisten. Er durfte aber ohne
Visum in Pakistan einreisen. So kam er ein Stück weiter gen Westen.
Von dort führt der Weg nach Deutschland durch den Iran.

„Deshalb habe ich ein Transitvisum beantragt. Ich wartete und
wartete, aber es kam nicht. Irgendwann erzählte mir ein Bekannter,
dass er problemlos ein iranisches Visum bekommen hätte. Ich zeigte
ihm das Passfoto, das ich zusammen mit meinem Antrag eingereicht

hatte, und er fing schallend an zu lachen. Nach der islamischen Revolution im Iran 1979 waren die USA Todfeind Nummer eins für die Mullahs. Auf dem Foto trug ich ein T-Shirt, auf dem die Freiheitsstatue abgebildet war. Kein Wunder also, dass ich das Visum nicht bekam. Das war für die Iraner die reinste Provokation. Dabei war ich einfach nur gedankenlos gewesen.

Eine Reisegruppe, die ich unterwegs traf, hat dann netterweise zusammengelegt und mir

Tomasz in Sikkim in Landestracht

das Geld geliehen. Ich konnte ein Flugticket kaufen und kam Anfang Juni 1982 in Westdeutschland an."

Erzwungener Aufenthalt

Polnische Reisepässe, die vor Verhängung des Kriegsrechtes ausgestellt worden waren, so wie der von Tomasz, wurden von der Volksrepublik Polen offiziell für ungültig erklärt. Sie wurden daraufhin auch in keinem anderen Ostblockstaat anerkannt. Aber die Bundesrepublik akzeptierte sie weiterhin als gültiges Dokument.

„Als ich nach Westdeutschland kam, hieß mein rechtlicher Status *erzwungener Aufenthalt*, weil mein Pass in Polen ungültig war. Die Bundesrepublik aber hat uns Polen, egal ob wir politisches Asyl beantragt hatten oder nicht, wegen der politischen Situation in unserer Heimat eine Aufenthaltserlaubnis erteilt. So konnten auch meine Mutter und ich bleiben. Die Aufenthaltserlaubnis wurde einmal im Jahr verlängert, später alle zwei Jahre.

Meine Mutter hat nach zehn Jahren die deutsche Staatsbürgerschaft beantragt. Mein Vater blieb in Warschau. Ich habe den Antrag erst 2013 gestellt, als ich hörte, dass ich die polnische Staatsbürgerschaft behalten konnte, weil Polen inzwischen in der EU war.

Unter den Exil-Polen in Deutschland gab es ein breites Spektrum: Einige assimilierten sich völlig, sprachen fließend Deutsch. Andere taten sich schwer, in der fremden Umgebung zurechtzukommen. Wieder andere schufen sich ihr eigenes Polen in der Fremde. Sie waren nur mit anderen Polen befreundet. Es gab polnische Ärzte, polnische Lebensmittelläden, polnisches Fernsehen. Sie kamen auch ohne Deutsch klar.

Ich wollte nicht in die Exilecke. Ich hatte von Anfang an viele deutsche Freunde. Trotzdem hatte ich auch mit anderen Polen zu tun, denn wir waren auf gegenseitige Unterstützung angewiesen."

Ohne Deutsch an die Universität

In der Schule hatte Tomasz Russisch und Englisch gelernt. Um Deutsch zu lernen, besuchte er ein halbes Jahr lang Sprachkurse am Goethe-Institut. Diese bezahlte eine Flüchtlingsorganisation.

„Ich durfte nicht gleich studieren, weil ich kein Deutsch sprach. Deshalb schrieb ich mich erst als Gasthörer an der Uni ein. 1983 konnte ich dann mit dem Studium der Kunstgeschichte beginnen. Innerhalb eines Jahres musste ich zusätzlich eine Deutschprüfung ablegen, um weiter studieren zu können.

Zuerst war es nicht leicht, weil ich nicht viel verstand. Denn für die Uni brauchte ich ein anspruchsvolles Deutsch. Aber manchmal scheiterte ich auch an alltäglichen Formulierungen.

Ich arbeitete bei Horst Bredekamp, einem sehr bekannten Professor, und sollte in seiner Vorlesung die Dias schieben. Ich war total gestresst, denn ich konnte immer noch nicht gut Deutsch. Ich stand ganz hinten im Hörsaal, der Dia-Apparat summte laut und ich musste sehr aufpassen, dass ich an der richtigen Stelle der Vorlesung das passende Dia zeigte. Plötzlich sagte der Professor: ‚Das jetzt bitte aufheben.' Ich dachte in Panik: Was will er? Also hob ich den schweren Dia-Apparat über meinen Kopf in die Höhe. Es ertönte eine Lachsalve, alle drehten sich nach mir um. Dann erklärte mir der Professor, *aufheben* habe zwei Bedeutungen im Deutschen. Ich solle nur das Dia zur Seite legen, er wolle es später noch einmal zeigen. War das peinlich!"

Es hat eine Weile gedauert, bis ich Deutsch auf dem Niveau sprechen konnte, wie es an der Uni üblich ist. Als ich meine erste schriftliche Arbeit in einem Seminar für Kunstgeschichte abgegeben hatte, meinte die Dozentin, ich solle meine Thesen vortragen. Zum Glück konnte ich sie überreden, dass ich dazu noch nicht in der Lage war. Den Schein hat sie mir trotzdem gegeben.

TOMASZ T.

Der Albtraum der Exilanten

Als das Kriegsrecht in Polen 1984 aufgehoben wurde, hatte Tomasz bereits seinen Lebensmittelpunkt in Deutschland, wollte hier sein Studium beenden. Sein Vater bestärkte ihn darin, nicht zurückzukommen.

„Ich wollte nicht wieder in einem kommunistischen Land leben. Ich hatte außerdem Angst, dass sie mir meinen Pass wegnehmen, wenn ich nach Polen fahre, und ich nicht mehr zurück nach Deutschland kann. Mein absolutes Schreckgespenst aber war, dass ich dort zum Militär müsste und nicht mehr studieren dürfte.

Wie viele meiner Freunde hatte ich einen wiederkehrenden Traum: Ich gehe in Warschau spazieren und treffe Bekannte. Die fragen mich: ‚Ach, du bist hier? Was machst du hier?' Und dann kommt plötzlich jemand und sagt: ‚Du darfst nie wieder weg. Du musst für immer hierbleiben.' Aus diesem Traum bin ich immer schweißgebadet aufgewacht."

> **Mein Heimatgefühl ist mit Menschen verbunden, mit meinem sozialen Umfeld und nicht so sehr mit dem Land, in dem ich lebe. Ich fühle mich wohl, wenn ich von Freunden umgeben bin.**
>
> TOMASZ T.

Die erste Reise nach Warschau

Trotzdem beantragte Tomasz im polnischen Konsulat einen neuen Pass, den er Ende der 1980er Jahre auch erhielt. Aber nach Warschau fuhr er erst, als 1989 in Polen am sogenannten Runden Tisch Verhandlungen über politische Reformen begannen.

„Ich dachte, dass die Polen in dieser Umbruchzeit größere Probleme hätten, als sich um mich zu kümmern. Ich bin mit dem Bus auf der Transitroute durch die DDR nach Westberlin gefahren. Das hatte ich mich vorher nicht getraut, aus Angst, dass sie mich mit meinem ungültigen Pass an der DDR-Grenze sofort verhaften und nach Polen abschieben. Das wollte ich auf keinen Fall riskieren.

Früh morgens fuhr der Bus los. In der ersten Morgendämmerung kamen wir an die damals noch existierende deutsch-deutsche Grenze. Sie war mit Stacheldraht, Panzersperren und Wachttürmen bewehrt, das war ein schockierender Anblick. Von Berlin fuhr ich dann weiter mit dem Zug nach Warschau.

Meine Geburtsstadt empfand ich als seltsam, weil mir vieles so vertraut war, und gleichzeitig war mir das Leben dort inzwischen fremd. Im Land herrschte immer noch die sozialistische Misere, die wirtschaftliche Situation war eine Katastrophe, das Geld nichts wert. Vor den Läden standen lange Schlangen, alles war schmuddelig.

Ich weiß nicht, ob sich Polen in der Zwischenzeit so verändert hatte. Auf jeden Fall hatte ich mich verändert. Ich war mit 20 Jahren weggegangen, jetzt kam ich mit 28 wieder. Ich war inzwischen deutsch sozialisiert. Die ersten zwei Tage bei meiner Großmutter im Zentrum von Warschau habe ich mich kaum aus dem Haus getraut, weil alles so anders war."

Deutsche Vorbehalte gegenüber Polen

„Ich fühlte mich gelegentlich fremd in Polen. Aber völlig assimiliert war ich in Deutschland auch nicht. Ich war immer Pole und habe mich auch als solcher gefühlt. Ich war innerlich auf Distanz zu beiden Ländern. Dabei gab es in den 1980er Jahren in Deutschland keine Vorbehalte gegenüber Polen. Wir waren die Freiheitskämpfer, die Helden, die sich für die Solidarność eingesetzt und deshalb die Heimat verloren hatten. Wenn Deutsche mich auf der Straße Polnisch reden hörten, sprachen sie mich an und sagten etwas Freundliches zu mir.

Das war ein paar Jahre später nicht mehr der Fall. Nach dem Fall des Eisernen Vorhangs 1989 änderte sich die Stimmung gegenüber den Polen, sie wurde negativ. Ich habe zwar keine abfälligen Bemerkungen gehört, aber die Leute hielten Abstand.

Dass mich jemand auf der Straße angepöbelt hat, kam erst in den 1990er Jahren. Das hat dazu beigetragen, dass ich mich in Deutschland nicht völlig heimisch fühlte. Freunde von mir sind in eine Schlägerei geraten, als sie von Gleichaltrigen als *Polacken* beschimpft und angegriffen wurden. Mir ist das nicht passiert, aber wenn man solche Geschichten hört, fühlt man sich nicht wohl."

Sprache als Beziehungshindernis

„Ich hatte viele Jahre eine deutsche Freundin. Aber das ist auseinandergegangen. Ein Grund war die Sprache, denn sie konnte kein Polnisch. Das war auf die Dauer eine Belastung. Schließlich ist es in einer Beziehung wichtig, dass man über Gefühle auch in der Muttersprache sprechen kann, in der man sich differenzierter ausdrückt.

Das ist allgemein das Problem in multinationalen Beziehungen oder Ehen. Es ist gut, wenn die Partner von Anfang an bereit sind, beide Sprachen zu lernen. Aber in den meisten Fällen ist es so, dass die Sprache des Partners gesprochen wird, in dessen Land man lebt. Das ist die bequemere Lösung. Der Zugewanderte ist in diesem Punkt der Schwächere.

Ich würde nicht behaupten, dass ich perfekt Deutsch spreche, aber in vielem fällt es mir leichter, mich auf Deutsch auszudrücken. Ich habe in Deutschland studiert, promoviert und habilitiert. Kunsthistorische Fachbegriffe, wie Schlussstein, Konsolfigur oder Säulenkapitel, fallen mir deshalb eher auf Deutsch ein als auf Polnisch. Ich schreibe, von gelegentlichen Fehlern abgesehen, auch ein differenzierteres Deutsch als Polnisch, weil ich in all den Jahren fast nur auf Deutsch wissenschaftlich gearbeitet und publiziert habe.

Allerdings träume ich in beiden Sprachen. Wenn ich in meinen Träumen Polen treffe, träume ich auf Polnisch. Wenn der Traum in Deutschland spielt, träume ich auf Deutsch."

Für Freundschaften gelten keine nationalen Grenzen

„Ich glaube man hängt immer an der Stadt, in der man seine Kindheit verbracht hat. Und das ist für mich Warschau, auch wenn ich dort seit 1981 nicht mehr gelebt habe. Ich gehe gern durch das Stadtzentrum, dort ist mir alles vertraut, ich kenne jedes Haus, jede Straße, jeden Stein.

Aber ich kann nicht sagen, wo ich wirklich beheimatet bin, in Deutschland oder in Polen. Es gibt Dinge, die mich in Polen aufregen, es gibt einiges, was mich in Deutschland stört. Umgekehrt gibt es in beiden Ländern viel Positives, was mir gefällt. In beiden Ländern habe ich Freunde, mit denen ich gern zusammen bin, die mir wichtig sind, die meine Meinungen teilen. Für diese Freundschaften gelten keine nationalen Grenzen.

Aber es gibt verschiedene Ebenen von Kontakten mit anderen. Irgendwann im Gespräch spielt auch der kulturelle Hintergrund eine Rolle. Wenn ich mit einem Deutschen über ein für mich wichtiges Thema wie polnische Politik rede, muss ich mehr erklären, als wenn ich mich mit einem Polen darüber unterhalte, denn wir haben die gleiche kulturelle Codierung. Einem Polen muss ich nicht erklären, was der Warschauer Aufstand war oder welche Bedeutung der Dichter Adam Mickiewicz hat.

Trotzdem habe ich mir mit einem Deutschen mehr zu sagen, mit dem ich ähnliche Vorlieben teile, als mit einem Polen, der aus einer ganz anderen Ecke kommt als ich. Aber das hat nichts mit Nationalität zu tun, sondern mit Bildung und Interessen."

Ein Leben in vier Städten und zwei Ländern

Tomasz pendelt seit Jahren beruflich und privat zwischen Polen und Deutschland. In Breslau leben seine Frau und Tochter, seine Mutter wohnt in Hamburg. Er arbeitet an einem Forschungsinstitut der Leipziger Universität und hat eine Professur in Danzig.

„Danzig ist eine schöne Stadt, in der ich gern bin. Auch in Leipzig lebe ich gern. Ich habe dort sehr nette Kollegen. In Breslau fühle ich mich wohl, weil ich dort bei meiner Familie bin. Ich besuche natürlich auch meine Mutter oft in Hamburg.

Dieses ständige Überqueren der Grenzen war für mich am Anfang psychisch belastend. Aber das hat sich völlig gegeben, es ist selbstverständlich geworden. Inzwischen merke ich kaum mehr, in welchem Land ich bin.

Dass ich gerade in Deutschland bin, wird mir meist erst klar, wenn ich in Leipzig am Sonntag vor dem geschlossenen Supermarkt stehe. In Polen gibt es kein Ladenschlussgesetz. Ansonsten gibt es für mich kaum Unterschiede. Ich lebe seit Jahren in zwei Welten, daran habe ich mich in der Zwischenzeit längst gewöhnt."

Tomasz 1984 als Student

ESTHER L. – ORIENT UND OKZIDENT VEREINT IN EINER FAMILIE

Esther ist halb Deutsche, halb Aramäerin. Die Aramäer sind orientalische Christen. Sie sind Nachfahren eines antiken Volkes aus dem Nahen Osten.

„Meine Mutter ist Deutsche und evangelisch. Mein Vater ist Aramäer und syrisch-orthodox. Wenn ich bei den Großeltern mütterlicherseits bin, fühle ich mich als Deutsche, wenn ich bei den Verwandten meines Vaters bin, fühle ich mich als Aramäerin. Ich sehe nicht deutsch aus, deshalb denke ich manchmal, dass ich nicht wirklich zu den Deutschen passe. Auch wenn mein Vater sehr eingedeutscht ist, merke ich bei meiner aramäischen Familie: Hier gehöre ich hin. Ich sehe aus wie sie, ich denke wie sie. Allerdings spreche ich nicht fließend Aramäisch, eine uralte Sprache, die schon Jesus gesprochen hat. Denn ich bin deutschsprachig aufgewachsen, auch wenn ich an den Wochenenden in die aramäische Schule gegangen bin.

Es wäre schön gewesen, zweisprachig groß zu werden. Denn beide Sprachen gehören zu meinem Erbe."

Aufgewachsen mit zwei Kulturen

Die Aramäer siedeln seit Jahrtausenden im Nahen Osten. Immer wieder kam es zu Massakern und Vertreibungen, denn sie gehören als Christen in den überwiegend muslimischen Ländern zu einer stark verfolgten Minderheit. Deshalb leben viele Aramäer inzwischen in der Diaspora in Europa und den USA. Wenn ihre Verfolgung durch radikale Milizen, wie momentan den Islamischen Staat, anhält, wird die zweitausend Jahre alte Geschichte der orientalischen Christen bald ausgelöscht sein.

Die Familie von Esthers Vaters stammt aus der Osttürkei. Er kam mit 20 Jahren als politischer Flüchtling nach Deutschland und lernte hier ihre Mutter kennen.

„Die Aramäer werden als religiöse Minderheit in der Türkei nicht anerkannt. Deshalb lebt ein Großteil meiner Verwandten inzwischen in Deutschland. Hier kann ihre Kultur überleben, denn sie geben sie an ihre Kinder weiter.

Mein Vater musste aus seiner Heimat fliehen. Deshalb berührt mich das Schicksal der syrischen Flüchtlinge sehr. Warum können die Menschen nicht in Frieden miteinander leben? Ich kann auch nicht verstehen, warum manche Menschen in Deutschland die Flüchtlinge ablehnen. Millionen Deutsche mussten am Ende des Zweiten Weltkriegs fliehen. In fast jeder Familie gibt es Verwandte, die aus den ehemaligen Ostgebieten flohen oder vertrieben wurden. Da sollten die Deutschen doch Verständnis für Flüchtlinge haben. Wir leben in einem reichen Land. Wir können etwas abgeben."

Unterschiede in der Erziehung

„Der familiäre Zusammenhalt ist mir sehr wichtig. Da bin ich typisch aramäisch. Ich bin viel mit meiner Familie und der Familie meines Mannes zusammen, die ebenfalls aramäische Wurzeln hat. Denn da fühle ich mich geborgen.

In den aramäischen Familien ist es noch oft so, dass die Frauen nicht arbeiten, sondern sich um Haushalt und Kinder kümmern. In meiner deutschen Familie ist das ganz anders. Da arbeiten alle. Die Kinder werden schnell zur Selbstständigkeit erzogen. Sie werden früh aus dem Nest gestoßen.

Bei den Aramäern ist das Familienleben enger. Das ist zum einen Tradition. Zum anderen liegt es wahrscheinlich aber auch daran, dass sie hier im Exil sind. Da lebt man eng miteinander und behütet die Kinder mehr.

Ein Unterschied ist auch die Sauberkeit. Deutsche Kinder sollen draußen spielen und kommen auch mal mit schmutzigen Gummistiefeln ins Haus. Da sind deutsche Eltern locker. Ich war immer das deutsche Kind, das draußen rumtobt und wie ein Dreckspatz nach Hause kommt.

Bei den Aramäern wird dagegen sehr auf Sauberkeit geachtet. Man zieht die Schuhe vor der Wohnungstür aus. Das eine ist nicht besser als das andere. Es ist halt anders.

Meine aramäischen Verwandten haben sich aber ansonsten total angepasst. Sie sprechen fließend Deutsch, sind alle beruflich erfolgreich, die meisten von ihnen selbstständig. Meinem Vater sind das deutsche Rechtssystem und, wie vielen Deutschen, Pünktlichkeit, Ordnung und Genauigkeit sehr wichtig."

Nicht zu offenherzig gekleidet

„In der syrisch-orthodoxen Kirche tragen die älteren Frauen Kopftuch, aber die jüngeren, so wie ich, nicht. Ich kann entscheiden, was ich übernehme.

Aber ich habe auch Verwandte, die strenger sind. Sie meinen, als Frau dürfe man nicht zu offenherzig gekleidet sein. Ich habe einen Poncho in Grobstrick, der hat große Löcher. Man kann meine Arme sehen. Als mich ein Onkel mit dem Poncho sah, meinte er, ich solle nicht so nackt rumlaufen. Bei einem extrem kurzen Minirock hätte ich die Kritik ja verstanden, aber bei einem Poncho?

Mein Vater darf dazu etwas sagen, aber nicht der Onkel. Und mein Vater würde nie etwas sagen. Er ist eben kein orientalischer Familienpatriarch, sondern locker und offen. Ihm gefällt, wie ich mich kleide.

Es ist für mich ein Zwiespalt: Was akzeptiert meine deutsche Familie, was meine aramäische? Ich trage gerne Hotpants mit einer blickdichten Strumpfhose. Wenn ich zu meinen aramäischen Verwandten fahre, ziehe ich das nicht an, sondern eine normale Jeans. Ich will ja niemanden vor den Kopf stoßen oder ihre Gefühle verletzen. Ich will meine Verwandten nicht provozieren und wegen Hotpants einen unnötigen Konflikt heraufbeschwören.

Dabei ziehe ich mich sowieso nicht extrem an. Ich mache gerade meine Ausbildung als Einzelhandelskauffrau in einem Modehaus. Da bin ich gepflegt und dezent angezogen. Das ist in meinem Beruf sehr wichtig."

Orientalische Köstlichkeiten

Meine Mutter hat immer deutsche Gerichte gekocht, zum Beispiel Kohlrouladen. Die isst mein Vater sehr gern. Wenn sie mich besuchen, koche ich manchmal auch deutsch für sie, zum Beispiel Fleisch mit Kartoffeln und Sauce. Aber sonst koche ich mit Begeisterung aramäische Rezepte. Viel Bulgur, Teigtaschen, gefüllte Weinblätter, Lammfleisch mit Reis, gebratene Auberginen und Zucchini. Mir schmeckt die orientalische Küche mit all ihren verschiedenen Gewürzen besser. Ich esse auch gern scharf. Selbstverständlich koche ich alles selbst. Das schmeckt besser und ist gesünder. Ich würde niemals Fertiggerichte einkaufen. Das ginge gegen die Ehre jeder Aramäerin!"

Der Ehemann ist ebenfalls halber Aramäer

„Aramäer wollen, dass ihre Kinder Aramäer heiraten. Meine Mutter hat immer dagegen gehalten: ‚Meine Tochter soll sich den Mann wählen, der sie glücklich macht. Egal welche Nationalität er hat.' Da war sie tolerant. Das fand die Familie meines Vaters seltsam.

Wie es der Zufall will, habe ich mich in einen Mann verliebt, der genau wie ich halb Aramäer ist. Allerdings ist es bei ihm andersherum: Sein Vater ist Deutscher, seine Mutter Aramäerin. Ihre Familie stammt aus dem Irak.

Ich bin froh, dass mein Mann auch mit zwei Kulturen aufgewachsen ist. Er weiß, wie es mir geht. Ich muss ihm nichts erklären, weder über die Deutschen noch über die Aramäer. Das macht vieles einfach, denn er sieht so wie ich beide Seiten. Er kennt dieses Gefühl, gelegentlich hin- und hergerissen zu sein, den Balanceakt, die Kompromisse, die man machen muss, wenn man aus zwei Kulturen stammt."

HAIG L. – DER EIGENE STAAT VERSCHWINDET

Den Zusammenbruch staatlicher Ordnung haben in Haigs Familie gleich mehrere Generationen erlebt. Seine Mutter floh am Ende des Zweiten Weltkrieges aus Westpreußen, sein Vater wuchs als Armenier in einem Flüchtlingslager im Libanon auf. Der Leipziger Haig hat mit der deutschen Wiedervereinigung 1990 erfahren, dass man sein Heimatland auch verlieren kann, ohne zu flüchten.

„Als im Spätherbst 1989 die Proteste gegen die DDR-Führung immer lauter wurden, lief der Fernseher auch bei uns pausenlos, denn die politischen Ereignisse überschlugen sich ja damals. So habe ich auch live mitbekommen, wie das Politbüro-Mitglied Günter Schabowski in der Pressekonferenz am 9. November die Öffnung der Mauer verkündete ‚sofort, unverzüglich'.

Am nächsten Morgen wollte ich nach Berlin. Der Leipziger Bahnhof war gerammelt voll, alle wollten so schnell wie möglich nach Westdeutschland. Ich hatte Mühe, in den Zug zu kommen. In Berlin bin ich zum Brandenburger Tor gegangen und von dort durch eine Lücke in der Mauer in den Westen.

Früher bin ich in Ostberlin auf den Fernsehturm gefahren oder auf einen Kirchturm am Platz der Akademie, dem heutigen Gendarmenmarkt, um von dort einen Blick auf Westberlin zu haben. Jetzt konnte ich zu Fuß und ungehindert die bis dahin streng abgeriegelte Grenze zwischen den beiden deutschen Staaten überqueren. Mir war in dem Moment mit 21 Jahren klar, dass meiner Heimat, der DDR, ein radikaler Wandel bevorstand, aber wie radikal er sein würde, ahnte ich nicht."

Der erste Eindruck: Alles ist so bunt

„Westberlin betäubte die Sinne. Als kleiner Junge hatte ich in meinem Kinderzimmer eine kunterbunte Spielzeugstadt aufgebaut. Als ich nach Westberlin kam, ist mir als Erstes aufgefallen, wie bunt dieser Teil der Stadt war. Die Fassaden waren farbig gestrichen, die großen Schaufenster, die Reklametafeln, alles war quietschbunt. Westberlin kam mir vor wie meine Spielzeugstadt, nur in groß und echt.

Außerdem ist mir sofort ein Geruch aufgefallen. Damals muss ein süßes, sehr aufdringliches Parfüm in Mode gewesen sein. Ganz Westberlin roch danach.

Es herrschte eine tolle Stimmung in der Stadt. Wildfremde Menschen umarmten sich, luden sich auf ein Bier ein. Alle waren voller Freude. Die Eindrücke waren intensiv und überwältigend.

Aber bald setzte die Ernüchterung auf beiden Seiten ein. Die Westdeutschen merkten, dass das Angleichen der Lebensverhältnisse langwierig und teuer würde. Und uns DDR-Bürgern wurde schnell klar, dass die Westdeutschen auch nur mit Wasser kochen. Auch wenn sie ihre Produkte toll verpacken. Eine Flasche Saft ist für mich das Sinnbild dieser Enttäuschung. Ich hatte mir mit 13 Jahren den Arm gebrochen. Meine Eltern besorgten für mich eine Flasche

Haig als Kind in Ostberlin vor dem Brandenburger Tor. Dahinter verlief damals noch die Mauer.

Saft von einer westdeutschen Firma. Die war schwer zu bekommen und sehr teuer. Aber sie wollten mir etwas Gutes tun. Dieser Obstsaft voller Vitamine sollte besser sein als ein Saft aus DDR-Produktion. Inzwischen weiß ich, dass in der Flasche alles Mögliche war, aber kaum Obst und Vitamine schon gar nicht."

Endlich Reisefreiheit

„Mit der Wiedervereinigung ist für mich ein großer Traum in Erfüllung gegangen: Ich konnte die weite Welt bereisen. Ich hatte immer Fernweh. Zu DDR-Zeiten durften wir nur in die sozialistischen Bruderstaaten fahren. Jetzt war es für mich endlich möglich, die Verwandten meines Vaters im Libanon kennenzulernen."

Die DDR

Nach dem Zweiten Weltkrieg teilten die Siegermächte Deutschland in Besatzungszonen auf. In den westdeutschen Gebieten wurde 1949 die Bundesrepublik Deutschland gegründet. Auf dem Gebiet der sowjetischen Besatzungszone entstand im selben Jahr die Deutsche Demokratische Republik (DDR). Nach sowjetischem Vorbild sollte unter Führung der Sozialistischen Einheitspartei Deutschlands (SED) ein sozialistischer Staat der Arbeiter und Bauern entstehen.

Die politische Unterdrückung der Opposition und die Mängel der sozialistischen Planwirtschaft führten dazu, dass rund drei Millionen Menschen die DDR verließen, um in Westdeutschland zu leben. Um eine weitere Abwanderung zu unterbinden, begann die DDR-Führung am 13. August 1961 mit dem Bau einer Mauer entlang der Grenze in Berlin. Die innerdeutsche Grenze wurde auf ihrer gesamten Länge hermetisch abgeriegelt mit Selbstschussanlagen und scharfen Hunden.

Da die SED Reformen verweigerte, trafen sich seit dem 4. September 1989 Bürgerrechtler montags in der Leipziger Nikolaikirche, um anschließend zu demonstrieren. Die Montagsdemonstrationen bekamen schnell Zulauf und fanden bald in vielen Städten statt. Tausende DDR-Bürger flohen über Ungarn und die Tschechoslowakei nach Westdeutschland. Unter dem Druck der Massenproteste fiel am 9. November 1989 die Mauer. Am 3. Oktober 1990 wurden die beiden deutschen Staaten wiedervereint.

Denn Haigs Vater war Armenier. Seine Familie stammte aus Ost-
anatolien, das damals zum islamischen Osmanischen Reich gehörte.
Dort wurden die Armenier als christliche Minderheit unterdrückt
und verfolgt. 1915 begann unter der politischen Gruppierung der
Jungtürken der Massenmord an den Armeniern. Sie wurden zu Hunderttausenden ermordet oder in die syrische Wüste verschleppt, wo
sie verhungerten und verdursteten. Schätzungen gehen von bis zu
1,5 Millionen Toten aus. Das mit dem Osmanischen Reich verbün-
dete deutsche Kaiserreich schwieg dazu. Die Türkei als Rechtsnach-
folgerin des Osmanischen Reiches erkennt den Genozid bis heute
nicht an.

Auch viele Verwandte von Haig starben damals. Die Überleben-
den durchquerten zu Fuß die syrische Wüste und kamen nach langer
Flucht in einem Flüchtlingslager im Libanon unter. Erst nach Jahren
konnten sie ins armenische Viertel von Beirut umziehen.

Im richtigen Moment im EU-Parlament

„Da mein Vater politisch links stand, wollte er nur in einem sozialistischen Land studieren. So kam er nach Bulgarien, wo er meine

Haig und seine Eltern konnten 1992 die Verwandten im Libanon besuchen.

Mutter traf, die während ihres Slawistik-Studiums in Leipzig ein Auslandsstudienjahr an der Universität von Sofia absolvierte. Meine Eltern wollten in den Libanon ziehen. Aber es herrschte Kalter Krieg. Ihre Studienabschlüsse aus sozialistischen Ländern wurden dort nicht anerkannt. Deshalb haben sie sich in Leipzig niedergelassen und an der Karl-Marx-Universität gelehrt. Meine Mutter als Dozentin für Literaturwissenschaft, mein Vater als Professor für Politische Ökonomie.

Mein Vater hat sich immer als Armenier gefühlt. Vom Schicksal der Armenier hat er oft erzählt, denn das war in der DDR unbekannt. Der Völkermord war kein Thema. Die Leute kannten Armenien, wenn überhaupt, nur als eine der 15 Sowjetrepubliken."

Die Geschichte seiner Familie und die Erinnerung an seine aramäischen Wurzeln holen Haig auch heute noch immer wieder ein. Am 15. April 2015 fuhr er nach Brüssel, um für seine Zeitung ein Porträt des sächsischen Europa-Abgeordneten Hermann Winkler zu schreiben.

„Er nahm mich mit zu einer Sitzung des EU-Parlaments. In der Minute, als ich den Saal betrat, begann die Aussprache über den Völkermord an den Armeniern, der 100 Jahre zuvor begonnen hatte. Das war Schicksal!"

Das armenische Erbe: ein feuriges Temperament

„Obwohl ich halber Armenier bin und nach dem mythischen Stammvater des armenischen Volkes benannt wurde, habe ich mich immer als Deutscher gefühlt. Aber ich habe von meinem Vater das armenische Temperament geerbt. Früher bin ich leicht in Rage geraten. Zum Glück hatte ich immer tolerante Kollegen, die sich das Lachen verkniffen haben, wenn ich explodierte. Aber nicht bei jedem kommt das gut an. Deshalb musste ich lernen, nicht so aufbrausend zu sein, nicht laut zu werden.

Armenisch an mir ist auch, dass ich sehr offenherzig bin. Ich gehe auf Leute zu und komme leicht mit ihnen ins Gespräch, und wenn es beim Einkaufen ist. Mein Vater hat das auch so gemacht. Er kam bei den Verkäuferinnen gut an. Das war wichtig, denn vieles war in der DDR Mangelware. Man war auf das Wohlwollen der Verkäufer angewiesen, um etwas kaufen zu können, was es offiziell nicht gab. Einmal sah mein Vater in einem Obstladen Pampelmusen. Die waren ein seltener Luxus. Da hat er der Verkäuferin erzählt, er betreue eine Fußballmannschaft und bräuchte für jeden Spieler eine Pampelmuse. Sie hat sie ihm gegeben. Das gab zu Hause ein Festessen.

Heute kann man sich nicht mehr vorstellen, dass sich eine Familie in Deutschland über Pampelmusen freut. Die Geschäfte in den neuen Bundesländern bieten alle Waren an, die man sich nur wünschen kann."

Eine internationale Kindheit

„Ich hatte eine für die DDR völlig untypische internationale Kindheit. Das hat mich geprägt."

Denn Haigs Eltern hatten immer viel Besuch. Gastprofessoren und ausländische Studenten, die Haigs Vater betreute, waren bei ihnen häufig zu Gast.

„Sie kamen aus anderen sozialistischen Ländern, aus Frankreich und Italien oder Entwicklungsländern wie Äthiopien, Nicaragua und dem Jemen. Da wurde in allen Sprachen bei uns gesprochen."

DDR-untypisch international wurde in der Familie auch gegessen, denn seine Mutter kochte armenische Gerichte.

„Wir haben immer viel Joghurt gegessen, gefüllte Paprikaschoten und Tomaten, gebratene Auberginen und mit Minze gewürzte Speisen. Das war alles exotisch in der DDR und die Zutaten waren nur schwer zu kriegen. Mein Vater hat als Abschluss jeder Mahlzeit Obst serviert, und wenn es nur Äpfel waren. Wie es ein armenischer Familienvater macht, hat er für alle das Obst geschält und verteilt."

Ostdeutsche Fußballvereine hatten nach der Wende keine Chance

Haig und sein Vater waren glühende Fans des 1. FC Lokomotive Leipzig. „Das war ein großartiger Verein mit riesiger Anhängerschar und großer Geschichte."

220

Denn Lokomotive Leipzig war der Nachfolgeverein des VfB Leipzig, der 1903 der erste Deutsche Meister wurde. Zu DDR-Zeiten gab es zwei Leipziger Fußballmannschaften: Lok Leipzig und Chemie Leipzig.

„Lok hatte die Vereinsfarben Blau-Gelb und Chemie Grün-Weiß. Als treuer Lok-Fan habe ich mich als Kind geweigert, Spinat mit Reis zu essen, denn das waren die Farben von Chemie Leipzig.

Mein Vater und ich sind zu jedem Heimspiel von Lok Leipzig gegangen. Etwas Besonderes war, wenn Mannschaften aus dem Westen bei uns spielten. Das mitzuerleben, war eine große Sache. Umso größer war der Stolz, wenn wir gewannen!

Der größte Triumph des DDR-Fußballs war natürlich bei der Weltmeisterschaft 1974 der Sieg der DDR in der Vorrunde gegen die BRD in Hamburg. Jürgen Sparwasser schoss das 1:0. Ich war mit sechs Jahren zu klein, um mich an das Spiel zu erinnern. Jürgen Sparwasser ist bis heute unser großer Nationalheld.

Im Fußball ist nach der Wende einiges schlecht gelaufen. Die ehemaligen DDR-Vereine hatten keine Chance gegen die finanzstarken westdeutschen Klubs. Deshalb haben es bisher nur vier ostdeutsche Mannschaften für kurze Zeit in die Bundesliga geschafft. 1994 war Lokomotive Leipzig unter dem alten Namen VfB Leipzig für eine Saison in der Bundesliga. Da war ich Stadionsprecher.

Es wäre besser gewesen, in der Umbruchzeit festzulegen, dass eine bestimmte Anzahl ostdeutscher Vereine in die Bundesliga kommt. Denn Fußball verbindet und ist gut für die Integration. Das hätte zum Zusammenwachsen der beiden Deutschlands bestimmt beigetragen. Stattdessen fühlten sich die Fans der ehemaligen DDR-Vereine auch im Fußball abgehängt und benachteiligt."

Haig und sein Vater beim Fußballturnier „Väter gegen Söhne"

Begabtenförderung in der DDR

„Fußball war mein Leben. Ich kam schon als kleiner Junge zum Verein. Ab neun Jahren habe ich bei Lok Leipzig professionell trainiert und danach in allen Kinder- und Jugendmannschaften gespielt. Von der Sportpolitik in der DDR habe ich sehr profitiert. Denn in der siebten Klasse wurde ich in die Kinder- und Jugendsportschule in Leipzig aufgenommen. Dorthin kamen sportbegabte Schüler aus der ganzen Republik. Söhne von Akademikern wie ich spielten mit Söhnen von Handwerkern oder Arbeitern, da wurde kein Unterschied gemacht. Es zählte nur die sportliche Begabung.

Bis zur zehnten Klasse hatten wir alle gemeinsam Unterricht und Training. Dann beendeten die meisten Klassenkameraden die Schule. Nur drei von uns kamen in die Klasse fürs Abitur. Wir hatten zu dritt Unterricht, der entsprechend intensiv war. Ein unvorstellbarer Luxus.

Normalerweise machte man in der DDR nach zwölf Jahren Abitur. Weil wir drei aber so viele Ausfälle durch Training und Fußballspiele hatten, haben wir erst nach 13 Jahren Abitur gemacht.

Mit dem Ende der Schule war für mich Schluss mit dem Fußball. Der Sprung von der Nachwuchsabteilung, mit der ich zwei DDR-Meistertitel gewonnen hatte, in die Herrenmannschaft war sehr groß. In die Oberliga kamen nur sehr wenige. Das habe ich nicht geschafft. Deshalb entschied ich mich, aufzuhören und stattdessen Journalistik zu studieren, um Fußballreporter zu werden."

Ein rauer Ton in der Armee

Aber bevor er mit dem Studium beginnen konnte, musste Haig zur Armee. Der Militärdienst war in der DDR Pflicht.

„Ich kam 1987 nach dem Abitur zur Armee. Dabei hatte ich

Haig wurde zweimal DDR-Meister.

großes Glück. Denn normalerweise mussten alle künftigen Studenten drei Jahre dienen. Ich musste nur anderthalb Jahre zum Militär, denn das zusätzliche Jahr Schule wurde angerechnet.

Wir waren im Inland und nicht an der deutsch-deutschen Grenze. Das ist mir erspart geblieben. Aber auch so war es ein krasser Wechsel. Ich war sehr behütet aufgewachsen in meiner Familie und dann in der Sportschule.

Plötzlich wurde ich mit der Realität der DDR konfrontiert. Viele Kameraden gingen grob miteinander um. Auch die Vorgesetzten waren nicht zimperlich. Das war für viele, die wie ich aus Akademikerfamilien kamen, ein Schock. Ich war schon abgehärtet, denn ich kannte den rauen Umgangston vom Fußballtraining. Mir hat auch geholfen, dass ich als Leistungssportler durchtrainiert und den körperlichen Anforderungen gewachsen war. Außerdem hatte ich im Fußball gelernt zu kämpfen.

Besserwessis und Jammerossis

Der westdeutsche Bundeskanzler Helmut Kohl hatte den Ostdeutschen blühende Landschaften nach der Wiedervereinigung versprochen. Dafür sollte die sozialistische Planwirtschaft zur Marktwirtschaft nach westdeutschem Vorbild umgebaut werden. Die Privatisierung der staatlichen DDR-Betriebe übernahm die dafür gegründete Treuhandanstalt. Viele Westdeutsche engagierten sich mit patriotischer Begeisterung. Aber die Umbruchzeit führte auch dazu, dass sich dubiose Geschäftsleute und Kriminelle bereicherten.

Bei der Umstellung der Betriebe nach marktwirtschaftlichen Kriterien kam es zu Massenentlassungen und Firmenschließungen. Die anfängliche Euphorie über die Wiedervereinigung verflog.

Die hohe Arbeitslosigkeit und das oft als arrogant empfundene Auftreten der *Besserwessis* sorgten für Unmut bei den Ostdeutschen. Die Westdeutschen beklagten die Undankbarkeit der *Jammerossis*. Ein Vierteljahrhundert nach dem Mauerfall ist Deutschland weitestgehend zusammengewachsen. Trotzdem ist die Arbeitslosigkeit in den neuen Bundesländern immer noch höher als im Westen.

In der Armee trug ich auch erste politische Kämpfe aus. Als Wandzeitungsredakteur ergriff ich offen Partei für die Reformen des sowjetischen Staatschefs Gorbatschow. Die Wandzeitungen wurden sofort entfernt. Erst nach Intervention meiner Kameraden wurden sie wieder aufgehängt. Damals haben einige Soldaten und Offiziere gespürt, dass auch in der DDR Reformen nötig waren."

Haig als Student in Leipzig

Studienbeginn im Wendejahr

Im Herbst 1989 begann Haig mit dem Studium in Leipzig. Die Universität lag am Karl-Marx-Platz, dem heutigen Augustusplatz. Dort zogen die Demonstranten montags vorbei und forderten Reformen.

„Ich bin an der Seite mitgelaufen. Ich wollte beobachten, was passiert. Am Anfang waren es wenige Mutige, die es wagten, gegen die Staatsmacht zu demonstrieren. Dann wurden es schnell immer mehr. Auch ihre Forderungen änderten sich. Hieß es am Anfang noch: ‚Wir sind das Volk!', wurde das bald zu: ‚Wir sind ein Volk!'. Denn schon nach wenigen Wochen forderten sie die Wiedervereinigung mit Westdeutschland.

Als am 9. November die Mauer fiel, wurden wir Studenten nach Hause geschickt. Nach zwei Monaten war unser Studium vorbei. Denn die alten DDR-Lehrpläne galten nicht mehr. Als wir nach ein paar Monaten wiederkamen, gab es neue Studienpläne und zum Teil neue Lehrer. 1990 kam Professor Karl Friedrich Reimers aus München als Gründungsdekan unserer Fakultät nach Leipzig. Er hat die Journalistik, die sehr umstritten war, weil sie Nachwuchs für die Propaganda der sozialistischen Partei ausbildete, neu aufgebaut. Ihm ist zu verdanken, dass es mit der Journalistik an der Leipziger Universität weiterging.

Für mich war es gut, dass es so gekommen ist. Denn ich bin sehr individuell und habe einen eigenen Stil. Ich hätte mich mit dem verordneten Einheitsdeutsch in den DDR-Zeitungen sicherlich schwer getan. Der offizielle Verlautbarungsstil hätte mir nicht gelegen."

Als Lokaljournalist im Hochwasser

„Ich bin nicht Fußballreporter geworden, sondern Lokaljournalist. Denn die Erfahrung der Heimatlosigkeit, wie sie meine Familie immer wieder gemacht hat, hat mich ebenfalls stark geprägt und beschäftigt.

Ich fühle mich der Leipziger Region verbunden. So vieles hat sich besonders in den Dörfern mit der Wende verändert: Arbeitsplätze wurden massiv abgebaut, die Jungen zogen in die westdeutschen Städte. Um zu zeigen, dass die Dörfer trotzdem nicht verödet sind, habe ich über sie die Reihe *Schlaflos im Muldental* geschrieben, für die ich im Jahr 2007 den Deutschen Lokaljournalistenpreis der Konrad-Adenauer-Stiftung bekam. Ich wollte meinen Lesern zeigen, dass wir Ostdeutsche trotz aller Umbrüche und Veränderungen nicht heimatlos geworden sind.

Ich arbeitete 2002 für eine Zeitung in Grimma. Am 13. August versank die Stadt an der Mulde im schlimmsten Hochwasser ihrer Geschichte. Die nach der Wende frisch renovierte Altstadt war schwer beschädigt. Bewohner der Innenstadt, Ladenbesitzer und Gewerbetreibende standen vor den Trümmern ihrer Existenz.

In dieser Katastrophe bewiesen die Westdeutschen wahre Solidarität. Die Spendenbereitschaft war überwältigend. Es war kein Platz mehr in der Zeitung, um alle Spender zu erwähnen. Unser Redaktionsleiter wies an, nur noch über Spenden von mehreren zehntausend Euro zu schreiben. Aber die Westdeutschen halfen nicht nur mit Sachspenden und Geld. Etliche reisten am Freitagabend nach Büroschluss an, räumten das Wochenende über unermüdlich Schlamm und Dreck aus der Stadt und fuhren Sonntagnacht wieder ab, um am Montagmorgen pünktlich bei der Arbeit zu sein. Diese unglaubliche Hilfsbereitschaft hat viel zum Zusammenwachsen von Ost und West beigetragen."

Richtig wird falsch und falsch wird richtig

„In der DDR herrschten keine Klassengegensätze, das war positiv. Aber es war nicht alles gut. Andersdenkende wurden unterdrückt, das Wirtschaftssystem funktionierte schlecht. Trotzdem ist es mir gut gegangen. Es hat mir an nichts gefehlt. Ich hatte eine schöne Kindheit.

Schwer war für mich nach der Wende, dass von einem Tag auf den anderen alles anders war. Wir wollten ja, dass sich etwas im Land verändert. Aber die Veränderungen kamen dann so schnell und so radikal, dass ich mich fremd gefühlt habe im eigenen Land.

Uns wurde so viel von der Bundesrepublik übergestülpt. Plötzlich war das, was für uns jahrzehntelang richtig gewesen war, falsch. Und was falsch gewesen war, war auf einmal richtig. Unsere Werte, unsere Lebensleistung, alles, wofür wir als sozialistisches Land gestanden hatten, galt nichts mehr. Viele hatten das Gefühl, ihr ganzes Leben käme auf den Müllhaufen der Geschichte.

Vieles hat sich inzwischen verbessert. Aber auch nach 25 Jahren gibt es noch zu viele Unterschiede zwischen West und Ost.

Dabei haben wir den Westdeutschen eines voraus: Wir Ostdeutsche wissen, wie schnell sich alles verändern kann, dass Gewissheiten und Überzeugungen über Nacht verschwinden oder sich ins Gegenteil verkehren. Es gibt eben nicht die eine einzig absolute Wahrheit."

Haig hat in seiner Wohnung ein Foto vom Ararat aufgestellt, dem heiligen Berg der Armenier.

STYLIANI A. – KEINE EINDEUTIGE IDENTITÄT

Griechin oder Deutsche: Styliani tut sich schwer zu sagen, was sie ist. Sie wurde in Deutschland geboren, ging in Griechenland zur Schule, hat an einer deutschen Universität studiert und arbeitet seit ein paar Jahren im griechischen Restaurant ihrer Eltern. „Ich bin Griechin, aber ich fühle mich in Deutschland nicht als Ausländerin. Das klingt etwas schizophren. Aber vielleicht entspricht das genau der Gefühlslage der meisten Migranten: Wir sind im Heimatland unserer Familie zu Hause und gleichzeitig ist auch Deutschland unsere Heimat. In beiden Ländern gehören wir dazu und auch wieder nicht. Wir haben keine eindeutige Identität."

Kinder lernen schnell

Stylianis Eltern stammen beide aus Larissa, einer Stadt auf dem griechischen Festland. Aber sie lernten sich in Deutschland kennen. Ihr Vater kam Anfang der 1980er Jahre auf der Suche nach Arbeit nach Norddeutschland. Ihre Mutter besuchte 1985 Verwandte in Holstein. Die beiden verliebten sich und beschlossen, eine Familie und ein griechisches Restaurant zu gründen. Der Vater managt seitdem das Restaurant, die Mutter kocht Rezepte ihrer Heimat. Zwei Jahre später wurde Styliani geboren. Die Familie sprach nur Griechisch miteinander.

„Als ich drei Jahre alt war, kam ich in den Kindergarten und konnte kein Wort Deutsch. Ich hatte großes Glück, dass meine Erzieherin sehr nett und engagiert war. Sie hat mit den Kindern in meiner Gruppe verabredet, dass ich jeden Nachmittag zu einem anderen Kind nach Hause gehe, damit ich sprechen lerne. Kinder finden leicht einen Weg, sich zu verständigen und miteinander zu spielen. Das hat sehr gut geklappt. In kurzer Zeit habe ich Deutsch gelernt."

Die Trennung von den Eltern

Als Styliani sechs Jahre alt wurde, mussten die Eltern entscheiden, wo sie zur Schule gehen sollte. Da sie planten, in einigen Jahren wieder nach Larissa zurückzukehren, entschieden sie, ihre Tochter gleich dort einzuschulen. Damit würde ihr der Schulwechsel von einem Land zum anderen erspart.

„Ich habe bei meiner Oma in Larissa gelebt und bin dort in die Schule gegangen. Das war schwer für uns alle. Meinen Eltern ist es nicht leicht gefallen, mich wegzugeben, und ich war furchtbar traurig, dass ich von ihnen getrennt war. Mir ist es dort gut gegangen, viele Verwandte kümmerten sich um mich, ich war nicht allein. Ich habe das Leben in Griechenland immer schön gefunden, aber ich hatte ständig Sehnsucht nach meinen Eltern. Gesehen haben wir uns nur zu Weihnachten und Ostern und in den Sommerferien. Dann kam ich zu ihnen nach Deutschland.

Irgendwann stand fest, dass meine Eltern nicht zurückgehen werden. Sie hatten sich eine Existenz in Deutschland aufgebaut, die wollten sie nicht wieder aufgeben. Sie haben überlegt, mich zurückzuholen. Aber es wäre schwierig für mich gewesen, in ein anderes Schulsystem zu wechseln. Deshalb bin ich in Larissa geblieben und habe dort die Schule beendet. Danach habe ich in Deutschland Betriebswirtschaft studiert."

Die Wirtschaftskrise schürt Vorurteile

Für Styliani stand bald fest, dass ihr ein Bürojob nicht liegt. Sie wollte stattdessen im Restaurant ihres Vaters arbeiten. Dort hatte sie schon während des Studiums ausgeholfen und die Arbeit macht ihr Spaß.

„Viele Gäste kennen mich seit meiner Kindheit. Im Restaurant habe ich Kontakt zu vielen Menschen, komme mit allen ins Gespräch. Das ist mir wichtig. Ich liebe die Arbeit im Service. Denn ich serviere nicht nur Speisen und Getränke, ich sorge auch dafür, dass sich unsere Gäste wohlfühlen.

Es gab nie ein Problem zwischen Deutschen und Griechen, bis 2008 die Wirtschaftskrise in Griechenland begann. Da häuften sich die schlimmen Schlagzeilen über Griechenland. In der Presse wurden die Griechen als faul dargestellt. Da war ich im ersten Moment wütend. Das tat mir weh, denn es ist ungerecht. Natürlich gibt es in Griechenland, wie in jedem Land der Erde, auch faule Leute, aber die meisten Griechen arbeiten hart. Und jetzt wurden sie beschimpft.

Ich habe die Not in Griechenland gesehen. Viele Menschen dort haben kaum genug Geld, um Milch für ihre Kinder zu kaufen. Von 20 Geschäften in der Hauptstraße sind nur noch acht geöffnet. Aber hier wurde das so dargestellt, als lebten die Griechen bequem auf Kosten der anderen Euro-Länder. Einige Deutsche haben mich angesprochen: ‚Wann zahlt ihr Griechen eure Schulden?' Das fand ich nicht fair. Denn meine Familie arbeitet Tag und Nacht im Restaurant und zahlt hier Steuern. Wir sind nicht schuld an der Krise.

Aber es gab auch viele, die gesagt haben: ‚Wir wissen, wie schwer es eure Landsleute haben, wir hoffen, dass die Krise in eurer Heimat bald vorbeigeht.'"

Ich werde von Jahr zu Jahr deutscher

„Leben und Mentalität sind in Deutschland und Griechenland völlig unterschiedlich. Wir Griechen sind offener. Wir kommen leicht mit anderen ins Gespräch. Die Deutschen kommen mir dagegen distanzierter vor. Es dauert länger, bis man Freunde findet.

Hier ist der Alltag viel strenger geordnet. Das hat aber auch große Vorteile. In Griechenland kann es passieren, dass man drei Stunden im Rathaus wartet, und dann heißt es, der zuständige Beamte sei nicht da. Das hätten sie doch gleich sagen können. In Deutschland ist dagegen alles gut geregelt und man kann sich auf eine Auskunft verlassen. Die Behörden funktionieren zuverlässig.

Bei der Krankenversorgung ist der Unterschied besonders groß. Ich bin froh, wenn ich in Griechenland nicht krank werde. Denn in den Krankenhäusern herrscht Chaos. Die Patienten warten ewig, Betten stehen im Flur. Wer dem Arzt nichts zusteckt, kann wochenlang auf eine Untersuchung oder Operation warten. In Deutschland wird dagegen im Krankenhaus sofort alles Notwendige getan. Das gefällt mir.

Seit ich wieder hier lebe, merke ich, dass ich von Jahr zu Jahr deutscher werde. Ich bin inzwischen auch sehr diszipliniert und strukturiere meinen Alltag genau."

Keine Zukunftsperspektive in der Heimat

„Ich liebe Griechenland und bin gern dort. Aber ich kann mir nicht vorstellen, dorthin zurückzugehen. Ich würde meine Zukunft und die meines Sohnes ruinieren. Denn dort gibt es keine Arbeit. Viele meiner Klassenkameraden haben inzwischen das Land verlassen, weil sie dort keine Chancen hatten.

Mein Sohn ist jetzt zehn Jahre alt. Solange er zur Schule geht, käme es für mich sowieso nicht in Frage, aus Deutschland wegzuziehen. Denn ich möchte nicht, dass er so hin- und hergerissen wird, wie ich es als Kind wurde.

Er ist hier geboren und fühlt sich nicht nur als Deutscher, er ist auch der einzige Deutsche in unserer Familie. Denn als wir in den Urlaub fahren wollten, habe ich im griechischen Konsulat einen Pass für ihn beantragt. Den hätten wir erst nach drei Monaten bekommen. Da wären die Ferien vorbei gewesen. Den deutschen Kinderpass hat er innerhalb eines Tages erhalten.

So wird unsere Familie allmählich deutsch. Auch wenn die Sehnsucht nach der griechischen Heimat bleibt. Ich freue mich jedes Jahr, wenn ich im Sommer nach Larissa fahre. Wenn ich dort ankomme, atme ich die wunderbare, warme Luft ein und denke: Ich bin zu Hause.

Aber da ich dort leider keinerlei Zukunftsperspektive habe, nutzt mir auch das gute Wetter nichts. Ich werde deshalb in Deutschland bleiben."

DINA Z. – RUSSIN ODER DEUTSCHE? EUROPÄERIN!

„Ich habe keine Ahnung, wer ich bin." Dinas Mutter ist Russin, ihr Vater Tatare. Sie wuchs zunächst in Russland auf und kam mit sieben Jahren nach Deutschland.

„Ich kann nicht sagen, dass ich Deutsche bin, auch wenn ich schon 25 Jahre hier lebe und den Pass habe, denn in meinem Inneren bin ich natürlich Russin. Schließlich stammt meine Familie von dort, mein kultureller Hintergrund ist russisch. Aber irgendwann habe ich gemerkt: Ich gehöre auch nicht mehr nach Russland. Zwölf Jahre nach unserem Wegzug war ich zum ersten Mal wieder dort auf Gastspielreise mit dem Ballett. Ich kam mir völlig fremd vor im Land meiner Geburt. Denn Russland hat sich nach dem Zusammenbruch der Sowjetunion total verändert. Ich weiß noch nicht mal, wie man dort eine Fahrkarte kauft.

Letztendlich habe ich begriffen: Es ist komplett egal. Ich muss mich nicht entscheiden und will mich auch nicht festlegen. Ich kann mir das Beste aus zwei Welten aussuchen. Ich habe zehn Jahre in einer internationalen Ballettkompanie getanzt. Da habe ich gelernt, dass es auf die Nationalität nicht ankommt. Wenn ich gefragt werde, ob ich Deutsche oder Russin sei, antworte ich: ‚Ich bin Europäerin.'"

Die russische Schwiegertochter ist unerwünscht

Dina wurde rund 1200 Kilometer östlich von Moskau in Ufa geboren, der Hauptstadt der damaligen baschkirischen autonomen Sowjetrepublik, dem heutigen Baschkortostan. Ein Viertel der Bewohner sind muslimische Tataren. So auch die Familie ihres Vaters.

Dinas Eltern sind beide Tänzer, die sich am Staatstheater von Ufa kennenlernten. Die Verwandten ihres Vaters lehnten die Heirat ab. Denn sie wollten, dass er eine Tatarin zur Frau nahm, keine christlich-orthodoxe Russin.

„Meine Großeltern väterlicherseits akzeptierten meine Mutter nicht. Das war für meine Eltern sehr schwer. Sie sind durch die Hölle gegangen. Meine Mutter war sehr unglücklich. Denn die Familie meines Vaters mischte sich permanent in alles ein. Nichts konnte sie ihnen recht machen, nicht im Haushalt, nicht in der Ehe, nicht mit meiner Erziehung. Mein Vater wurde vor die schreckliche Wahl gestellt, sich zwischen seiner Familie und seiner Frau entscheiden zu müssen. Er hat sich für uns entschieden. Für ihn waren Frau und Tochter immer das Wichtigste.

Ich bin eigentlich zur Hälfte Tatarin. Aber ich fühle mich überhaupt nicht so. Das liegt sicherlich auch daran, dass die Verwandten meines Vaters meine Mutter ablehnten. Ich habe meine Großeltern nur selten gesehen.

Es hat aber auch damit zu tun, dass mein Vater bereits mit zehn Jahren ins Internat der berühmten Waganowa-Ballettakademie nach Leningrad kam. Er ist russisch aufgewachsen, nicht tatarisch. Deshalb bin ich es auch nicht. Ich kann kein Tatarisch sprechen und kenne die Kultur nicht. Das ist eigentlich schade, denn es ist ein Teil meiner Familiengeschichte."

Die Eltern mit Dina in Ufa

Die Kommunalka, ein eigener Kosmos

Um den familiären Schwierigkeiten zu entkommen, nahm Dinas Vater einen Vertrag als Solotänzer am Leningrader Maly-Theater an. Dina war fünf Jahre alt, als sie mit ihren Eltern nach Leningrad zog, dem heutigen St. Petersburg.

In Ufa hatten sie in einer kleinen Zwei-Zimmer-Wohnung gelebt. In Leningrad herrschte extremer Wohnungsmangel. Deshalb bekamen sie keine eigene Wohnung, sondern ein Zimmer in einer Gemeinschaftswohnung des Theaters, einer sogenannten Kommunalka. In der riesigen Altbauwohnung direkt hinter dem Theater im Stadtzentrum lebten Tänzer und Sänger des Maly-Theaters zusammen.

„Die Wohnung hatte einen langen Gang, von dem die Zimmer der einzelnen Familien abgingen. Es gab eine große Gemeinschaftsküche für alle, ein Frauen- und ein Männerklo. Ein Bad gab es nicht. Zum Duschen gingen wir über den Hof ins Theater. Wir hatten nur ein kleines Zimmer. Da hinein passten zwei Betten, ein kleiner Schrank, ein Tisch mit vier Stühlen und unser Kühlschrank.

Wir haben in der Kommunalka Freundschaften geschlossen. Natürlich gab es auch mal Streit und Probleme. Das ist nicht zu vermeiden, wenn Menschen sich eine Wohnung teilen und ständig

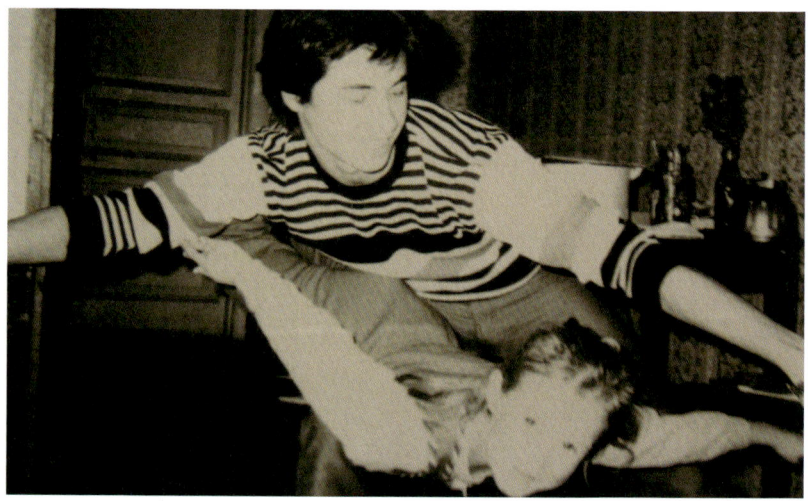

Dina mit ihrem Vater in der Ballettfigur „der Fisch"

aufeinanderhocken. Dann entsteht auch Neid, wenn einer mehr hat als die anderen. Aber insgesamt war das Zusammenleben erträglich, denn die Bewohner waren alle vom Theater und hatten deshalb gemeinsame Interessen. In anderen Kommunalkas war es viel schlimmer. Dort mussten Menschen mit wildfremden Leuten auskommen, im schlimmsten Fall Alkoholiker als Wohnungsgenossen ertragen.

In unserer Kommunalka lebten einige Kinder. Wir spielten zusammen und tobten durch die ganze Wohnung. Ich war auch

Dina übt sich als Ballerina.

viel im Theater, in den Garderoben, hinter der Bühne. Ich konnte mich völlig frei bewegen. Wir Kinder wuchsen behütet in diesem Umfeld auf. Meine Eltern konnten arbeiten, ohne sich Gedanken machen zu müssen, wo oder bei wem ich war. Wir lebten in einem geschlossenen Kosmos in der riesigen Stadt."

Schlange stehen für Waschpulver

„Wir wohnten zu dritt in einem Zimmer, da hat man keine großen Ansprüche. Man lernt, mit allem auszukommen. Ich habe unsere einfachen Lebensumstände nicht als Problem gesehen, denn ich bin so aufgewachsen. Alle um mich herum lebten genauso, das nimmt man als Kind hin. Ich habe nur schöne Erinnerungen an meine Kindheit in Leningrad. Auch wenn die Wirtschaft am Boden lag.

Ich erinnere, dass die Läden leer waren. Es gab nichts. Meine Mutter und ich standen Schlange, um Waschpulver zu bekommen. Da wir zu zweit angestanden hatten, erhielten wir zwei kleine Päckchen. Ich habe mich gefreut, dass wir zwei Tüten bekommen hatten. Aber meine Mutter war traurig, dass ihre Tochter unter Umständen groß wurde, in denen es ein Grund zur Freude war, wenn es Wasch-pulver zu kaufen gab. Wir hatten Lebensmittelmarken für Zucker und Mehl. Mein Vater hat dem Fleischverkäufer Ballettkarten ge-schenkt. Daraufhin führte der ihn in ein Hinterzimmer und gab ihm etwas Fleisch. Das erhielt man nur über Beziehungen. Da es keine Streichhölzer gab, brannte in unserer Gemeinschaftsküche Tag und Nacht eine Flamme auf dem Gasherd. Wäre sie ausgegangen, hätten wir am nächsten Tag nicht mehr kochen können.

Diese Zustände waren für meine Eltern schlimmer als für mich. Ich war zu klein, um zu verstehen, wie schwer das Leben war. Ich habe nicht darunter gelitten. Meine Eltern haben mich immer ge-liebt und behütet. Das Theaterleben fand ich toll. Ich war ein glück-liches Kind."

Scheidung für eine eigene Wohnung

Obwohl die Situation in der Kommunalka auszuhalten war, träumten Dinas Eltern von einer eigenen Wohnung. Aber die war in Leningrad nicht zu haben. Wohnraum konnte in der Sowjetunion nicht frei er-worben werden, sondern wurde zugeteilt. Um eine Wohnung zu er-halten, blieb ihren Eltern nur ein Ausweg: Sie ließen sich scheiden. Damit galt Dinas Mutter als alleinerziehende Mutter und hatte An-spruch auf eine kleine Ein-Zimmer-Wohnung.

„Die Wohnung, die wir bekamen, war schrecklich. Sie lag in einer heruntergekommenen Plattenbausiedlung am Stadtrand. Die Woh-nung war völlig verwahrlost, denn in ihr hatte jahrelang ein Alkoho-liker gehaust. Alles war verwohnt und kaputt. Aber immerhin hat-ten wir endlich eine eigene Woh-nung. Als meine Mutter dort offi-ziell eingetragen war, haben meine Eltern wieder geheiratet. Sie begannen mit der Renovie-rung, aber wir sind dort gar nicht eingezogen. Denn es kam alles anders als geplant."

Die Familie lebte am Gribojedow-Kanal.

Eine radikale Wende

„Ich habe gelernt, dass es keinen Sinn macht, für die Zukunft zu planen, es kommt doch anders. Du lebst dein Leben, und plötzlich begegnest du einem Mensch, vielleicht nur für einen kurzen Moment, und der verändert dein Leben komplett und für immer."

So erging es auch Dinas Familie. Denn ihre Eltern befreundeten sich 1989 mit einer westdeutschen Studentin, die in Leningrad ein Semester lang Russisch studierte. Dort kam sie ihr Vater besuchen. Dinas Eltern luden ihn zu einer Ballettaufführung und anschließend in die Kommunalka zum Abendessen ein. Der Vater beschloss, den ihm sympathischen Tänzern zu helfen. Über Bekannte konnte er im Sommer 1990 ein Vortanzen für Dinas Vater in Westdeutschland arrangieren.

„Mein Vater erhielt sofort einen Vertrag als Solotänzer. Wenige Wochen später haben wir Russland verlassen. Ohne diese Studentin und ihren Vater wäre das nicht geschehen. Der Zufall, dass wir uns in Leningrad begegneten, hat unser Leben radikal verändert."

Das Spielzeuggeschäft, ein Paradies auf Erden

„Es war ein großes Glück für uns, dass wir nach Westdeutschland kamen, und gleichzeitig war es ein Schock, den hohen Lebensstandard zu sehen und die vollen Läden.

Ananas, Kiwi, Zucchini, das war alles neu für uns. Die deutsche Freundin meiner Eltern servierte uns zum Abendbrot eine Leberpastete. Das war das Leckerste, was ich je gegessen hatte.

Aber für mich als siebenjähriges Kind war das Essen nicht so ausschlaggebend. Für mich waren die Spielzeugläden das Paradies auf Erden. In Russland hatte ich kein Spielzeug, das war Mangelware. In Westdeutschland gab es dagegen einfach alles: Puppen, Teddys, Spiele. Wenn meine Mutter mit mir in ein Kaufhaus ging, ließ sie mich in der Spielzeugabteilung, während sie einkaufte. Ich hätte dort ganze Tage verbringen können. Diese Stunden waren für mich die glücklichsten. Da gab es einen Arztkoffer, der kostete 10 D-Mark. Ich habe Pfennige gesammelt, um ihn mir irgendwann leisten zu können."

In der russischen Zwergenschule

Dina war in Leningrad eingeschult worden. Da sie kein Wort Deutsch sprach und ihr Vater nicht wusste, ob sein einjähriger Vertrag verlängert werden würde, ging sie in Deutschland zunächst auf die russische Schule des sowjetischen Konsulats.

„Das war eine Zwergenschule: Die wenigen Kinder in verschiedenem Alter saßen alle in einem Raum. Da erhielt ich auch den ersten Deutschunterricht. Meine Eltern sprachen nicht Deutsch. Aber da die französischen Fachbegriffe im Ballett weltweit verwendet werden, konnte mein Vater gleich arbeiten. Allerdings musste er nach unserer Ankunft als Erstes intensiv Englisch lernen, weil in der international aufgestellten Ballettkompanie Englisch gesprochen wurde. Das hatte für ihn wegen der Arbeit Priorität. Deutsch hat er erst später gelernt.

Ich habe mit Kindern auf dem Spielplatz gespielt. Das ging auch ohne Deutschkenntnisse. Mit Händen und Füßen haben wir uns verständigt. Vom ersten Geld hat mein Vater einen Fernseher gekauft, damit wir Deutsch hörten.

Als mein Vater seinen Vertrag verlängert bekam, war es für mich nicht sinnvoll, weiter auf die russische Schule zu gehen. Da meine

Dinas Vater tanzt „Schwanensee" mit der Ballerina Svetlana Kusnezowa im Maly-Theater.

Mutter noch kein Deutsch sprach, ist unsere deutsche Freundin in die Grundschule gegangen, hat mit der Direktorin geredet und mich in die dritte Klasse eingeschult.

Eines hat mich in der deutschen Schule sehr erstaunt: In der Klasse redete jeder, wie er wollte. Die Kinder waren sehr frei. Ich saß da und dachte: Was ist hier los? Denn in der russischen Schule redet ein Schüler nur, wenn er sich gemeldet hat und drankommt. Die Lehrer sind, was Benehmen angeht, viel strenger.

Meine Eltern haben bei meiner Erziehung auch sehr auf gute Umgangsformen geachtet. Das finde ich richtig, denn es kann nicht schaden, höflich zu sein und gute Manieren zu haben. Das bereitet einen auf das Leben vor und hilft einem später."

Die Klassenkameraden helfen

„Wenn ein Schüler weder den Unterrichtsstoff noch die Sprache versteht, hat er es schwer. Mein Vorteil war, dass die russische Schule in Naturwissenschaften und Mathematik viel weiter war als die deutsche. Deshalb brauchte ich nicht so sehr auf den Stoff zu achten, sondern konnte mich darauf konzentrieren, die Sprache zu lernen.

Von den Klassenkameraden wurde ich sofort akzeptiert. Alle waren sehr nett, halfen und korrigierten mich. Da lernte ich schnell sprechen. Ich sprach auch von Anfang an akzentfrei, weil die Kinder mir die Sätze immer solange vorsagten, bis ich sie perfekt wiederholte. So gewöhnte ich mir Fehler gar nicht erst an. Erwachsene haben es schwerer, eine Fremdsprache zu lernen, weil sie keiner aus falsch verstandener Höflichkeit korrigiert. Damit verfestigen sich aber ihre Fehler.

Dina im Kostüm für das Ballett „Schwanensee"

Inzwischen denke und träume ich auf Deutsch. Nur wenn ich viel mit meinen Eltern rede oder russische Bücher lese, denke ich danach eine Zeit lang auf Russisch."

Abitur oder Ballett?

Für Dina ergab sich durch den Umzug nach Westdeutschland nur ein Nachteil: Sie hatte immer davon geträumt, wie ihr Vater auf die Waganowa-Ballettakademie zu gehen. Denn für sie stand von klein auf fest, dass sie Tänzerin werden wollte.

„Ich war traurig, dass ich nicht dort das Tanzen lernen konnte, denn die Akademie hat die berühmtesten Tänzer hervorgebracht, wie Rudolf Nurejew und Michail Baryschnikow."

Stattdessen kam Dina mit acht Jahren in die deutsche Ballettschule. Wegen ihrer fehlenden Sprachkenntnisse malte ihr die Lehrerin auf, wie sie sich bewegen sollte.

„Mit 16 Jahren musste ich mich entscheiden: Abitur oder Ballett. Denn dann wurde das Training so intensiv, dass ich keine Zeit mehr für Schule und Hausaufgaben hatte. Nur ein junger Körper ist so formbar und gelenkig wie es fürs Ballett notwendig ist. Nach dem Abitur ist es dafür zu spät. Also ging ich nach der Mittleren Reife von der Schule ab. Das war in der Sowjetunion anders. Meine Eltern konnten trotz Balletttraining Abitur machen. Es ist schade, dass man in Deutschland den Tänzern nicht ermöglicht, weiter in die Schule zu gehen und damit für ihre Zukunft besser gerüstet zu sein. Als Tänzer ist die Karriere mit 40 Jahren vorbei. Dann fehlt der Schulabschluss, um etwas Neues zu beginnen oder zu studieren."

Die Deutschen geben ein gestohlenes A zurück

Eine Zeit lang gab es in der Familie nur zwei Deutsche: die Tochter und die Katze. Denn Dina erhielt die deutsche Staatsbürgerschaft mehrere Jahre, bevor sich ihre Eltern einbürgern lassen durften.

Als Dina bei der Ausländerbehörde den Antrag auf Einbürgerung stellte, hatte sie vor allem ein Anliegen: Sie wollte ihren Namen wiederhaben. In Russland haben Nachnamen eine männliche und eine

Ich habe mich vom ersten Tag an in Deutschland wohlgefühlt.

DINA Z.

weibliche Form. Enden die Nachnamen der Männer auf –ow, so lautet bei den Frauen die Endung –owa. Als ihre Eltern für die Ausreise nach Westdeutschland Reisepässe beantragten, hatten sie, wie in Westeuropa üblich, alle drei einen einheitlichen Nachnamen mit der Endung –ow erhalten. Dina und ihre Mutter hatten plötzlich einen nach russischem Sprachgefühl männlichen Nachnamen.

„Man hat mir mein A geklaut. Wenn einen irgendetwas definiert, dann doch der Name, und der war nun verunstaltet. Ich konnte mich damit nicht identifizieren. Als ich die deutsche Staatsbürgerschaft beantragte, habe ich deshalb mein A zurückverlangt und zum Glück auch bekommen."

Die Familie will nicht mehr zurück

„Meine Mutter hat mir immer vorgeschwärmt, wie gut es hier in Deutschland ist. Sie will nie wieder zurück nach Russland. Meine Eltern sind so glücklich hier. Auch wenn sie beide hart arbeiten. Mein Vater erst als Tänzer, dann als Ballettmeister, meine Mutter als Ballettlehrerin.

Wir kamen mit zwei Koffern hier an. Meine Eltern haben sich aus dem Nichts eine Existenz aufgebaut. Das bewundere ich sehr. Sie wollten Deutschland zu ihrer Heimat machen. Als mein Vater das erste Auto gekauft hatte, sind wir jedes Wochenende losgefahren und haben Ausflüge gemacht, um Deutschland kennenzulernen. Es ist ein schönes Land mit einer reichen Kultur.

In Deutschland hat man außerdem so viel Sicherheit, das trägt dazu bei, sich hier wohlzufühlen. Als ich aufhörte zu tanzen, wusste ich, dass ich in diesem Land nicht auf der Straße lande. Denn in Deutschland gibt es ein sehr gut funktionierendes Sozialsystem.

Auch wenn ich es nie in Anspruch genommen habe, allein das Wissen, dass mir im schlimmsten Fall, wenn ich keine Arbeit finde, nichts passieren kann, ist eine große Beruhigung. Das bieten nicht viele Länder."

Ein neuer Beruf: Rettungsassistentin

Dina arbeitete zehn Jahre lang als Tänzerin im Corps de ballet. Aber dann merkte sie mit 29 Jahren, dass sie sich als Ballerina nicht weiterentwickelte.

„Das Tänzerleben ist kurz. Das Tanzen ist sehr anstrengend, fordert viel Kraft und lässt kaum Raum für ein Privatleben. Wenn ich bis zu meinem 40. Geburtstag tanzen würde, wäre es danach sehr schwer, eine Ausbildung zu machen und einen anderen Beruf zu finden. Deshalb entschied ich mich, früher aufzuhören als eigentlich notwendig. Körperlich hätte ich schon noch ein paar Jahre tanzen können. Aber ich brauchte eine Veränderung. Ich war noch jung, hatte keine Kinder, ich konnte mir also einen völligen Neustart leisten. Allerdings war es schwer, einen neuen Beruf zu finden. Denn ich hatte bis dahin in einer reinen Ballettwelt gelebt, und das ist

Dina mit ihren Eltern im Urlaub in Venedig

ein geschlossener Kosmos mit wenig Verbindung nach draußen. Ich wusste nicht, welche anderen Berufe es gab.

Da lernte ich eine Frau kennen, die Rettungsassistentin war. Ich wusste sofort: Das will ich auch werden. Ich habe zunächst die Ausbildung als Rettungssanitäterin in Berlin gemacht und dann die Weiterbildung zur Rettungsassistentin begonnen. Der Beruf erfüllt mich mit großer Freude.

Unter anderem, weil ich alles, was ich in der Jugend verpasst habe, jetzt nachholen kann. Als Tänzer muss man sehr diszipliniert leben. Ich konnte als Jugendliche nicht abends in Konzerte gehen. Entweder stand ich auf der Bühne oder ging früh ins Bett, weil ich am nächsten Morgen fit sein musste für die Proben. Jetzt fahre ich mit dem Sanitätsdienst zu Festivals und Konzerten und erlebe eine Kulturszene, die ich als Tänzerin nie kennengelernt hätte."

Glücklich für immer in Deutschland

„Auf Gastspielreisen mit dem Ballett habe ich die ganze Welt bereist. Das war spannend und interessant. Aber in diesen Ländern leben? Das kann ich mir nicht vorstellen. Deutschland ist meine Heimat.

Nach Russland würde ich gern reisen, um das Land besser kennenzulernen. Ich war noch nie in Moskau. Aber dort leben möchte ich nicht, auch wenn es sich wirtschaftlich sehr entwickelt hat, seit wir weggezogen sind. Ich liebe die Russen, denn sie sind gastfreundliche, tolle Menschen. Ich bin stolz auf meine russischen Wurzeln. Aber mein Zuhause ist definitiv Deutschland. Denn hier leben meine Eltern und meine Freunde. Hier habe ich die Arbeit, die ich liebe. Wenn all diese Faktoren zusammenkommen, ist es das Zuhause. Hier bin ich glücklich.

Das Leben für meine Eltern und mich ist in Deutschland auf jeden Fall besser. Es ist für uns super gelaufen. Ich glaube nicht, dass wir in Russland so glücklich geworden wären wie hier.

Aber natürlich bin ich sehr neugierig, wie mein Leben verlaufen wäre, wenn wir in Russland geblieben wären. Es wäre schön, wenn es eine Parallelwelt gäbe, in die ich reisen könnte, um zu sehen, wie mein russisches Leben weitergegangen wäre."

REGISTER